€ 26.80

W0336281

# Inhalt

# Vorwort

Die meisten Aquarianer schauen gern bei Aquarienfreunden hinter die Kulissen. Das ist besonders spannend, wenn ein Aquarium in einem fernen Land steht und sein Besitzer aus einer fremden Kultur stammt. So erging es auch mir auf Tauch- oder Vortragsreisen, die mich durch viele Länder auf drei Kontinenten führten und mir Gelegenheit gaben, zahlreiche leidenschaftliche Aquarianer kennen zu lernen. Ich fand es immer wieder faszinierend zu sehen, dass durch alle Kulturen, Religionen und Nationalitäten die Begeisterung der Menschen für die Organismen im Riff und im Aquarium die gleiche ist. Die Leidenschaft, mit der Riffaquarianer die "kleinen, schleimigen Polypen" mit ihren bisweilen bizarren Kalkskeletten ins Aquarium setzen und pflegen ist überall auf der Welt dieselbe, im japanischen Nagoya ebenso wie im amerikanischen St. Louis, in Johannesburg, Paris, Sydney, in Konstanz oder auf der Bodenseeinsel Reichenau. Überall entwickeln Aquarianer die gleiche Begeisterung und Freude, wenn die Korallenpolypen sich vermehren und zu einer kleinen marinen Lebensgemeinschaft heranwachsen.

In perfekter Balance: Amphipoden, Algen und Mikroorganismen im geschlossenen Mini-Ökosystem

Trotzdem sind aber die Vorlieben der einzelnen Aquarianer für bestimmte Bereiche des Hobbys sehr unterschiedlich und prägen ihr Aquariensystem erheblich. Einige Aquarienfreunde interessieren sich vorwiegend für Verhaltensstudien an Fischen, manche lenken ihren Blick vor allem auf Korallen oder andere Wirbellose, während andere von der Wasseraufbereitungstechnik am meisten fasziniert sind, von den biochemischen Vorgängen, von der Mikrofauna oder von irgend einem anderen Aspekt dieses Hobbys. Das zeigt nicht nur, wie vielschichtig und lehrreich das Hobby Riffaquaristik ist, sondern es führt auch zur Ausprägung sehr unterschiedlicher Aquariensysteme.

Aber auch die unterschiedlichen Bedingungen, unter denen Riffaquarianer in den einzelnen Ländern der Welt ihr Hobby betreiben, zwingen oft zu ungewöhnlichen Lösungen. Darum trifft man in fernen Ländern auf technische Lösungen oder aquaristische Erfahrungen, die neu sind. Weil der Erfahrungsaustausch in diesem Hobby schon immer einer der wichtigsten Antriebe für die Fortentwicklung war, hatte ich schon vor einigen Jahren die Idee, Riffaquarien aus zahlreichen Ländern zu porträtieren und dadurch Lesern die Möglichkeit zu geben, von den Erfahrungen anderer zu lernen.

Aber nicht nur das war für mich Grund, dieses Buch zu schreiben. Durch internationale Kontakte zu Riffaquarianern in vielen Ländern habe ich in unzähligen Gesprächen und Internet-Dialogen viel über die Ansichten, Wünsche, Meinungen und Ziele der Riffaquarianer in den einzelnen Ländern gelernt. So vielgestaltig der Weg ist, auf dem die Aquarianer zum Ziel gelangen, so einig sind sich die Riffaquarianer in Australien, Japan, Norwegen, Nordamerika oder Europa in ihrer inneren Überzeugung, die sie antreibt. Die Begeisterung für die biologischen

Vorgänge im Riff und im Riffaquarium steht im Vordergrund, und aus diesem Hobby heraus entsteht das Bestreben, die Riffe zu schützen.

Korallen sind für Riffaquarianer kein Ersatz für "Zier"-Fische, sondern ein faszinierendes Studienobjekt, das hilft, die Vorgänge im Lebensraum Korallenriff besser zu verstehen.

Dieses Buch hat eigentlich viele Autoren, denn zahlreiche Aquarianer haben sich bemüht, ihr Aquarium zu beschreiben und zu fotografieren. An sie alle geht mein herzlicher Dank. Die Arbeiten an diesem Buchmanuskript haben allerdings erheblich länger gedauert als ursprünglich geplant. Ein Grund für die Verspätung war die Suche nach der richtigen Form, die Aquarien zu porträtieren, denn das hört sich einfacher an, als es tatsächlich ist. Nur Porträt an Porträt zu reihen stellte mich nicht zufrieden. Es sollte kein "Coffee Table-Book" sein, wie einige Freunde in den USA anfangs befürchteten, sondern auch Möglichkeiten bieten, zu lernen und Anregungen für das eigene Hobby geben. Ich wollte eigentlich nicht nur Aquarien porträtieren, sondern auch Aquarianer. Es sollten auch Erfahrungen und Erkenntnisse des jeweiligen Aquarienbesitzers in das Porträt einbezogen werden, denn ich glaube, das kann für manchen Leser eine große Bereicherung sein. Es hat lange gedauert, bis sich aus vielen Überlegungen die vorliegende Form herauskristallisiert hat.

Allerdings möchte dieses Buch nicht die schönsten oder die teuersten Riffaquarien der Welt zeigen und auch nicht "den richtigen Weg" zum schönen Riffaquarium weisen. Ganz im Gegenteil, bei manch einem Aquarienporträt wird man vergeblich irgend etwas Spektakuläres suchen, denn es wirkt beinahe wie ein durchschnittliches Aquarium. Warum sind denn manche solcher Aquarien im Buch porträtiert worden? Gerade weil sie so "durchschnittlich" wirken. Das Buch soll zeigen, auf wie vielen unterschiedlichen Wegen das Ziel "Riffaquarium" erreicht werden kann und eine Art Querschnitt durch die Riffaquaristik bieten, der zeigt, wie dieses Hobby in unterschiedlichen Ländern betrieben wird, vom großen, aufwendigen Aquarium bis hin zum winzig kleinen und preiswerten Riffbecken. Um diesen Überblick abzurunden, habe ich am Schluss des Buches auch einen Blick auf den Aquaristikhandel geworfen, auf öffentliche Aquarien und auch auf die Farmzucht von Korallenfischen und Korallen, denn all dies ist ebenfalls ein unverzichtbarer Bestandteil des Hobbys Riffaquaristik.

All das kann natürlich nur eine Art Momentaufnahme sein, weil gerade in diesem Hobby vieles in Bewegung ist und sich fortwährend verändert. Auch kann in einem solchen Buch freilich nur eine kleine Zahl von Aquarienanlagen vorgestellt werden, so dass zahlreiche aufregende, interessante oder aus anderen Gründen beispielhafte Aquarien in diesem Buch nicht enthalten sind. Aber nichts spricht dagegen, irgendwann in der Zukunft einen Folgeband zu veröffentlichen, der weitere Aquarien vorstellt und hilft, neben den Aquarien auch die Fortentwicklung dieses Hobbys zu porträtieren.

Ich hoffe, man wird mir verzeihen, dass ich in den einzelnen Porträts zahlreiche Produkte, die von den Aquarianern eingesetzt werden, beim Namen genannt habe, zumindest soweit mir diese Informationen vorlagen. Das habe ich für sinnvoll gehalten, weil es zwischen diesen Produkten der einzelnen Hersteller oft Unterschiede gibt, die dem Leser relevant erscheinen können. Nicht nur bei den einzelnen Lampentypen sind diese Unterschiede wesentlich. Auch die Frage, ob beispielsweise eine Tauchpumpe, eine Tauchkreiselpumpe oder eine externe Pumpe verwendet wird, kann wichtig sein, und mancherlei Hinsicht gibt es auch innerhalb einer Produktgruppe Unterschiede zwischen den einzelnen Herstellern. Noch deutlicher wird dies bei Abschäumern oder Kalkreaktoren. Diese Nennung von Produktnamen mag in Deutschland ungewöhnlich sein, in den USA und vielen anderen Ländern ist es aber eine durchaus übliche Praxis. Das soll in keiner Weise als Kaufempfehlung für bestimmte Produkte verstanden werden. Im Laufe des Buches tauchen viele unterschiedliche Herstellerfirmen aquaristischer Produkte aus zahlreichen Ländern auf, so dass nicht der Eindruck entsteht, bestimmte Hersteller wären bevorzugt erwähnt worden. Ganz im Gegenteil, es zeigt, dass "viele Wege nach Rom" führen.

Obgleich mein Dank allen gilt, die zum Gelingen dieses Bändchens beigetragen haben, möchte ich nicht versäumen, einige Personen, die sich ganz besonders bemüht haben, namentlich zu erwähnen.

Dazu gehören Akio Ueda und Masuhiro Konda aus Osaka (Japan) ebenso wie Hiroshi Arai aus Tokio (Japan) sowie Kimmie Kawasaki aus Sapporo (Japan), die die Beiträge japanischer Aquarianer ins Englische übersetzt hat, damit ich sie ins Deutsche übersetzen konnte, und Kouji Wada, ebenfalls aus Osaka, der mir die so fruchtbare und lehrreiche Reise nach Japan ermöglicht hat. Julian Sprung hat mir seine zahlreichen Aquarien geduldig vorgeführt und mir detailreiche Beschreibungen gegeben, während draußen in Miami Beach der Hurrican "Keith" tobte und in den überfluteten Straßen die Autos reihenweise stekken blieben. David Saxby wurde nicht müde, mich nach London einzuladen, um mir sein faszinierendes Aquarium noch umfassender und ausführlicher zu zeigen, als bei dem jeweils vorausgegangenen Besuch, und Dr. Tapio Haaparanta in San Diego (Kalifornien, USA) fotografierte sein Aquarium beharrlich wieder und wieder, in großer Sorge, ob man die prächtigen Farben der Korallen auch erkennen könne. Wolfgang Czech aus Konstanz hingegen sorgte sich fortwährend um die Frage, ob ich denn auch die neuen *Acropora*-Arten, die inzwischen in sein Aquarium gelangt waren, mit abbilden könne. Wayne Shang aus Fremont (Kalifornien, USA) fertigte neue Bilder an, um das Buchmanuskript nach langem Dornröschenschlaf auf dem neuesten Stand zu halten und Alf Nilsen sandte mir aus Norwegen nicht nur die faszinierende Geschichte über den Beginn seiner aquaristischen Leidenschaft, sondern auch Bilder, die die Entwicklung seines Aquariums über viele Jahre hinweg dokumentieren. Alessandro Rovero aus Milano verdanke ich nicht nur umfassende Eindrücke von der Riffaquaristik-Szene in Italien, sondern auch spannende aquaristische Diskussionen bei echter italienischer Pizza und Rotwein. Dr. Stephane Fournier aus Paris war sehr darum bemüht, mir die großartigen Fortschritte französischer Riffaquarianer vor Augen zu führen. Auch Dr. Tony Wright in Johannesburg (Südafrika) war sehr bemüht, mir umfassende Informationen über sein Aquarium zukommen zu lassen und sandte mir eine Fülle von Material, ebenso wie Larry ("Fireball") Jackson aus San Angelo in Texas (USA), Kevin Carpenter aus St. Louis (USA) oder Eric Borneman in North Fountain Valley in Missouri (USA), dessen ausführlicher Textbeitrag mich außerordentlich fasziniert hat. Prof. Dr. Ellen Thaler aus Innsbruck (Österreich) scheute keine Mühe, mir ihre betont fischfreundliche Interpretation des Themas Meeresaquaristik ans Herz zu legen, während Dr. Francesca Geertsma aus Madera (Kalifornien, USA) mir mit viel Enthusiasmus die Vorzüge ihres Schlammfilter-Aquariums nahebrachte. Ihnen allen, und auch den Ungenannten, gilt mein Dank ebenso wie den vielen Einsendern von Material, das wegen Platzmangel oder aus anderen Gründen nicht berücksichtigt werden konnte. Darüber hinaus danke ich meinem Sohn Benny für die Begeisterung, mit der er seit vielen Jahren gemeinsam mit mir die Riffaquaristik betreibt, und meiner Frau Rosalinda für die Geduld, mit der nicht nur meine umfassenden aquaristischen Aktivitäten daheim ertragen wurden, sondern auch meine bisweilen zeitraubenden Reisen zu Aquarianern in ferne Länder, Reisen, ohne die das vorliegende Buch nicht möglich gewesen wäre.

Daniel Knop,
Sinsheim und Manila, August 2001

# Grafische Symbole

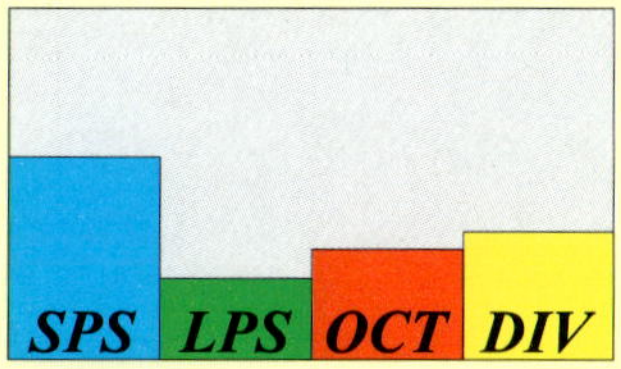


SPS = kleinpolypige Skleractinia

LPS = großpolypige Scleractinia

OCT = Octocorallia

DIV = diverse andere sessile Wirbellose

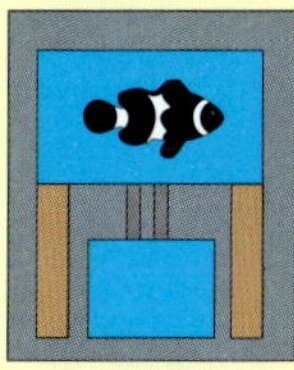
Filterbecken

Umkehrosmose/ Ionenaustauscher

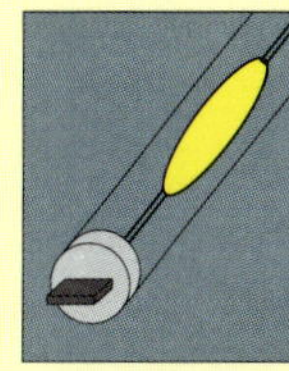
Halogenmetalldampfstrahler

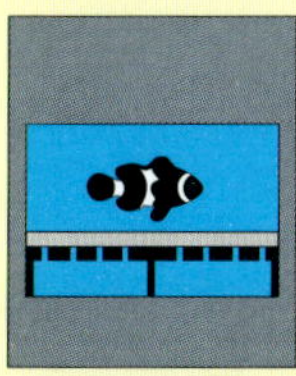
Jaubert-System

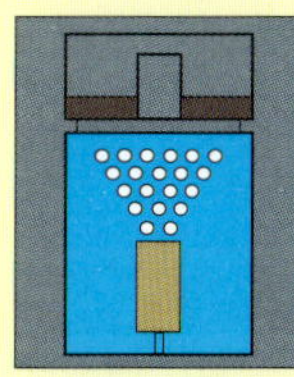
Abschäumer

Leuchtstofflampe Tageslicht

Mechanischer Filter

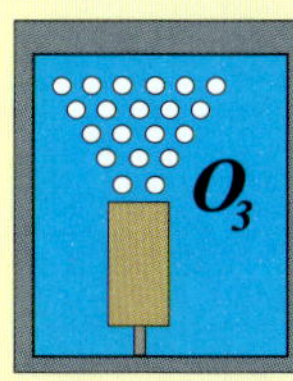

Ozon

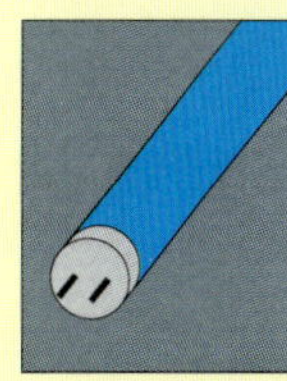
Leuchtstofflampe blau

Aktivkohlefilter

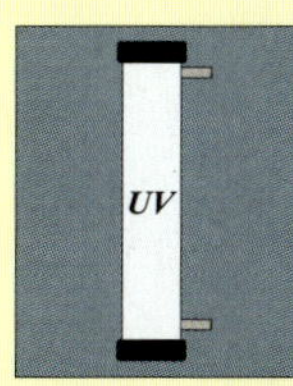

UV-Entkeimer

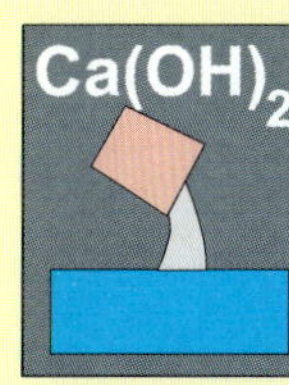

Kalkwasser

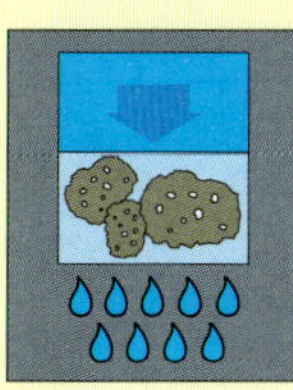
Biofilter/ Rieselfilter

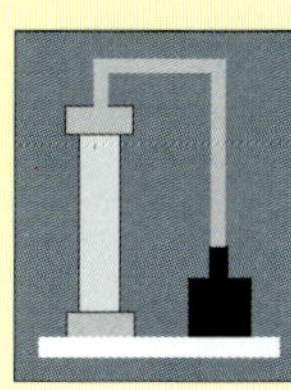
Kalkreaktor

Zufuhr Spurenelemente u. a.

# Kleine Geschichte der Riffaquaristik

Die Aquarienhaltung von Meerestieren ist nicht neu, denn schon vor vielen Jahrzehnten war sie recht verbreitet. In der ersten Hälfte des 20. Jahrhunderts war das Meeresaquarium aber eher eine salzige Variante der Süßwasseraquaristik, die man mit ähnlichen Mitteln und Methoden betrieb. Beheizt wurden die Aquarien seinerzeit mit Geräten, die heute geradezu abenteuerlich anmuten, etwa dem "Reform-Heizapparat zum Anhängen", einer Erfindung des Zoologen Hermann Lachmann, die mit einem Bunsenbrenner betrieben wurde. Beleuchtet wurden sie mit natürlichem Sonnenlicht, das durch das Fenster einfiel. Allerdings pflegte man damals im Meeresaquarium hauptsächlich Tiere, die Licht nicht für biologische Stoffwechselvorgänge benötigten.

Dem technischen Fortschritt der Zeit entsprechend versuchte man in den folgenden Jahrzehnten, das Aquarienmilieu durch immer raffiniertere Technik zu verbessern, durch Filter, Pumpen oder Leuchten. Doch noch immer handelte es sich bei diesem Typ Meeresaquarium eher um einen "Aufbewahrungsbehälter" für Tiere, den man mit der gleichen Philosophie pflegte wie etwa einen Hamster- oder Vogelkäfig. Noch in den sechziger Jahren war das Meeresaquarium meist ein recht steriler Lebensraum, in dem man hauptsächlich farbenprächtige Korallenfische pflegte und den man mit gebleichten, toten Steinkorallenskeletten dekorierte. Damals war es recht gebräuchlich, zwei komplette Sätze von Dekorationskorallen zu besitzen, so dass sich immer ein Satz zum Bleichen in Natronlauge befinden konnte, um Algenaufwuchs zu entfernen, während der andere im Aquarium war. Die Lebensbedingungen in diesen Aquarien kamen den Bedürfnissen der zooxanthellaten Blumentiere kaum entgegen, so dass man sie nur mit wenig Erfolg im Aquarium halten konnte,

Ein besonders farbenprächtiger Aquariengenosse: der Riffhummer *Enoplometopus debelius*

ohne jedoch die Ursache für diese mäßigen Erfolge zu kennen. Zu wenig war über die Bedürfnisse der Riffbewohner und über biologische Zusammenhänge bekannt. Viele Tiere galten einfach als "nicht aquariengeeignet", und man beschränkte sich hauptsächlich auf robuste Wirbellose, die kein helles Licht benötigen, wie Seeigel oder Krebse. Seeanemonen mit Symbiosealgen wurden in diesen Aquarien zwar gepflegt, galten aber als wenig haltbar - ihre Lebensdauer im Aquarium wurde meist mit ein bis drei Jahren angegeben. Bei erfahrenen Aquarianern brachte es eine Symbioseanemone bei guter Fütterung bisweilen auch auf ansehnliche vier Jahre.

Der Indonesier Lee Chin Eng aus Jakarta entwickelte in den sechziger Jahren wohl als erster den Biotopgedanken, der heute die tragende Basis in der Riffaquaristik darstellt. In dem von ihm vorgeschlagenen Naturaquarium ("Natural System") wurde erstmals Lebendgestein verwendet - damals als "reborn corals" bezeichnet - weil Eng die wichtige biologische Funktion erkannt hatte. Diese neue Wahrnehmung des marinen Lebens im gläsernen Kasten als Gemeinschaft voneinander abhängiger Organismen war der eigentliche Schritt von der traditionellen Meeresaquaristik zur modernen Riffaquaristik und stellte die Weichen für die dann folgende Weiterentwicklung.

Die siebziger Jahre brachten im Erkennen der Bedürfnisse wirbelloser Meerestiere ganz wichtige Veränderungen. Die nötigen technischen Geräte zur Aquarienhaltung tropischer Rifftiere waren im Wesentlichen bereits entwickelt, und nun kam es darauf an, sie so einzusetzen, dass den Bedürfnissen der Tiere Rechnung getragen wurde. Bis dahin hatte man sich bemüht, durch Versuch und Irrtum Wirbellose zu finden, die sich unter den gegebenen Aquarienbedingungen am Leben erhalten ließen. Nun versuchte man eher, die biologischen Bedürfnisse der Tiere zu erkennen und die Aquarienverhältnisse gezielt danach auszurichten, um diese Bedürfnisse auch erfüllen zu können.

In einigen Ländern entwickelten sich nun unterschiedliche Systeme und "Philosophien" für das Einrichten und Pflegen eines Riffaquariums. In den USA entstand das "Algal Turf Scrubber"-System, in Monaco das "Jaubert"-System, in Holland das "Dutch Mini Reef"-System und in Deutschland das "Berlin"-System. Sie alle gingen verschiedene Wege, doch allen lag die gleiche Erkenntnis zugrunde: Man verstand, dass nur dann Fortschritte in der Aquarienhaltung der Korallen zu erwarten waren, wenn die Bedingungen den biologischen Bedürfnissen der Tiere angepasst würden. Das war zunächst jedoch schwierig, weil über viele der Korallen kaum etwas bekannt war. Bei manchen Weichkorallen lag die wissenschaftliche Erstbeschreibung schon zwei oder drei Jahrhunderte zurück und die hinterlegten Holotypen waren längst verrottet oder verloren gegangen. Darum wusste man bisweilen nicht einmal, welche Koralle man vor sich hatte, geschweige denn, was ihre biologischen Bedürfnisse waren. Bei dem Versuch die Haltungsbedingungen zu verbessern war man darum oft auf Vermutungen angewiesen.

Teilansicht von
David Saxbys Aquarium

Die späten achtziger und die neunziger Jahre brachten dann schließlich eine starke "wissenschaftliche Tendenz" in die Meeresaquaristik, die dazu beigetragen hat, die Haltungsbedingungen wesentlich zu verbessern. Fundierte aquaristische Fachliteratur wurde zu einer Art Brücke zwischen Aquarianern und Wissenschaftlern: Durch einen innigen Erfahrungsaustausch mit Chemikern, Biologen und anderen Wissenschaftlern gelangte viel neues Detailwissen in die Meeresaquaristik. Das half dabei, die Bedürfnisse der Tiere noch genauer zu verstehen und hat mit dazu beigetragen, die moderne Riffaquaristik zu prägen, in der die Aquarienhaltung der meisten lichtabhängigen Wirbellosen problemlos geworden ist. Doch diese Entwicklung ist noch lange nicht zu Ende, wie zum Beispiel das erst vor wenigen Jahren durch Leng Sy entwickelte "Schlammfilter"-System zeigt. Es gibt noch so viel zu entdecken...

# "Berlin-System mit Monaco-Boden"

Aquarium Steve Campbell, Australien

Das Aquarium des Australiers Steve Campbell ist recht klein und demonstriert sehr schön, dass ein Riffaquarium durchaus nicht nur oberhalb von 300 Litern Wasservolumen stabil funktioniert. Es handelt sich hierbei um ein "natürliches System", wenngleich auch etwas mehr Technik involviert ist, als man das üblicherweise bei natürlichen Riffaquariensystemen gewohnt ist. Das liegt in diesem Fall daran, dass Steve viel Spaß daran hat, ein Problem auf technische Weise zu lösen. Er selbst beschreibt es als "Berlin-System mit Monaco-Boden". Die aerobe Bakterienaktivität findet im Lebendgestein direkt im Aquarium statt, aber auch im Biofilter, während ein Abschäumer versucht, diese Bakterientätigkeit durch eine Wasserentlastung so weit wie möglich überflüssig zu machen. Die anaerobe Bakterienaktivität spielt sich vorwiegend in dem nach Jaubert konstruierten Bodengrundsystem ab, aber auch im Inneren des Lebendgesteines. Problematisch ist in einem so kleinen Aquarium nach Steve Campbells Erfahrung die Kompatibilität zwischen den einzelnen Korallenarten. Hier muss ganz besonders sorgfältig ausgewählt werden, um Tierverluste zu vermeiden. Genau hier sieht er eine wichtige Rolle für den Aquaristikfachhändler. "Allzu oft werden dem Riffaquarianer Korallen oder andere Wirbellose verkauft, für deren Haltung sein Aquariensystem sich nicht eignet, oder die in seine Korallengemeinschaft einfach nicht hineinpassen. Natürlich lernt der unerfahrene Aquarianer daraus im Laufe der Zeit, doch unglücklicherweise geht das immer auf Kosten der gepflegten Tiere. Mit einigen Jahren Erfahrung wird der Aquarianer dann dem Urteil eines weniger qualifizierten Fachhändlers nicht mehr volles Vertrauen schenken und sich selbst seine eigene Meinung bilden, Bücher und Artikel in Fachzeitschriften lesen, um sich über die Bedürfnisse der Tiere besser zu informieren. Aber für die bereits verendeten Tiere ist das zu spät", bedauert Steve Campbell. "Auch ich habe meine Bücher unglücklicherweise erst gekauft, als Probleme auftauchten, statt sie vorher anzuschaffen, um genau diese Probleme zu vermeiden", gesteht er.

Das 150-Liter-Aquarium mitsamt Schrank, in dem die Technik untergebracht ist
Foto: Steve Campbell

Ein kleines Aquarienvolumen erfordert eine sorgfältige Auswahl der Wirbellosen.
Foto: Steve Campbell

Einen weiteren, sehr wichtigen Punkt sieht Steve Campbell im Erfahrungsaustausch der Aquarianer. "Für die Hersteller des Aquarienzubehörs gilt das gleiche, wie für die Aquaristikfachhändler", erklärt er. "Sie müssen Profit machen, um zu überleben. Nicht immer entsprechen darum die Leistungsangaben der Produkte der Wahrheit, und bisweilen sind die Herstellerangaben über die Leistung oder die Wirkung eines Produktes im Aquarium des Käufers nicht reproduzierbar. Dabei können ebenfalls Tiere "auf der Strecke bleiben". Um dies zu vermeiden, ist ein intensiver Informationsaustausch zwischen den Aquarianern wichtig, sowohl über gute Erfahrungen, als auch über schlechte."

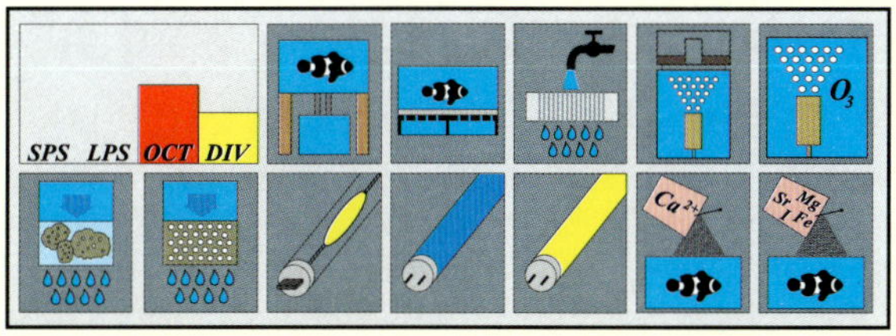


## Miniriff mit Weichkorallen und wenigen Fischen

### Tierbesatz

**Wirbellose:**
60 % Weichkorallen,
40 % andere Wirbellose

**Fische:**
*Sphaeramia nematoptera,*
2 Demoisellen, 2 Gobiiden

**Aquarium:**
Glas, 75 x 50 x 40 cm, 150 l plus Filterbecken, 4 Jahre

**Steindekoration:**
Lebendgestein (Great Barrier Reef). Die Steine wurden so aufeinandergeschichtet, dass möglichst viel Zwischenräume entstanden.

**Bodengrund Aquarium:**
Ein Teil des Bodens ist als "modifiziertes Jaubert-System" aufgebaut, mit einem Zentimeter Zwischenraum.

### Technik

**Beleuchtung:**
Halogenmetalldampflampe Coralife 175W, 10.000 K, 30 cm Abstand, 10 Std. täglich, Leuchtstofflampe Coralife 18 W, Tageslichtfarbe, 12 Std. täglich, Leuchtstofflampe Coralife blau 7.200 K actinic, 12 Std. täglich, sowie eine kleine Lampe, die nachts das natürliche Mondlicht simulieren soll, wenn die starken Lampen ausgeschaltet sind.

**Wasserzirkulation:**
Eine Tauchpumpe Eheim 1250, die mit einer elektronischen Zeitschaltuhr alle 6 bis 8 Sekunden ein- bzw. ausgeschaltet wird.

**Filterung/Abschäumung:**
Ein Überlauf mit Oberflächenabzug bringt das Aquarienwasser in das Filterbecken. Hier befindet sich ein Nass/Trocken-Rieselfilter, der durch eine eingebaute "Carlson Surge-Device"-Vorrichtung regelmäßig geflutet und entleert wird (siehe Grafik). Darüber hinaus befinden sich im Filterbecken ein Abschäumer und ein Phosphatfilter. Eine kleine Tauchpumpe sorgt dafür, dass das Wasser durch den Phosphatfilter gezogen wird.
Eine kräftige Tauchpumpe (Eheim 1060) befördert das Wasser zurück in das Aquarium. Diese Leitung wird über ein T-Stück geteilt; ein Zweig führt über einen "Teco RA 200 Water Conditioner" zurück in das Aquarium, der andere Zweig führt direkt in das Aquarium und wird hinter das Dekorationsgestein nach unten geführt, wo das Rückflusswasser über ein gelochtes Rohr gleichmäßig über der gesamten Aquarienlänge austritt, um den Gesteinsaufbau zu durchströmen.

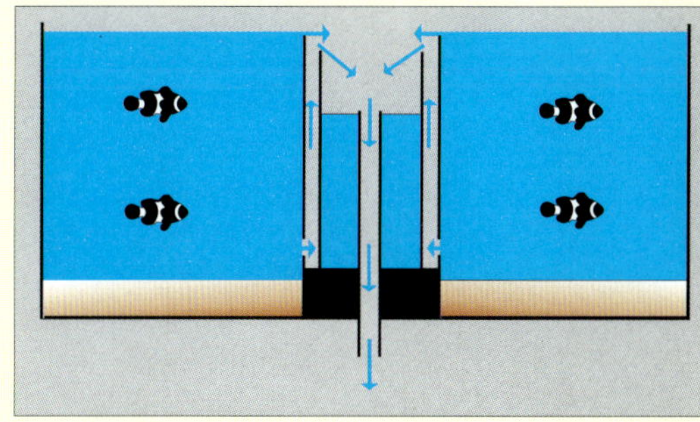

Eine speziell konstruierte Vorrichtung sorgt für besonders geräuscharmes Ablaufen des Wassers zum Filterbecken.

**Weitere technische Geräte:**
Eine Membranpumpe drückt Luft durch ein Ozongerät (10 mg/h) in den Abschäumer, um die Abschäumwirkung zu verstärken. Eine Wassernachfüllung mit einem Vorratsbehälter, einer Tauchpumpe und einem Schwimmschalter. Verwendet wird Leitungswasser, das mit Umkehrosmose und Ionentauscher aufbereitet wurde. Ein herkömmlicher Regelheizer im Filterbecken überwacht die Wassertemperatur, ein 12-Volt-Ventilator in der Beleuchtungsabdeckung und ein weiterer Ventilator im Schrank sorgen tagsüber für die Ableitung der Lampenwärme.

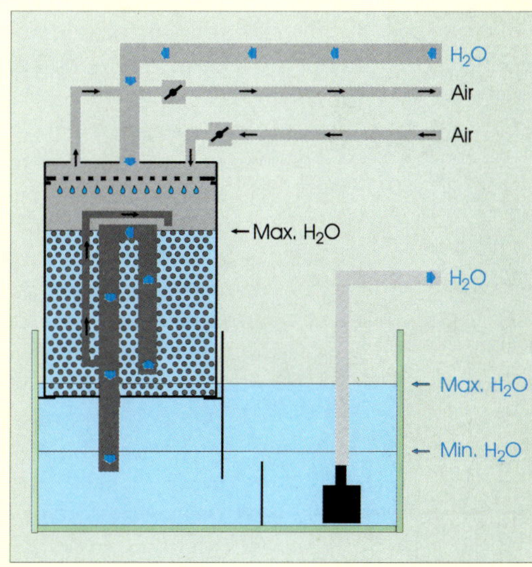


Der Nass/Trocken-Rieselfilter wird durch eine eingebaute „Carlson Surge device-Vorrichtung" (s. S. 29) regelmäßig geflutet und entleert.

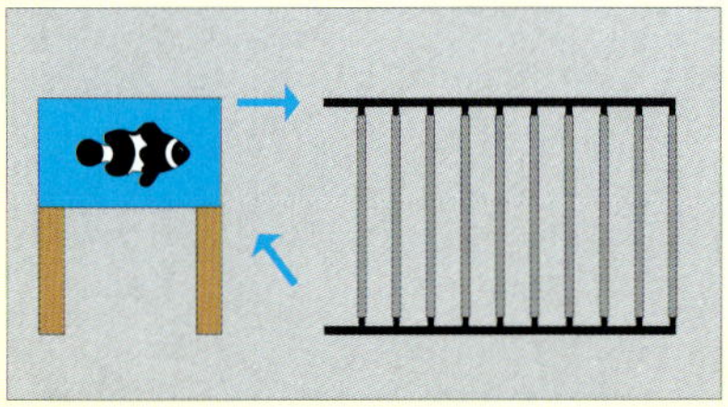

Zur Kühlung wird ein unterirdisches Rohrsystem verwendet.

Zur Kühlung wird ein einfaches Rohrsystem verwendet, das aus dem Schwimmbadbau stammt (siehe Grafik) und dort zum Aufheizen des Wassers mit Sonnenwärme eingesetzt wird. Es wurde an einer schattigen Stelle in etwa 50 cm Tiefe im Erdboden vergraben und wird mit dem Aquarienwasser durchströmt, so dass Wärme an das kühle Erdreich abgegeben wird. Der Wasserrückfluss erfolgt in das Filterbecken, wo der Regelheizer eine zu starke Kühlung notfalls kompensieren kann.

**Wasser:**

| | | |
|---|---|---|
| **Temperatur:** | 24.5 - 26.5 °C | |
| **Salzgehalt:** | 1.024 | (Aräometer SeaTest) |
| **pH:** | 8.2 | (Testkit Red Sea) |
| **Karbonathärte:** | 8 °dKH | (Testkit Tetra) |
| **Calcium:** | 400mg/l | (Testkit Aquasonic) |
| **Nitrat:** | 0.0 mg/l | (Testkit Red Sea) |
| **Phosphat:** | 0.05 mg/l | (Testkit Red Sea) |

**Anreicherung mit Spurenelementen u. a.:**
Strontium, Jod, pH-Puffer, Calcium

**Teilwasserwechsel:**
Alle zwei Wochen werden 20 Liter bzw. 15 % des Aquarienvolumens gegen natürliches Meerwasser ausgetauscht. Ziel ist es allerdings nicht, den Nitrat- und Phosphatgehalt zu senken. Der Zweck des Wasserwechsels ist vor allem die Anreicherung des Wassers mit Spurenelementen und das Absaugen von Detritus.

**Weitere Wartungsarbeiten:**
Der Schaumtopf des Abschäumers wird alle 3 - 5 Tage gesäubert und das Filtervlies wird gereinigt oder ersetzt. Alle zwei Monate werden die Dekorationssteine beim Wasserwechsel von Mulmablagerungen befreit.

**Besitzer:**
Steve Campbell, Sydney (Australien)

## „Genaue Beobachtung ist das wichtigste Handwerkszeug"

Aquarium Dr. Stephane Fournier, Frankreich

Auch das Aquarium von Dr. Stephane Fournier zeigt mit seinen rund 160 Litern Nettoinhalt sehr eindrucksvoll, dass ein Riffaquarium nicht groß sein muss, um zu faszinieren. Ein winziger Ausschnitt aus einem Riff, in dem jede Koralle sorgfältig platziert wurde. Steht man in leicht gebückter Körperhaltung vor dem winzigen Aquarium und betrachtet den Riffhang mit den prächtig wachsenden Steinkorallen, fühlt man sich fast ein wenig an japanische Bonsai-Gärten erinnert, oder an die schön eingerichteten, kleinen Süßwasseraquarien des Japaners Takashi Amano.
"Nun, in einem so kleinen und würfelförmigen Aquarium kann man den Steinaufbau nicht viel anders machen", findet Dr. Stephane Fournier. "Hätte ich ein größeres Aquarium, dann würde ich gern mehrere kleine Plattformriffe auf Sandsubstrat einrichten. Anregungen für den Tierbesatz würde ich mir dann mich dann von Lagunen und dem Innenriffhang holen."
Die übersichtliche und durchdacht konzipierte Technik neben dem Aquarium zeigt Beschränkung auf das Wesentliche. Zwar ist es nicht unbedingt schwierig, ein Riffaquarium mit so geringem Wasservolumen zu pflegen, vor allem wenn man es mit robusten Weichkorallen besetzt. Aber ein Blick auf die große Artenvielfalt, die Dr. Stephane Fournier in diesem Becken hält, macht klar, dass hier ein erfahrener Aquarianer mit viel Feingefühl am Werk ist. Viele der hier gepflegten Steinkorallenarten sind außerordentlich empfindlich und nehmen auch kleinere Fehler schnell übel. Das ist in einem so kleinen Aquarium aber nur mit viel Sorgfalt und Erfahrung zu verhindern, denn in diesem geringen Wasservolumen verändert sich das Milieu bisweilen sehr schnell.
Dazu ist vor allem Intuition nötig. "Für einen Riffaquarianer ist es ohne diese Intuition wahrscheinlich nahezu unmöglich, Erfolg zu haben", meint Stephane Fournier. Wassertests verwendet er zwar regelmäßig, aber sie dienen ihm nur dazu, das Milieu mit dem anderer Aquarien zu vergleichen. "Viele Testkits für Aquarien bringen fragwürdige Messergebnisse", beklagt er, "so dass man keinen präzisen Indikator hat. Solche Testkits sind sicher

brauchbar, um quantifizierbares Datenmaterial zu erhalten und mit anderen Aquarianern Erfahrungen auszutauschen, doch ein Riffaquarium sollte nicht allein anhand dieser Testergebnisse geführt werden. Genaue Beobachtung aller Vorgänge im Aquarium ist das wichtigste Handwerkszeug für den Riffaquarianer!"

"Allerdings ist es für die Weiterentwicklung der Riffaquaristik unverzichtbar, von vielen Aquarianern möglichst akkurates Datenmaterial zu haben", meint Dr. Stephane Fournier. "Die Anregungen einiger Wissenschaftler und die wissenschaftlich fundierten aquaristischen Fachartikel, die in den letzten Jahren erschieden sind, tragen viel dazu bei, die Möglichkeiten der Riffaquaristik zu erweitern". Dazu sind aber, so Dr. Stephane Fournier, objektive Daten über die Aquarien unverzichtbar, so dass es wünschenswert wäre, dass alle Riffaquarianer regelmäßig Wassertests durchführten.

Einen hochsensiblen Bereich der Riffaquaristik sieht er in der Beziehung des Hobbys zu natürlichen Lebensräumen: "Hier müssen Korallenfarmtechniken und die Nachzucht von Korallenfischen massiv gefördert werden, um das Hobby Riffaquaristik auch künftig in Einklang mit der Natur betreiben zu können."

Ein schönes Riffbecken muss nicht groß sein.
Foto: Dr. S. Fournier

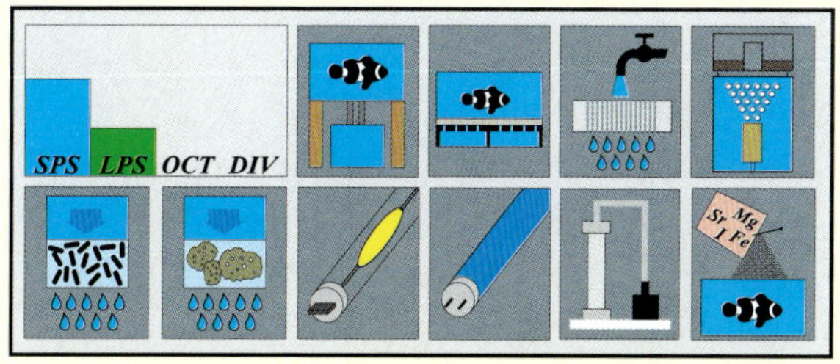


## "Patch Reef" in nährstoffarmer Umgebung, Mischbesatz

### Tierbesatz

**Wirbellose:**

Keine Weichkorallen, 35% Steinkorallen LPS, 65% Steinkorallen SPS

9 versch. *Acropora*-Arten, *Montipora digitata, M. incrassata, Pocillopora damicornis, Stylophora pistillata, Pavona cactus, P. decussata, Turbinaria patula, T. reniformis, Porites porites v. porites, P. porites v. divaricata, P. lobata, Caulastrea furcata, Favia* sp., *Colpophyllia natans, Diploria* sp., *Pectinia paeonia, Merulina ampliata, Hydnophora rigida, Trachyphyllia geoffroyi, Fungia* sp., *Tubipora musica, Millepora alcicornis, Millepora* sp., *Protopalythoa* sp., *Ricordea yuma*

**Fische:**

*Ctenochaetus hawaiiensis, Zebrasoma flavescens, Callioplesiops altivelis* (juvenil), *Synchiropus splendidus, Gobiodon okinawae* (M & F), *Ptereleotris heteroptera* (F)

**Aquarium:**

Glas, 57 x 57 x 57 cm, 185 l
Filterbecken: Glas, 60 x 32 x 25 cm, 48 l

**Steindekoration:**

30 kg Lebendgestein (zu gleichen Teilen Karibik und Indonesien). Der Augbau ist säulenförmig, umgeben von Sandsubstrat, und die Steine sind nicht aneinander befestigt.

**Bodengrund Aquarium:**

Korallensand unterschiedlicher Körnungsgröße

**Bodengrund Filterbecken:**
‚Mikro-Jaubert-Refugium', das die Entwicklung einer Mikrofauna im Aquarium fördert. Das Plenum im Boden ist 15 mm hoch, Höhe der Sandschicht 8 - 9 cm, Körnungsgröße 2 - 4 mm.

## Technik

**Beleuchtung:**
Halogenmetalldampflampe Aqualine Buschke 250 W 10.000 K, Leuchte mit Weitwinkelreflektor, 14 cm Abstand, 10 Std. täglich, Lampenwechsel alle 6 Monate,Leuchtstofflampe blau Philips TLDK 30 W/ 03, 12 Std. täglich, Lampenwechsel alle 4 Monate

**Wasserzirkulation:**
2 x Tunze Turbelle 2002 (je 2.400 l/h), gesteuert mit Tunze 7082 Intervall Powertimer, 1 x Eheim 1250 zum Wasseraustausch zwischen Aquarium und Filterbecken

**Filterung/Abschäumung:**
Keinerlei mechanische Filterung, ein Abschäumer Tunze 230/2U, 250 g Aktivkohle werden im Netzbeutel in das Filterbecken gelegt und alle 4 Wochen gewechselt

**Calciumzufuhr:**
Kalkreaktor nach Hebbinghaus (Eigenbau), gefüllt mit Calciumcarbonat

**Weitere technische Geräte:**
Tunze 3150 U Osmoregulator. Das verdunstete Wasser wird mit Osmosewasser ersetzt (Verdunstungsrate ca. 2,5 l täglich). Ein kleines Kühlaggregat hält im Sommer die Wassertemperatur im optimalen Bereich.

Ein winziger Ausschnitt aus dem Riff. Foto: Dr. S. Fournier

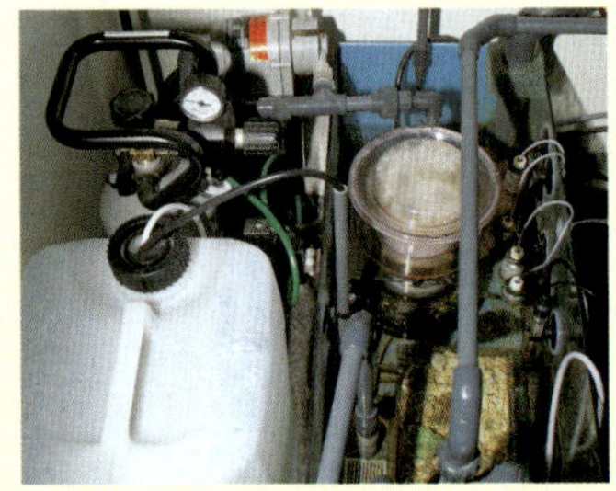

Die Technik zeigt Beschränkung auf das Wesentliche. Foto: Dr. S. Fournier

## Wasser

| | |
|---|---|
| **Salzgehalt:** | 1.025 (25 °C). (Aquarium Systems New Hydrometer) |
| **pH:** | 7.8 - 8.2 (pH-Meter, 2 x täglich) |
| **Karbonath.:** | 10 °dKH. (Aquamerck 14653) |
| **Calcium:** | 420 mg/l (Salifert Profi-Test Calcium, neue Version) |
| **Jod:** | 0.08 mg/l (Seachem Iodine & Iodide) |
| **Ammonium:** | 0.02 mg/l (Seachem Ammonium) |
| **Ammoniak:** | 0.005 mg/l (Seachem Ammonium) |
| **Nitrit:** | 0.025 (Sera $NO_2$) |
| **Nitrat:** | 0.2 mg/l (Aquarium Systems SeaTest - Nitrate Low Range) |
| **Phosphat:** | 0.025 mg/l (Seachem Phosphate) |
| **Strontium:** | 10 mg/l (Salifert Profi-Test Strontium - neue Version) |
| **Magnesium:** | 1212 mg/l (Seachem Reef Status Strontium & Magnesium) |
| **Eisen (total):** | < 0.05 mg/l (Seachem Iron) |
| **Bor:** | 4.25 mg/l (Salifert Profi-Test Bor) |
| **Kieselsäure:** | 0.15 mg/l (Seachem Silicate-High Sensitivity Option) |

**Anreicherung mit Spurenelementen u. a.:**
Jodlösung täglich, Spurenelementlösung täglich

**Teilwasserwechsel:**
20 Liter alle 6 - 8 Wochen

**Weitere Wartungsarbeiten:**
Vor jedem Wasserwechsel werden in Aquarium und Filterbecken Sedimente abgesaugt, um anschließend eine Feinfilterung durchzuführen. Für die ständige Wartung des Aquariums sind jedoch die zahlreichen Resteverwerter (Schnecken, Einsiedlerkrebse, Schlangensterne, Seesterne) zuständig.

## Besitzer:
Dr. Stephane Fournier, Palaiseau (Frankreich)

# Vom Wassereimer zum Miniaturaquarium

Aquarien Julian Sprung, Florida (USA)

Der Nordamerikaner Julian Sprung, dessen Vorfahren vor vier Generationen von Österreich nach Florida auswanderten, wuchs auf einer kleinen Insel nahe Briscane Bay bei Miami Beach auf. Das Grundstück seines Elternhauses hatte zwar keinen direkten Kontakt mit dem Meer, wohl aber das Grundstück der Nachbarn. Das nutzte Julian schon in frühen Jahren ausgiebig, "erforschte" den Küstenstreifen, fing Fische und "untersuchte" zahlreiche andere marine Organismen.

An die Aquaristik herangeführt wurde er durch Elliot, einen seiner älteren Brüder. Elliot Sprung pflegte ein Meerwasseraquarium mit Lebendgestein und Fischen, die er in Miami Beach gefangen hatte. Dieses Aquarium stand aber nicht im Hause Sprung, sondern in dem Haus des Nachbarn. Der Grund dafür war einfach: Vater Sprung wünschte kein Salzwasser im Haus, weil er der Überzeugung war, dass dann alle metallenen Gegenstände korrodieren würden ("womit er gar nicht so unrecht hatte", räumt Julian nach eigenen Erfahrungen heute freimütig ein). Inzwischen ist es 30 Jahre her, dass der vierjährige Julian zum ersten Mal staunend vor diesem Aquarium seines großen Bruders stand.

Bald nahm Elliot den kleinen Julian mit, wenn er neue Fische für das Aquarium fangen wollte. Einige Jahre später machte Julian auch seine ersten eigenen Abenteuertouren zu den Ebbetümpeln von Miami Beach. Ein eigenes Aquarium war nicht erlaubt, doch wo ein Wille ist, da ist auch ein Weg: Eimer, Schüsseln oder Fässer, die irgendwo auf dem Grundstück der Familie Sprung herumstanden, waren bald von Blenniiden oder Demoisellen bevölkert, und täglich kam der kleine Julian, um zu füttern und das Wasser zu wechseln. Wenn die Sonne im warmen Florida zu heiß brannte, dann trug Julian die Eimer in den Nachbargarten, um sie unter einen großen, schattenspendenden Baum zu stellen. Auch die Ködereimer, die am Kai des Nachbargrundstückes für die Angler hingen, waren bald nicht mehr unbewohnt: In jedem dieser Eimer hatte Julian neben einigen Brocken Lebendgestein und einem Büschel Algen ein paar kleine Fische untergebracht. Wer irgendwo auf dem Grundstück einen leeren Eimer stehen gelassen hatte, fand darin bei seiner Rückkehr unweigerlich ein kleines

Das „berühmte" 60-Liter-Riffaquarium von Julian Sprung

Ein Blick von oben zeigt den dichten Korallenbesatz.

Meerwasserbiotop, weil der kleine Junge alle sich bietenden Gefäße für seine Pfleglinge nutzte. So ging das noch eine Weile weiter, bis Vater Sprung schließlich ein Einsehen hatte und das Aufstellen eines Aquariums im Hause gestattete.

Inzwischen gehört Julian Sprung weltweit zu den angesehensten Experten für Riffaquaristik. Er hat gemeinsam mit Charles Delbeek die Buchreihe "Das Riffaquarium" verfasst, in Nordamerika oft als "Bibel der Riffaquarianer" bezeichnet (die Titelgestaltung für diese Bücher stammt von Julians Bruder Elliot, wie auch die Titelgestaltung der Buchreihe "Corals of the World" von J. E. N. Veron). Vortragsreisen haben Julian Sprung inzwischen um die ganze Welt geführt. Die zahlreichen Aquarien, die er heute pflegt, erinnern aber noch immer sehr an die vielen kleinen, bewohnten Wassereimer und Schüsseln, die vor einem Vierteljahrhundert auf dem Grundstück der Familie Sprung standen. Wohin man in seiner Wohnung in Miami Beach auch sieht, überall stehen kleine Aquarien; das kleinste fasst gerade einmal 20 Liter Wasser. Noch immer hat er keinen Hang zur "Megalomanie", richtet kein gewaltiges, großes Riffaquarium ein, sondern freut sich über die Welt im Kleinen. Julians Aktivitäten zeigen sehr überzeugend, dass ein Meeresaquarium nicht groß sein muss, um zu faszinieren.

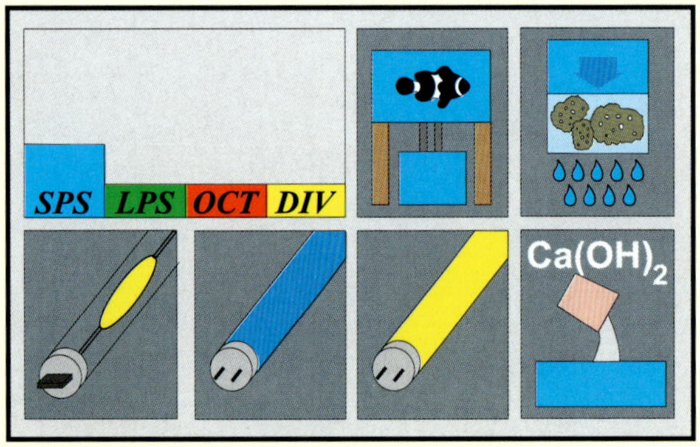


## Riffaquarium

**Tierbesatz**

**Wirbellose:**

40 % Steinkorallen SPS, 20 % Steinkorallen SPS, 20 % Weichkorallen, 20 % andere Wirbellose

*Acropora* sp. (2 Arten), *Seriatopora* sp. (2 Arten), *Pocillopora damicornis*, *Duncanopsammia axifuga*, *Turbinaria peltata*, *Fungia fragilis*, *Halomitra pileus*, *Pavona cactus*, *Pavona decussata*, *Psammocora* sp. (2 Arten), *Montipora* sp. (7 Arten), *Goniopora* sp., *Leptoseris scabra*, *Caulastrea furcata*, *Caulastrea curvata*, *Cynarina lacrymalis*, *Xenia* sp., *Clavularia* sp. (3 Arten), *Sarcophyton* sp., *Sinularia dura*, *Capnella imbricata*, *Zoanthus* spp., *Ricordea* sp., Röhrenwürmer, Schwämme, Schlangensterne, Einsiedlerkrebse, Schnecken, Schwebegarnelen und drei Riesenmuscheln (*Tridacna gigas* und 2 x *T. maxima*).

Julian Sprung sieht in seinem 12 Jahre alten Riffaquarium nach dem Rechten.

**Algen/Seegras:**

*Hypnea* sp., *Coelothrix* sp., *Dictyota* sp., *Halimeda* sp.,

**Fische:**

Ein Paar *Pterapogon kauderni*, ein Paar *Amphiprion ocellaris*, zwei Demoisellen, ein Mandarinfisch

**Aquarium:**

Glas, 60 Liter, 12 Jahre

**Steindekoration:**

Lebendgestein

**Bodengrund Aquarium:**

Korallensand

**Technik**

**Beleuchtung:**

Halogenmetalldampflampe 250 W, 6.800 K in Giesemann 260-Gehäuse, Leuchtstofflampe blau, 20 Watt, Leuchtstofflampe Grolux, 20 Watt

**Wasserzirkulation:**

Eine Eheim-Tauchpumpe befördert das Wasser vom Unterbecken in das Riffaquarium und eine zusätzliche Pumpe Aquarium Systems Maxijet 500 verstärkt im Riffaquarium die Wasserströmung. Die Gesamtumwälzung liegt bei 1.400 Liter pro Stunde, wird allerdings durch den dichten Korallenbesatz im Aquarium deutlich reduziert.

**Filterung/Abschäumung:**

Keine Filterung, keine Abschäumung. Das Aquarium wird seit vielen Jahren als "Berlin-System" betrieben, also mit Lebendgestein zur biologischen Filterung, einer dünnen Korallensandschicht auf dem Boden und Kalkwasser. Jahrelang hat es auch einen Tunze-Abschäumer im Unterbecken gehabt, doch nach dem Anschluss des Refugiums vor vier Jahren wurde dieser entfernt.

**Kommentar J. Sprung:**

"Wegen seiner geringen Größe muss das Aquarium sorgfältig beobachtet werden. Das Wachstum der Korallen ist so stark, dass regelmäßig "gärtnerisch" eingegriffen werden muss. Allerdings ist das Becken selbst sehr alt und durch Undichtigkeiten am oberen Plastikrahmen bilden sich fortwährend Salzkrusten. Darum würde ich den Inhalt eigentlich gern in ein neues Glasbecken setzen."

**Besitzer:**

Julian Sprung, Florida (USA)

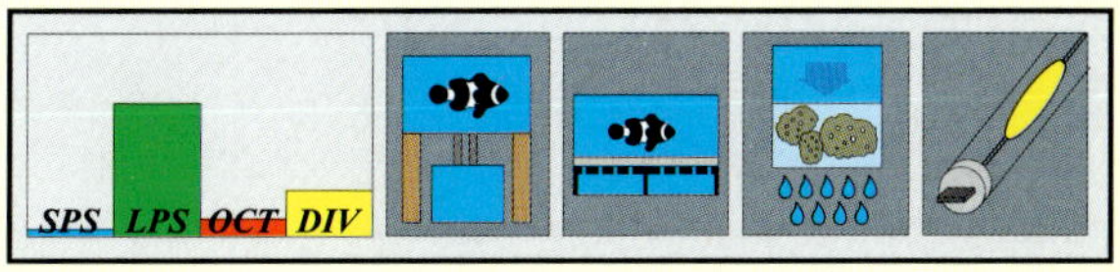


## Mangrovenaquarium/Refugium

### Tierbesatz

**Wirbellose:**
5 % Weichkorallen, 70 % Steinkorallen LPS, 25 % andere Wirbellose

*Alveopora* spp. (3 Arten), *Goniopora* spp. (2 Arten), *Nemenzophyllia* sp., *Catalaphyllia* sp., *Duncanopsammia* sp., *Blastomussa* sp., *Euphyllia* sp., *Fungia* sp., *Protopalythoa grandis*, *Isaurus* sp., *Discosoma* spp., *Xenia* sp., *Sinularia* sp., Schwämme *Tethya* sp.,

**Algen/Seegras:**
*Caulerpa taxifolia*, *C. mexicana*, *C. prolifera*, *C. paspaloides*, *C. verticillata*, *Halimeda* spp., *Udotea* spp., *Thalassia testudinum*

**Fische:**
*Pterapogon kauderni*, ein Paar schwarze *Amphiprion ocellaris*

**Aquarium:**
Glas, 80 Liter (Aquarium nur teilweise gefüllt), 6 Jahre

**Steindekoration:**
Lebendgestein

Das Mangrovenaquarium, das als Biofilter dient, von oben gesehen

Dichter Besatz mit schön gefärbte Steinkorallen

**Bodengrund Aquarium:**
Jaubert-System mit Plenum, das mit dem 60-Liter-Riffaquarium und dem Unterbecken verbunden ist.

### Technik

**Beleuchtung:**
Halogenmetalldampflampe Iwasaki 150 W, 6.000 K

**Wasserzirkulation:**
Schwache Wasserbewegung durch Tauchpumpe Aquarium Systems Microjet, die mit einem Timer gesteuert wird. Diese Pumpe befindet sich im nebenstehenden Unterbecken (unterhalb des 60-Liter-Riffaquariums) und der Timer schaltet sie dreimal pro Minute für etwa 10 Sekunden ein. Das Wasser gelangt in das Mangrovenbecken und ein Überlauf bringt es zurück zum Unterbecken.

Beim Blick von der Seite ist das Jaubert-Plenum unter dem Bodengrund zu sehen.

**Filterung/Abschäumung:**
Keine Filterung, keine Abschäumung

**Kommentar J. Sprung:**
"Dieses Becken habe ich als Refugium an mein "berühmtes" 60-Liter-Riffaquarium angeschlossen. Es ist ein sehr effektiver biologischer Filter, baut Nitrat ab und sorgt dafür, dass die Anlage keinen Abschäumer braucht. Besonders gefällt mir an diesem Becken, dass es ein Habitat nachstellt, das ich bei den Salomonischen Inseln gesehen habe. Dort kann man an verschiedenen Stellen tatsächlich Korallen, Seegras und Mangroven im gleichen Lebensraum finden."

**Besitzer:**
Julian Sprung, Florida (USA)

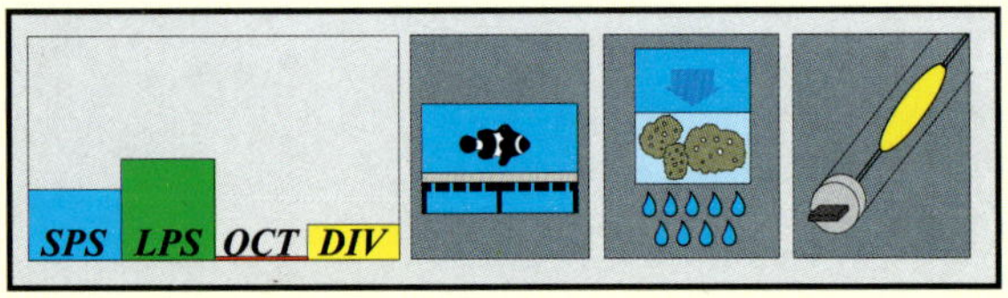


## Steinkorallen-Riffaquarium

**Tierbesatz**

**Wirbellose:**

50 % Steinkorallen LPS, 40 % Steinkorallen SPS, 10 % andere Wirbellose

Korallen *Goniopora* sp., *Alveopora* sp., *Plerogyra sinuosa*, *Cynarina lacrymalis*, *Scolymia vitiensis*, *Montipora* spp., *Pavona decussata*, *Euphyllia divisa*, *E. paradivisa*, *Euphyllia* sp., *Fungia* sp., *Polyphyllia talpina*, *Neospongodes* spp., Anemonen *Macrodactyla doreensis* und *Stichodactyla haddoni* sowie *Discosoma* spp., *Zoanthus* spp., *Palythoa* sp. sowie eine Riesenmuschel *T. crocea*

**Fische:**

ein Clownfisch-Hybride (*Amphiprion chrysopterus*/*A. sandaracinos*), *Pseudochromis fridmani*, *Coradion melanopus*

**Aquarium:**

Glas, 160 Liter, 4 Jahre

**Steindekoration:**

Steinkorallenskelette

**Bodengrund:**

Korallensand

**Technik**

**Beleuchtung:**

Halogenmetalldampflampe 175 W, 20.000 K

**Wasserzirkulation:**

Schwach, nur mit Luft (Ausströmer)

**Filterung/Abschäumung:**

Keine Filterung, keine Abschäumung. Das Aquarium wird als "Jaubert-System" betrieben, also mit einem Plenum im Boden.

Ein Steinkorallenaquarium mit Jaubert-Plenum

**Kommentar J. Sprung:**

"Die Dekoration in diesem Aquarium habe ich aus Korallenskeletten aufgebaut, die mit Unterwasser-Epoxidharz aneinander und mit den Glasscheiben verbunden wurden. Das ist zwar eine sehr zeitraubende Arbeit, doch dadurch lässt sich eine schöne und natürlich wirkende Dekoration erzeugen. Allerdings kämpfe ich in diesem Aquarium heftig mit Glasrosen."

**Besitzer:**

Julian Sprung, Florida (USA)

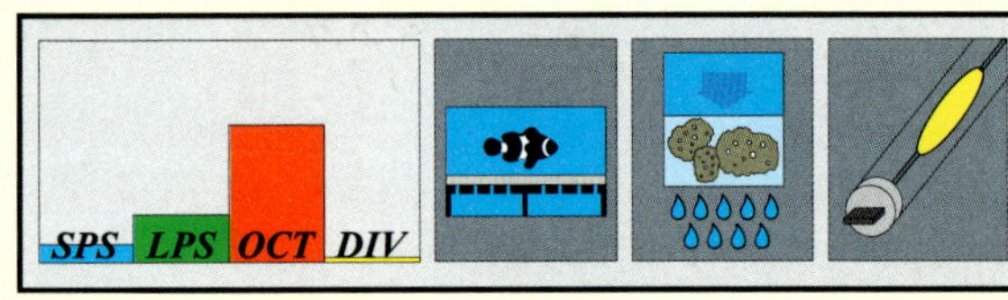


## Weichkorallen-Riffaquarium

**Tierbesatz**

**Wirbellose:**

65 % Weichkorallen und andere Wirbellose, 25 % Steinkorallen LPS, 10 % Steinkorallen SPS

Eine große *Sarcophyton* sp. und einige weitere kleine *Sarcophyton* spp., *Sinularia* sp. (3 Arten), *Clavularia* spp., *Capnella imbricata*, *Catalaphyllia jardinei*, *Acropora* sp., Krustenanemonen und *Hypnea* sp. Außerdem Algen und Schwämme einschließlich dem photosynthetisch lebenden *Collospongia auris*

**Fische:**

*Oxymonoacanthus longirostris* und *Calloplesiops altivelis*

**Aquarium:**

Glas, 160 Liter, 4 Jahre

**Steindekoration:**

Lebendgestein

**Bodengrund Aquarium:**

Jaubert-System mit Plenum

### Technik

**Beleuchtung:**
Halogenmetalldampflampe 175 W, 20.000 K

**Wasserzirkulation:**
Schwach

**Filterung/Abschäumung:**
Keine Filterung, keine Abschäumung. Das Aquarium wird als "Jaubert-System" betrieben, also mit einem Plenum im Boden.

**Kommentar J. Sprung:**
"Dieses Aquarium ist trotz der sehr einfachen technischen Ausstattung biologisch sehr stabil. Sämtliche Korallen sind aus kleinen Fragmenten herangezogen worden. Die große *Sarcophyton* sp., eine der *Sinularia* sp. und die *Capnella* stammen von Alf Nilsen, der Schwamm *Collospongia auris*, der durch sein kräftiges Wachstum bereits anfängt, Sorgen zu machen, stammt von Daniel Knop und die *Catalaphyllia* ist von Allan Storace."

Weichkorallen-aquarium mit hohem Bodengrund und Jaubert-Plenum

**Besitzer:**
Julian Sprung, Florida (USA)

Neben Riffbecken pflegt Julian Sprung auch Süßwasser-aquarien und – ganz rechts im Bild – manch eine wassergefüllte „Nussschale"

Ein Hornkorallen-aquarium als Raumteiler

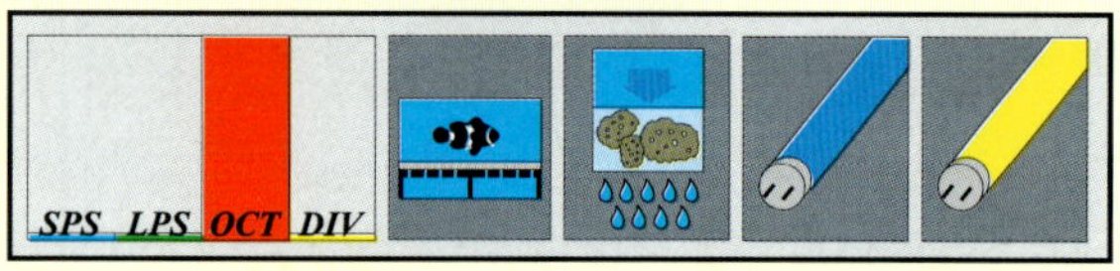


## Hornkorallenaquarium mit den in Florida verbreiteten Arten

### Tierbesatz

**Wirbellose:**
90 % Hornkorallen, 10 % andere Weichkorallen

Hornkorallen der folgenden Gattungen: *Pseudopterogorgia* sp., *Pterogorgia* sp., *Eunicea* sp., *Muricea* sp., *Plexaura* sp., *Plexaurella* sp., *Pseudoplexaura* sp., *Briareum* sp., *Erythropodium* sp., *Diodogorgia* sp., *Swiftia* sp., *Sarcophyton* sp., *Capnella* sp., und *Dendronephthya* sp., ein großer roter Schlangenstern sowie ein blauer *Linckia laevigata*

**Fische:**
Zwei Kaiserfische, *Chelmon rostratus*, *Amphiprion sebae*, zwei echte *Amphiprion percula*, zwei weitere Clownfische von den Malediven, *Pseudocheilinus hexataenia*, *Oxycirrhites typus*

**Aquarium:**
Glas, 500 Liter, Alter: ein Jahr

**Steindekoration:**
Lebendgestein

**Bodengrund Aquarium:**
Jaubert-System mit Plenum, doch zusätzlich ist an der Stirnseite ein kleiner Unterbodenfilter mit Heberohr installiert

### Technik

**Beleuchtung:**
Leuchtstofflampe Power Compact blue, 96 Watt, Leuchtstofflampe Power Compact Tageslicht, 96 Watt

**Wasserzirkulation:**
Mittelstark

**Filterung/Abschäumung:**
Keine Filterung, keine Abschäumung

### Kommentar J. Sprung:

"Das Aquarium ist als Raumteiler aufgestellt. Es besitzt noch keinen Abschäumer, aber ich werde wahrscheinlich bald einen installieren. Die Wasserströmung ist zur Zeit noch nicht sehr stark, weil ich mir noch nicht genau überlegt habe, wie ich die Strömungsverhältnisse endgültig gestalten möchte. Mit der Beleuchtung bin ich noch nicht so recht glücklich. Zwar ist die Lichtfarbe gut, aber ich würde für diesen Aquarienbesatz eher die doppelte Lampenzahl empfehlen. Ich möchte demnächst andere Lampen installieren und denke dabei an 150-Watt-Halogenmetalldampflampen, die mit zwei blauen Leuchtstofflampen kombiniert werden sollen. Eine andere Möglichkeit wären vier Leuchtstofflampen mit VHO-Spezifikation (very high output). Mal sehen... Ich experimentiere mit einem "Hybrid-System" aus Bodenfilter und "Jaubert". Der Bodenfilter soll nicht nur mechanisch filtern, sondern auch verhindern, dass eine Anemone oder andere Organismen angesaugt werden. Recht glücklich bin ich mit dem Pflegeerfolg von *Dendronephthya* sp. in diesem Aquarium, denn sie entwickelt sich gut. Ich habe den kleinen Substratstein der Weichkoralle mit Unterwasserepoxydharz an der Glasscheibe in kräftiger Wasserströmung befestigt, füttere sie regelmäßig mit "Marine Snow", aber sie profitiert sicher auch von den vielen Exkrementen der Fische."

**Besitzer:**
Julian Sprung, Florida (USA)

Ein prächtige Steinkoralle *Montipora* sp. im Aquarium von Theo Wurst, Philippsburg

# Ein röhrenförmiges Aquarium als Experimentalbecken

Aquarium Daniel Knop, Deutschland

Algen und Weichkorallen nach drei Jahren ohne Pflegeeingriff

Dieses zylinderförmige "Aquarium" wurde vor drei Jahren als Experimentalbecken aufgestellt. Anders als ein herkömmliches Riffaquarium besitzt dieses Röhrenaquarium in Relation zum Wasservolumen eine sehr geringe beleuchtete Fläche. Darum stellt es nicht nur einen Ausschnitt vom sonnenlichtdurchfluteten Riffdach dar, sondern versucht, den Lebensraum Riff mit dem natürlichen Verhältnis zwischen Lichtzone und tiefer gelegenen Dunkelzonen nachzustellen. Durch den zentralen Luftheber in der Gesteinssäule, der das Wasser oben auswirft, entsteht vor der Riffwand eine stete und seichte Abwärtsströmung. In späteren Prototypen wurde der Luftheber innen mehrere Zentimeter dick mit offenporigem Schaumstoff ausgekleidet, um die Ansiedlung einer Mikrofauna zu fördern, deren Gameten sich dann als "Planktonregen" über die Riffwand ergießen.

Die Steinsäule repräsentierte eine Riffwand mit Hell- und Dunkelzonen

Die Artenvielfalt eines solchen Beckens gegenüber herkömmlichen Riffaquarien ist natürlich sehr beschränkt. Dieses Experiment sollte nur zeigen, dass ein Meerwasseraquarium nicht zwangsläufig an viel Aquarientechnik gebunden ist, sondern ein marines Aquarienbiotop auch ohne viel technische Unterstützung stabil funktioniert, wenn sich die Aquarienpopulation in Anpassung an die Lebensbedingungen entwickeln kann. Bei der Einrichtung wurde das Aquarium mit porösen Gesteinsbrocken aus einem großen Riffaquarium geimpft. Schnell begannen alle darauf siedelnden Organismen, sich im neuen Lebensraum zu vermehren, bis sie schließlich an die ökologischen Grenzen stießen. Besonders im ersten Jahr waren hierbei auch interessante Populationsverschiebungen zu beobachten. All jene Organismen, die im System lebensfähig waren und ihre Reproduktionszyklen schließen konnten, haben überlebt und sich etabliert. Andere Organismen hingegen verschwanden aus dem System.

Nach nunmehr drei Jahren ohne Wasserwechsel, Fütterung oder irgendwelche anderen Eingriffe sieht man unverändert deutliches Wachstum der Weichkoralle und auch der Algen. Die Koralle hat ihr Kolonievolumen in dieser Zeit vergrößert, die Algenpopulation bleibt jedoch stets konstant. Verschiedene Kleinlebewesen sind in großer Zahl zu sehen. Es hat sich offenbar ein biologisches Gleichgewicht eingestellt, dessen Regelkreise stabil sind. Selbst Glasrosen *Aiptasia* sp. sind in diesem Aquarium vorhanden, können sich aber nicht invasiv vermehren.

Würde man ein solches System mit minimalem Wasseraustausch (z. B. 1 - 2 l/h) an ein herkömmliches Riffaquarium anschließen, so würde man infolge der Zufuhr von Nährstoffen und lebenden Kleinorganismen sicher die Entwicklung einer weitaus dichteren und artenreicheren Population beobachten können. Auch das Beimpfen mit natürlichem Meeresplankton wäre sicher reizvoll, denn es könnte zur Ansiedlung mariner Organismen führen, die wir in einem herkömmlichen Riffaquarium nicht beobachten können.

Dieses luftheberbeströmte Röhrenaquarium wurde ohne Wasseraufbereitung betrieben.

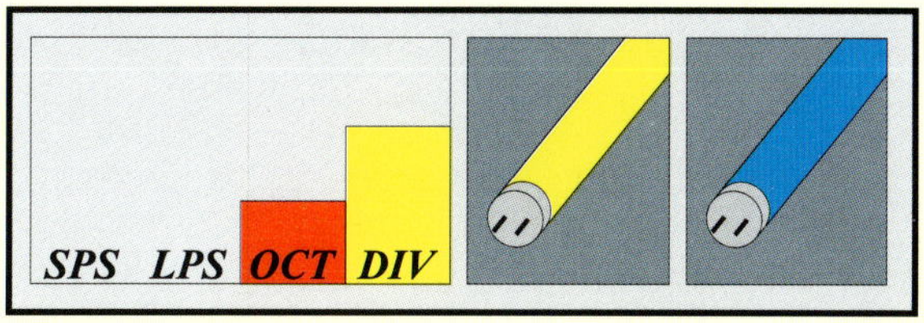


### Lebensraum Riffdach und Riffwand im Indopazifik, maximale Vereinfachung der Aquarientechnik

**Tierbesatz:**
Weichkoralle *Sinularia dura,* diverse Schwämme, Röhrenwürmer *Brachiomma curta* und andere Polychaeta, div. herbivore Schneckenarten (*Stomatella* sp. u. a.), winzige Wurmschnecken Vermetidae, Foraminiferen, Seesterne *Asterina* sp., Makroalgen *Caulerpa taxifolia*, *Valonia* sp., Kalkrotalgen

**Aquarium:**
Acrylglasrohr, 100 x 40 cm, 100 l, 3 Jahre

**Steindekoration:**
Säulenförmiger Steinaufbau mit anzementiertem, porösen Gestein. Zum Impfen mit lebenden Organismen wurde ca. 800 g lebendes Gestein aus einem anderen Aquarium eingebracht. Kein Bodengrund

**Technik**
**Beleuchtung:**
Leuchtstofflampe Tageslicht Osram L18/11,
10 cm Abstand, 14 Std. täglich,
Leuchtstofflampe blau Osram L18/67,
0 cm Abstand, 14 Std. täglich

**Wasserzirkulation:**
Luftheber im Zentrum des säulenförmigen Steinaufbaus. Dadurch kommt es zum Gasaustausch und es entwickelt sich außerhalb des Steinaufbaus eine kontinuierliche, seichte Abwärtsbewegung des Wassers. Keinerlei Filterung oder Wasserreinigung

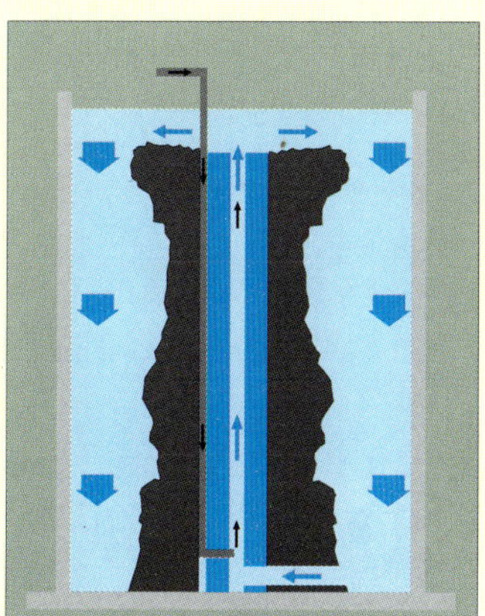

**Wasser:**

| | |
|---|---|
| **Salzgehalt:** | 1.023 (25 °C) (Refraktometer) |
| **Temperatur:** | 25 - 28 °C |
| **pH:** | 8.4 (Red Sea High Range) |
| **Karbonathärte:** | 9 °dKH (Aquamerck 114653) |
| **Calcium:** | 480 mg/l (JBL) |
| **Nitrat:** | nicht erfassbar (Seatest) |
| **Phosphat:** | nicht erfassbar |
| (Merck Aquaquant | 114445.0001) |

**Wartungsarbeiten:**
Alle 8 Wochen werden ca. 4 Liter verdunstetes Wasser ersetzt (die Acrylglasabdeckung reduziert die Verdunstung). Darüber hinaus finden keinerlei Wartungsarbeiten statt. Keine Fütterung, kein Wasserwechsel, aber auch keine störenden Eingriffe wie Scheibenreinigung

**Besitzer:**
Daniel Knop, Sinsheim (Deutschland)

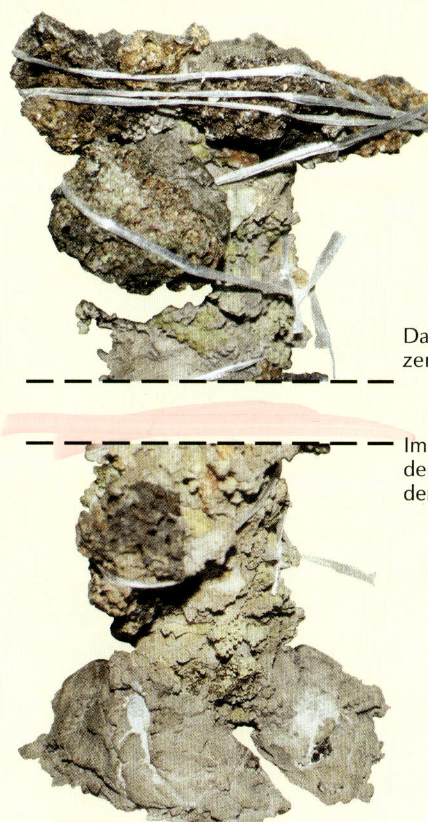

Das „Riffdach" beim Aushärten des zementierten Gesteins

Im verbreiterten Unterteil der Säule – dem Fuß der „Riffwand" – befand sich der Wassereinlass für den Luftheber

# "Die Idee, das Aquarium rotieren zu lassen, begeisterte mich"

Aquarium Mitch Gibbs, Kentucky (USA)

Ein rotierendes Riffaquarium - Showeffekt pur? Weit gefehlt, denn das war absolut nicht das, was sein Konstrukteur Mitch Gibbs im Sinn hatte, als er mit dem Bau der ersten Prototypen begann. Angeregt worden ist er durch einen Vortrag von Steve Tyree auf dem alljährlichen amerikanischen Meerwasseraquaristik-Symposium MACNA VII (Marine Aquarium Conference of North America). Steve hatte über die Lichtadaption von Korallen berichtet und dabei Ausbleichungen von aquariengehaltenen Korallen erwähnt, Veränderungen, die er auf die konstante Position der Lichtquelle zurückführte. Während im natürlichen Lebensraum die Sonne stets wandert und dadurch das Licht aus einer fortwährend veränderten Position die Oberfläche der Koralle erreicht, bestrahlen wir unsere Korallen im Aquarium immer aus der gleichen Richtung. Das führt dazu, dass an den lichtzugewandten Stellen sehr stark beleuchtet wird, während an anderen Stellen einer Kolonie unnatürliche Abschattungen entstehen.

Das Röhrenaquarium mit rotierendem Steinaufbau
Foto: Mitch Gibbs

In seinen ersten Versuchen begann Mitch nun, die Lichtquelle in Bewegung zu bringen, indem er die Lampe an einem Schienensystem aufhängte und sie über dem Aquarium immer hin und her fahren ließ. Für die Wasserumwälzung installierte er ein CSD, ein "Carlson Surge Device". Dieses Gerät, das von dem Meeresbiologen und Direktor des Waikiki-Aquariums in Hawaii, Dr. Bruce Carlson, entwickelt wurde, erzeugt auf sehr einfache Weise eine intermittierende, starke Wasserströmung.

Das befriedigte Mitch aber nur bedingt. Angeregt durch die Rotation der Erde um die eigene Achse begann er, mit einem rotierenden Aquarium zu experimentieren. "Die Idee, das Aquarium permanent rotieren zu lassen, begeisterte mich", sagt er heute, "weil damit eine ,mobile' Beleuchtung geschaffen war, die das Licht stets aus anderer Position auf die Koralle wirken lässt." Hinzu kam, dass man damit auch eine variable Wasserströmung geschaffen hat, vorausgesetzt, das Auswurfrohr der Pumpe ist fest installiert und dreht sich nicht mit. Diese Idee ließ sich Mitch Gibbs umgehend patentieren und sein Artikel "The Evolution of the Revolution" brachte die Konstruktion auf die Titelseite der nordamerikanischen Aquaristikzeitschrift FAMA (Fresh and Marine Aquarium Magazine, Mai 1998). Heute produziert Mitch Gibbs sein rotierendes Aquarium in Kleinserie und kümmert sich - neben seinem Riffaquaristik-Fachgeschäft - um den Vertrieb.

Mit der Riffaquaristik begonnen hat Mitch im Januar 1986, nachdem er im "Fish and Aquarium Magazine" einen Artikel von Duthman George Smith gelesen hatte. Dieser Artikel mit dem Titel "Is it time for a change?" stellte die Riffaquaristik als einfaches und unkompliziertes Hobby dar. "Ich habe aber schon bald gemerkt, dass dafür doch viel Wissen nötig ist", sagt Mitch Gibbs heute. Inzwischen hat er verschiedene Arten nachgezogen, darunter *P. kauderni*, den grünen Schlangenstern *Ophioarachna incrassata*. Dem Aquarianer rät Mitch vor allem, viel zu lesen und schließlich auch seine eigene Erfahrung durch Artikel in Fachzeitschriften weiterzugeben. Außerdem hält er es für wichtig, dass Aquarianer nachgezogenen Korallen und Fischen den Vorzug vor Naturentnahmen geben.

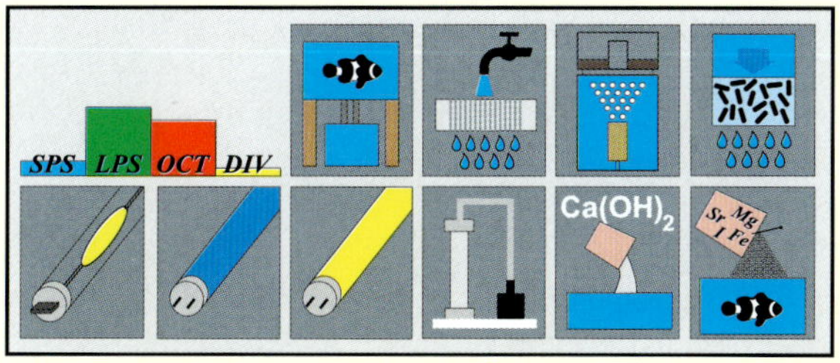


## Riffhang im Indopazifik

### Tierbesatz

**Wirbellose:**

40 % Weichkorallen, 45 % Steinkorallen LPS, 10 % Steinkorallen SPS, 5 % andere Wirbellose. Eine 25 mm große blaue Riesenmuschel *T. crocea*, *Lysmata amboinensis*, 50 *P. cadenati*, 4 Turboschnecken, 3 *Mitrax*-Schnecken, 4 Schlangensterne *Ophioarachna incrassata* sowie ein unwillkommener *Gonodactylus* sp.

**Fische:**

*A. percula*, *P. biaculeatus*, *Ecsenius bicolor*, 2 *Gobiosoma puncticulatus*, *Gobiodon okinawae*, 2 *Gobiodon randalli*, *P. springeri*, *Serrano cirrhituslatus*, *Calloplesiops altivelis*, *Neocirrhitus armatus*, *P. splendidus*, *P. kauderni*,

**Aquarium:**

Acrylglasrohr, 90 x 90 cm, 640 l, plus Filterbecken, 8 Monate, Aquarium mit rotierendem Innenaufbau

**Steindekoration:**

Lebendgestein (Fidschi-Inseln und Marshall-Inseln). Am Überlauf in Beckenmitte ("Rückwand") wurden 12,5 mm breite Acrylstreifen angehängt. Die Steine wurden durchbohrt, so dass sie auf die Acrylstreifen gezogen werden konnten wie Perlen auf eine Schnur. Darüber hinaus wurden am Überlauf Befestigungsvorrichtungen angeklebt, an denen mit Nylon-Kabelbindern weiteres Lebendgestein

Die Pumpenauslaufrohre rotieren nicht mit.
Foto: Mitch Gibbs

Der Motorantrieb unter dem Aquarium
Foto: Mitch Gibbs

Nahaufnahme des drehbaren Aufbaus
Foto: Mitch Gibbs

angehängt wurde. Bodengrund ist im Aquarium nicht vorhanden.

## Technik

**Beleuchtung:**
Halogenmetalldampflampe Osram TS 175 W, 10.000 K, 30 cm Abstand, 10 Std. täglich, 2 x Leuchtstofflampe actinic Blau, 60 cm (VHO), 1 x Leuchtstofflampe actinic Blau, 30 W, 90 cm, vertikal außen angebracht, 1 x Leuchtstofflampe Triton, 30 W 90 cm, hinten von außen vertikal angebracht, so dass das Licht nur eine Wassertiefe von 10 - 15 cm durchdringen muss, um die Korallen zu erreichen. Durch die Rotation des gesamten Steinaufbaus erhalten alle Korallen Licht

**Wasserzirkulation:**
Mit einer Iwaki-Pumpe (2.000 l/h) wird das Wasser durch den Oberflächenabzug in Beckenmitte abgesaugt und von oben in das Aquarium zurückbefördert. Durch das Rotieren des gesamten Steinaufbaus entsteht für die einzelnen sessilen Wirbellosen eine intermittierende Wasserbewegung, weil der Pumpenauslauf nicht rotiert.

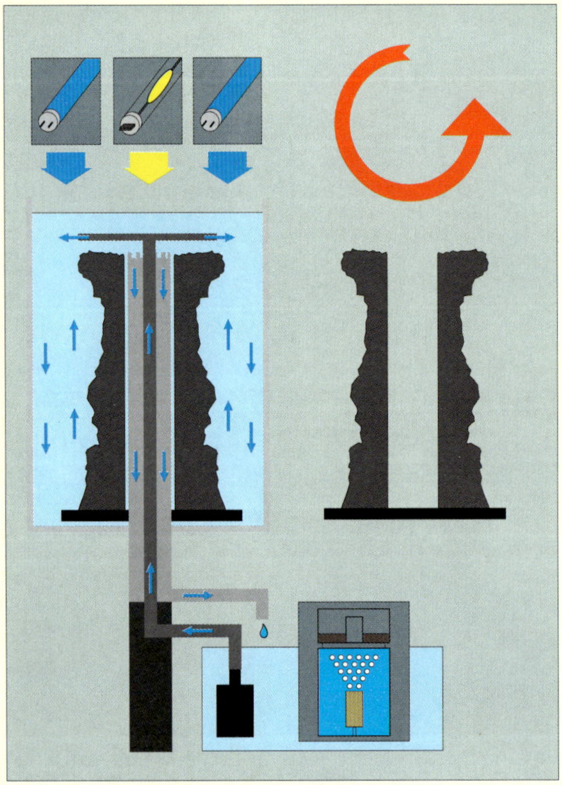

Der Wasserfluss zwischen Aquarium und Filterbecken im Detail

**Filterung/Abschäumung:**
Abschäumung im Filterbecken, keine mechanische Filterung, es wird nur Mulm abgesaugt, der sich durch Sedimentation im Filterbecken ansammelt. Um das Wasser von gelösten Schadstoffen zu befreien, werden bei Bedarf Polyfilter-Pads eingesetzt.

**Calciumzufuhr:**
Kalkwasserzufuhr nachts (Tropfenweise)

**Weitere technische Geräte:**
RO/DI-Anlage zur Aufbereitung des Leitungswassers

## Wasser:

| | |
|---|---|
| **Salzgehalt:** | 1.023 (25 °C) |
| **Temperatur:** | 24,5 °C |
| **pH:** | 8.2 (pH-Meter) |
| **Karbonathärte:** | 8 °dKH (Dupla-Testkit) |
| **Nitrit:** | 0.1 mg/l |
| **Nitrat:** | 200 mg/l |

**Anreicherung mit Spurenelementen u. a.:**
CombiSan Spurenelementlösung, ein Tropfen je 4 Liter Aquarienwasser wöchentlich

**Teilwasserwechsel:**
20% des Wassers werden alle zwei Monate gewechselt. Dabei werden auch Sedimente und Detritus abgesaugt.

**Weitere Wartungsarbeiten:**
Neben der üblichen Wartung (z. B. tägliches Reinigen des Schaumtopfes) ist es bei diesem Aquarium wichtig, die Frontscheibe sauber zu halten. Darum wird diese täglich gereinigt.

## Besitzer:

Mitch Gibbs, Bowling Green, (Kentucky, USA)

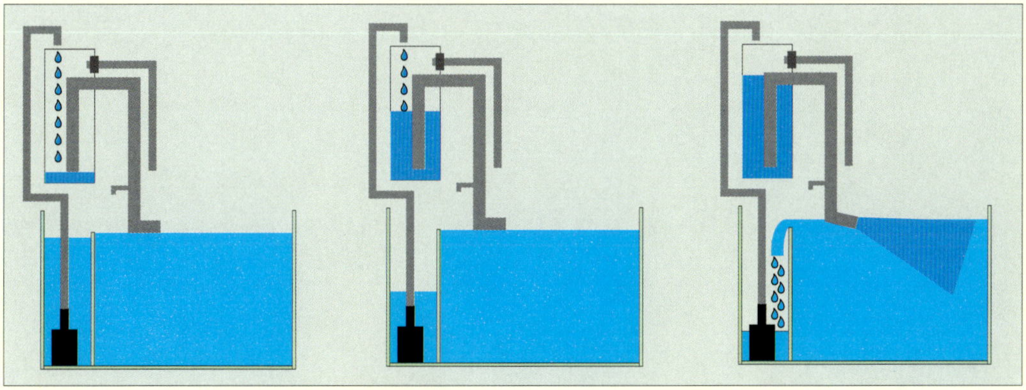

Die Funktionsweise des CSD (Carlson Surge Device) entspricht einem herkömmlichen Labor-Pipettenspüler: 1. Pumpe beginnt, Vorratsbehälter zu füllen; 2. Vorratsbehälter halb gefüllt; 3. Vorratsbehälter voll, Überlaufrohr hat sich entlüftet, Behälter entleert sich

Ein früher „Aquarien-Prototyp" von Mitch Gibbs mit beweglich aufgehängten Lampen und Carlson Surge Device (links)
Foto: M. Gibbs

Steinkorallen im prächtigen Riffaquarium von Theo Wurst, Philippsburg

# "Weniger Geld und mehr Geduld investieren"

Aquarien Larry Jackson, Texas (USA)

"Eile und fehlende Geduld waren meine größten Fehler, als ich vor 7 Jahren mit der Riffaquaristik begann", räumt Larry Jackson ein. "Ich habe mich häufig dazu verleiten lassen, im Aquariengeschäft Korallen zu erwerben, die entweder in sehr schlechtem Zustand waren oder zu einer Gattung bzw. Art gehörten, die für den unerfahrenen Einsteiger in diesem Hobby nicht geeignet war. Wenn ich heute mit der Riffaquaristik noch einmal beginnen sollte, dann würde ich weniger Geld in den Kauf von Korallen investieren, und dafür lieber mehr Geduld aufbringen."

Doch trotz anfänglicher Misserfolge lächelt der stets freundliche Texaner Larry Jackson, wenn er an diese Zeit zurückdenkt, denn: "Viele der Korallen aus meinen ersten Riffaquaristik-Tagen leben in meinen Aquarien heute noch. Meine *Goniopora* sp. beispielsweise ist heute nach 6 Jahren noch immer in gutem Zustand." Die ebenso alte Blasenkoralle *Plerogyra sinuosa* hat im Basisbereich ihrer Kolonie weiches Polypengewebe erzeugt. Damit ist sie auf das Kalksteinsubstrat gewachsen und hat dort schließlich sogar ein Kalkskelett erzeugt, ist also mit ihrem Kalkskelett regelrecht am Dekorationsgestein "festgewachsen". Das ist bei den großpolypigen Steinkorallen nicht oft zu beobachten. Ein weiterer Weggenosse aus den ersten Tagen ist "One Pec", der Pyjama-Kardinalbarsch (*Sphaeramia nematoptera*). Larry hat ihn beim Einsetzen in das Aquarium "One Pec" getauft, weil ihm eine Pectoralflosse fehlte. "One Pec" ist männlich und hat eine weibliche Lebensgefährtin, mit der er schon unzählige Kardinalbarsch-Larven produziert hat.

In den ersten Jahren hatte Larry "Fireball" Jackson (der Spitzname "Fireball" wurde ihm übrigens von Julian Sprung verliehen und geht auf ein gleichnamiges Bonbon zurück) auch massive Probleme mit Fadenalgen. Diese kleine Krise wurde durch zwei Maßnahmen gemeistert: eine Umstellung auf Umkehrosmose für Nachfüllwasser und Wasserwechsel sowie das Einsetzen zahlreicher herbivorer Tiere. "Das Einsetzen passender, algenfressender Tiere in das Riffaquarium ist eigentlich eine recht logische Sache, wenn man eine Algenplage meistern will", findet Larry Jackson. "Aber trotzdem wird das von vielen unerfahrenen Aquarianern oft vergessen."

Ehemaliges Fischbecken mit Weichkorallenbesatz
Foto: Larry Jackson

Das erste Aquarium richtete Larry für Korallen ein, hauptsächlich Weichkorallen, aber auch zahlreiche Steinkorallen. Die zweite Aquarienanlage war eigentlich nur für Fische gedacht. "Nachdem ich aber festgestellt hatte, dass das Halten großer und recht aggressiver Fische, die im Aquarium immer hin- und herschwammen, mich nicht ausfüllte, beschloss ich, die Fische aus dem Aquarium herauszunehmen und stattdessen Korallen in dieses Aquarium einzusetzen. Schon einige Zeit zuvor hatte ich den Eindruck gewonnen, dass in dem anderen Aquarium die Weichkorallen und die Steinkorallen miteinander Schwierigkeiten hatten. Darum suchte ich für die Fische ein neues Zuhause, nahm die Weichkorallen aus meinem Riffaquarium heraus uns setzte sie in dieses ehemalige Fischaquarium."

Das ursprüngliche Riffaquarium ist nun also hauptsächlich mit Steinkorallen besetzt, wobei die kleinpolypigen Korallen im oberen Bereich nahe der Wasseroberfläche platziert sind, während die großpolypigen Korallen in der unteren Hälfte des Aquariums sind. Lücken sind mit Scheibenanemonen oder der Röhrenkoralle *Pachyclavularia viridis* gefüllt. "Das geht zwar meist gut", fügt Larry hinzu, "ist aber gerade bei der Röhrenkoralle manchmal etwas problematisch. Oft entstehen kleine Kolonien dieser Koralle an unterschiedlichen Stellen des Aquariums.

An vielen Orten sind sie sicher willkommen, aber in direkter Nähe zu Steinkorallen sehe ich sie durchaus nicht gern. Solche Riffaquarien sind fast wie ein Garten, in dem man auch ständig das Wachstum bestimmter Pflanzen kontrollieren muss. Darum bin ich oft damit beschäftigt, bestimmte Korallenarten zu reduzieren."

Das gilt allerdings auch für die Steinkorallen, denn ihr Kolonievolumen nimmt ebenfalls fortwährend zu. Darum müssen diese Steinkorallen regelmäßig gekürzt werden. Diese überzähligen Korallenfragmente gibt Larry entweder an Freunde ab oder leitet sie an jemanden weiter, der gezielt Korallenfragmente nachzieht.

Das Studium von Fachliteratur hält Larry für unverzichtbar. Er selbst hat zehn Jahrgänge mehrerer aquaristischer Fachzeitschriften gesammelt und kennt die wichtigsten Riffaquaristik-Bücher von Autoren aus verschiedenen Ländern. Doch das allein reicht nicht. Larry Jackson empfiehlt dem Riffaquarianer, sich viel Zeit dafür zu nehmen, seine Tiere zu beobachten. Nur auf diesem Weg erfährt man mehr über die Bedürfnisse der einzelnen Korallen. Nur so lässt sich das Riffaquarium optimal betreiben. Darüber hinaus sollte der Aquarianer auch etwas für die gesamte Riffaquaristik tun: "Unterstützen Sie gute Händler, die ihre Sache ernst nehmen. Bevorzugen Sie Tiere, die mit naturverträglichen Methoden gesammelt wurden oder aus einer Nachtzucht stammen. Und, zu guter Letzt, helfen Sie Neueinsteigern, die typischen Anfangsschwierigkeiten ohne Tierverluste zu meistern."

Viele dieser Steinkorallen müssen regelmäßig durch „gärtnerische Arbeit" reduziert werden.
Foto: Larry Jackson

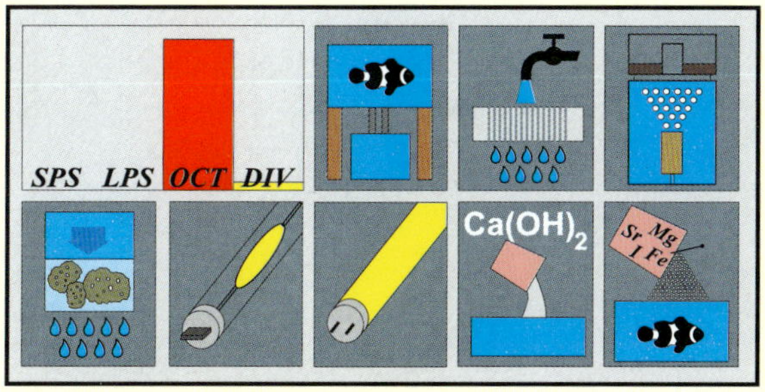


## Weichkorallen-Aquarium

### Tierbesatz

**Wirbellose:**
95 % Weichkorallen, 1 % Steinkorallen SPS, 4 % andere Wirbellose (Feuerkorallen Milleporidae, verschiedene Schwämme)

**Fische:**
*Ctenochaetus strigosus*, 2 *Pseudochromis fridmani*, 2 *Dascyllus melanurus*, 4 *Chrysiptera parasema*, 2 *Sphaeramia orbicularis*, *Cryptocentrus leptocephalus*, 3 *Amphiprion clarkii*

**Aquarium:**
Glas, 182 x 53 x 46 cm, 443 l plus Filterbecken, Alter: 6 Jahre

**Steindekoration:**
Der gesamte Aufbau besteht aus Lebendgestein (150 kg, 90 % Florida Keys, 5 % Marshall Islands, 5 % Tonga). Das Gestein ist lose aufeinandergeschichtet.

### Technik

**Beleuchtung:**
2 x Halogenmetalldampflampe Iwasaki 250 W, 6.500 K, Leuchtstofflampe, "URI actinic white", 80 W, 20 cm Abstand von der Wasseroberfläche

**Wasserzirkulation:**
2 x Tunze 2002 mit Intervallgerät, March MDXT-3 als Förderpumpe (Filterbecken, Abschäumer)

**Filterung/Abschäumung:**
Keinerlei mechanische Filterung, ein Abschäumer (Eigenbau), 20 cm Durchmesser, 74 cm Höhe

**Calciumzufuhr:**
Kalkwasser (Calciumhydroxid)

**Weitere technische Geräte:**
Umkehrosmose/Ionentauscher-Anlage zur Reinigung des Leitungswassers

### Wasser:

| | |
|---|---|
| **Temperatur:** | 25 - 27 °C |
| **Salzgehalt:** | 35 ppt |
| **Redoxpotential:** | ca. 300 mV |
| **pH:** | 8.1 - 8.5 (pH-Meter) |
| **Karbonathärte:** | 3.0 meq/l (Seatest) |
| **Calcium:** | 400 mg/l (Hach Calcium, gelegentlich) |
| **Jod:** | gelegentlich |
| **Nitrat:** | < 1.0 mg/l gelegentlich |
| **Strontium:** | gelegentlich |

**Anreicherung mit Spurenelementen u. a.:**
Jodlösung (3 x wöchentlich 5 Tropfen Lugol'sche Lösung auf 378 Liter Aquarienwasser), Strontiumchloridlösung (20 %, 3 ml pro Monat)

**Teilwasserwechsel:**
Das Filterbecken enthält nach dem Abschalten der Förderpumpe rund 15 % des gesamten Wasservolumens der Anlage. Einmal pro Monat wird dieses Filterbecken komplett entleert, von Detritus befreit und mit frischem Meerwasser gefüllt.

**Weitere Wartungsarbeiten:**
Einmal pro Woche werden Schaumtopf und Steigrohr des Abschäumers gereinigt. Beim Wasserwechsel werden auch Verschmutzungen im Bodengrund beseitigt. Im betreffenden Bereich wird der Bodengrund abgesaugt und vorsichtig in Meerwasser gereinigt.

### Besitzer:
Larry Jackson, San Angelo (Texas, USA)

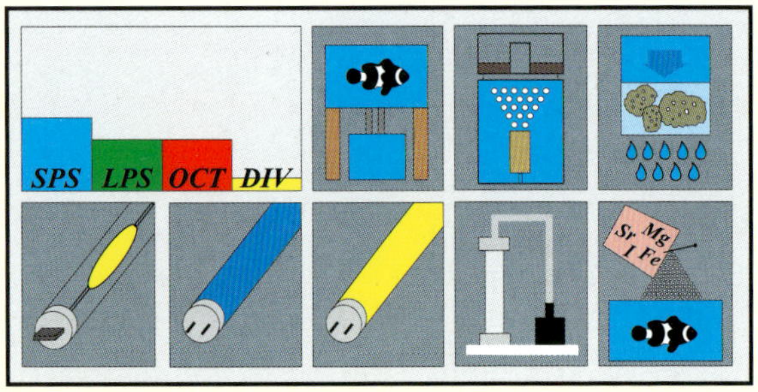


## Steinkorallen-Aquarium mit einigen Weichkorallen

**Tierbesatz**

**Wirbellose:**

30 % Weichkorallen, 30 % Steinkorallen LPS, 40 % Steinkorallen SPS, 6 Riesenmuscheln Tridacnidae, verschiedene Schwämme

**Fische:**

*Zebrasoma flavescens*, *Acanthurus hepatus*, 15 *Chromis viridis*, 2 *Sphaeramia nemaroptera*, 3 *Gramma loreto*, 2 *Cryptocentrus cinctus*, 2 *Synchiropus picturatus*, 2 *Phoslidichthys leucotaenia*, im Unterbecken eine Sternchenmuräne *Echidna nebulosa*.

**Aquarium:**

Glas, 213 x 61 x 61 cm, 792 l, 7 Jahre
Filterbecken: Glas, 76 Liter

**Steindekoration:**

Der gesamte Aufbau besteht aus Lebendgestein (300 kg, 90 % Florida Keys, 5% Marshall Islands, 5 % Tonga). Das Gestein ist zumeist lose aufeinandergeschichtet, nur einzelne Steine sind mit Hilfe von Unterwasser-Epoxydharz befestigt. Einige weit vorstehende Steine sind mit sehr fester Nylonschnur gesichert.

**Technik**

**Beleuchtung:**

3 x Halogenmetalldampflampe Iwasaki 250 W, 6.500 K, 2 x VHO Leuchtstofflampe, 160 W (1 x URI actinic 03 blau, 1 x URI Aquasun), Leuchtstofflampen weiß (URI actinic white), insgesamt 120 W, 20 cm Abstand von der Wasseroberfläche

Viele dieser Steinkorallen müssen regelmäßig durch „gärtnerische Arbeit" reduziert werden. Foto: Larry Jackson

**Wasserzirkulation:**
2 x Gemini (ca 3.500 l/h) mit Intervallgerät, Iwaki 30 RLXT als Förderpumpe (Filterbecken, Abschäumer)
**Filterung/Abschäumung:**
Keinerlei mechanische Filterung, zwei Abschäumer (Eigenbau), 20 cm Durchmesser, 69 cm Höhe

**Calciumzufuhr:**
Kalkreaktor Knop "C", gefüllt mit Knop Korallith

**Weitere technische Geräte:**
Umkehrosmose/Ionentauscher-Anlage zur Reinigung des Leitungswassers

**Wasser:**

| | |
|---|---|
| **Temperatur:** | 25 - 27 °C |
| **Salzgehalt:** | 35 ppt |
| **Redoxpotential:** | ca. 300 mV |
| **pH:** | 8.1 - 8.5 (pH-Meter) |
| **Karbonathärte:** | 3.0 meq/l (Seatest) |
| **Calcium:** | 400 mg/l (Hach Calcium, gelegentlich) |
| **Jod:** | gelegentlich |
| **Nitrat:** | < 1.0 mg/l gelegentlich |
| **Strontium:** | gelegentlich |

**Anreicherung mit Spurenelementen u. a.:**
Jodlösung (3 x wöchentlich 5 Tropfen Lugol'sche Lösung auf 378 Liter Aquarienwasser), Strontiumchloridlösung (20 %, 7,5 ml pro Monat),

**Teilwasserwechsel:**
Das Filterbecken enthält nach dem Abschalten der Förderpumpe rund 15 % des gesamten Wasservolumens der Anlage. Einmal pro Monat wird dieses Filterbecken komplett entleert, von Detritus befreit und mit frischem Meerwasser gefüllt.

**Weitere Wartungsarbeiten:**
Einmal pro Woche werden Schaumtopf und Steigrohr des Abschäumers gereinigt. Beim Wasserwechsel werden auch Verschmutzungen im Bodengrund beseitigt. Im betreffenden Bereich wird der Bodengrund abgesaugt und vorsichtig in Meerwasser gereinigt.

**Besitzer:**
Larry Jackson, San Angelo (Texas, USA)

## "Mein Einstieg war ein Blindflug"

Aquarium Dr. Tony Wright, Südafrika

"Stellen Sie sich einmal vor, Sie schütten versehentlich rund 300 Gramm reines Calciumhydroxid-Pulver direkt in Ihr Riffaquarium", beginnt Dr. Tony Wright zu erzählen, wenn er nach dem unliebsamsten Erlebnis in seinem Hobby gefragt wird. "Mir ist nämlich genau das passiert! Innerhalb weniger Sekunden verwandelte sich das Aquarienwasser in eine dicke, weiße und blubbernde Milchsuppe. In meiner Panik griff ich zu einem Gartenschlauch, steckte das eine Ende in die Auswurföffnung einer Tauchpumpe und hielt das andere Schlauchende direkt aus dem Fenster in den Garten hinaus, um das Aquarium dorthin zu entleeren. Unser Aquarium steht mitten im Wohnzimmer, und es ist wahrscheinlich leicht, sich das Entsetzen im Gesicht meiner Frau vorzustellen, als sie mich mit dem bereits kalkwasserspritzenden Gartenschlauch vom Wohnzimmer durch das Kinderzimmer zum Gartenfenster rennen sah!"
Neues Meerwasser wurde in das Aquarium gefüllt und große Mengen Ascorbinsäure (Vitamin C) waren nötig, um die Reste des hochalkalischen Kalkwassers im Aquarium zu neutralisieren. Viel Zeit verging, bis Tony seine Korallen durch das milchigtrübe Aquarienwasser wieder schemenhaft erkennen konnte. Noch heute ist ihm aber schleierhaft, wie er diese Krise meistern konnte, ohne dabei eine einzige seiner Korallen zu verlieren. Lediglich die Fadenalgen wurden Opfer dieser kleinen Katastrophe und Tony fügt verschmitzt hinzu, dass er ihnen keine Träne nachgeweint hat. Glück im Unglück, denn auf Monate hinaus war das Fadenalgenproblem damit von der Tagesordnung. Dem sympathischen Zahnarzt Dr. Tony Wright, dessen berühmtester Patient übrigens seit vielen Jahren der legendäre Bürgerrechtler, Friedensnobelpreisträger und ehemalige Präsident der Republik Südafrika, Nelson Mandela ist, fällt es heute leicht, von diesem unliebsamen Zwischenfall zu berichten. Das liegt aber wahrscheinlich auch daran, dass die Panne nicht zu großen Tierverlusten geführt hat.
Heute ist das Aquarium wieder in gutem Zustand, und die Calciumhydroxidflasche ist besser verwahrt als vorher. Aber im Fischbesatz hat sich seither vieles verändert. Das hing allerdings nicht mit Krank-

heiten oder Tierverlusten zusammen, sondern mit Unverträglichkeiten unter den Fischen. Darunter befanden sich neben einigen Doktorfischen der Familie Acanthuridae eine Muräne, ein Juwelenbarsch *Cephalopholis* sp., ein Paddelbarsch *Chromileptes altivelis* und diverse Kaiserfische. Fortwährend gab es zwischen diesen Fischen Raufereien, in die besonders die "Raubfische" verwickelt waren.

Hinzu kam, dass die Nahrungsgewohnheiten dieser Fische nur schlecht mit Tonys Interessen zu vereinen waren; die Zackenbarsche dezimierten zunehmend die Crustaceen-Population, und die Kaiserfische (einschließlich der Zwergkaiserfische) entwickelten im Laufe der Zeit eine ausgesprochene Vorliebe für Korallenpolypen. Darum suchte Tony für all diese unpassenden Aquariengenossen ein neues Zuhause. Noch heute freut er sich, wenn er seinen inzwischen 25 cm messenden Paddelbarsch in dem Schauaquarium eines Händlers besucht.

Allerdings hat Tony inzwischen auch hinzugelernt. "Wenn ich heute ein Riffaquarium einrichten sollte, dann würde ich das Gestein nicht lose aufeinander schichten, sondern die Steine im Aquarium aneinander fest zementieren, bevor das Wasser eingefüllt wird. Bei der Konstruktion des Steinaufbaus würde ich auch darauf achten, dass das spätere Reinigen des Bodengrundes möglichst erleichtert wird." Außerdem sollte, so Tony, der Steinaufbau eine so gute Wasserzirkulation ermöglichen, dass Sedimente fortwährend im Wasser schweben und schließlich von der Abschäumung erfasst werden können, anstatt sich irgendwo abzusetzen und anzusammeln.

Riffaquaristik zwingt in Südafrika oft zu Kompromissen und Einfallsreichtum.
Foto: Dr. Tony Wright

Dass dieses Aquarium nach der Ersteinrichtung ohne Lebendgestein eingefahren wurde, hat seinen guten Grund. "Hier in Südafrika ist Lebendgestein offiziell nicht zu bekommen. Man müsste es selbst sammeln, was aber ohne spezielle Genehmigung nicht legal ist", erklärt Tony und fügt hinzu: "Aber selbst mit einer solchen Genehmigung hätte ich persönlich ethische Probleme damit, Brocken von Lebendgestein aus dem Riff herauszubrechen."

Venturi-Abschäumer Marke Eigenbau
Foto: Dr. Tony Wright

Wie viele andere Riffaquarianer hat auch Dr. Tony Wright das Hobby ohne Vorkenntnisse begonnen. "Mein Einstieg in die Riffaquaristik war ein regelrechter Blindflug", sagt er heute. "Ich wusste fast gar nichts von dem, was da vor sich ging. Wenn ich die Zeit noch einmal zurückdrehen könnte, dann würde ich mich vor dem Einstieg erst einmal gründlich informieren, anstatt durch Versuch und Irrtum zu lernen."

Das allerdings ist in Südafrika gar nicht so leicht, denn dort gibt es kaum erfahrene Riffaquarianer. "Heute beziehe ich meine Informationen zum allergrößten Teil aus dem Internet. Auf der ganzen Welt gibt es so viele erfahrene Leute, die dir gern helfen, wenn du Fragen oder Probleme hast. Das Internet ist ein großartiges Forum, um seine Erfahrungen mit anderen zu teilen oder sich Hilfestellung zu holen". Und das ist gerade in Südafrika wichtig, einem Land mit großen marinen Ressourcen. In diesem Land ist es geradezu schwierig, sich der Faszination der Korallenriffe zu entziehen und sich nicht mit ihrem Studium oder ihrem Schutz zu befassen.

Trotzdem aber ist die Gemeinde der Riffaquarianer in Südafrika sehr klein, verglichen mit anderen, wirtschaftlich stärker entwickelten Ländern. Allerdings nimmt es stark zu und jeden Monat gibt es mehr Aquarianer und Händler, die sich damit beschäftigen. Während also die meeresbiologische Forschung hier seit langer Zeit intensiv betrieben wird,

steckt die Riffaquaristik noch in den Kinderschuhen.
Einer der Gründe dafür ist sicherlich die mangelnde Verfügbarkeit des Zubehörs, sowohl technischer Geräte als auch anderer Materialien wie beispielsweise Chemikalien. Händler, die solche Artikel führen, bieten meist eine extrem kleine Auswahl für maßlos überhöhte Preise an. Wer aber nach anderen Wegen sucht und die Produkte selbst importieren will, kommt dabei meist auch nicht billiger weg. Das macht häufig Phantasie und Erfindungsgeist nötig, denn wenn man die Riffaquaristik in Südafrika "schulbuchmäßig" betreiben möchte, dann wird es eine außerordentlich teure Sache. Das gilt eigentlich für alle Länder, die wirtschaftlich relativ schwach entwickelt sind, etwa die Philippinen oder Brasilien.
Das führt unglücklicherweise dazu, dass die Riffaquaristik in diesen Ländern einer sehr kleinen Bevölkerungsgruppe vorbehalten bleibt. Die breite Masse wird von diesem faszinierenden Hobby in aller Regel ausgeschlossen bleiben, was sehr schade ist, wenn man an den enormen Lehrwert denkt, den dieses Hobby hat. Nicht nur der Aquarianer lernt viel über die Zusammenhänge in der Natur. Auch der Außenstehende, der das Riffaquarium betrachtet und sich an der Schönheit der marinen Artenvielfalt erfreut, erfährt auf sehr anschauliche Weise, dass im Meer zahlreiche schützenswerte Lebensgemeinschaften existieren. Gerade in unserer heutigen Zeit mit der dramatischen Riffzerstörung ist es wichtig, das Bewusstsein der Menschen auf die Bedrohung der Riffe zu lenken. Das wäre auf den Philippinen ebenso wichtig wie in Brasilien, Südafrika oder zahlreichen anderen, küstenreichen Ländern der Welt, und dabei könnte die Riffaquaristik sicher helfen.
Auch für Dr. Tony Wright ist der Lehrwert der Riffaquaristik ihre stärkste Seite. "Mein zweitgrößter Gewinn aus der Riffaquaristik ist das Wissen, das sie mir gegeben hat, und das es mir heute ermöglicht, bei meinen Kindern und vielen anderen Personen Verständnis für das ungeheuer sensible Gleichgewicht im Lebensraum Riff zu wecken. Das ist mein zweitgrößter Gewinn. Und mein größter? Für meinen Sohn waren die Erfahrungen mit unserem Riffaquarium so beeindruckend und prägend, dass er später Meeresbiologe werden möchte."

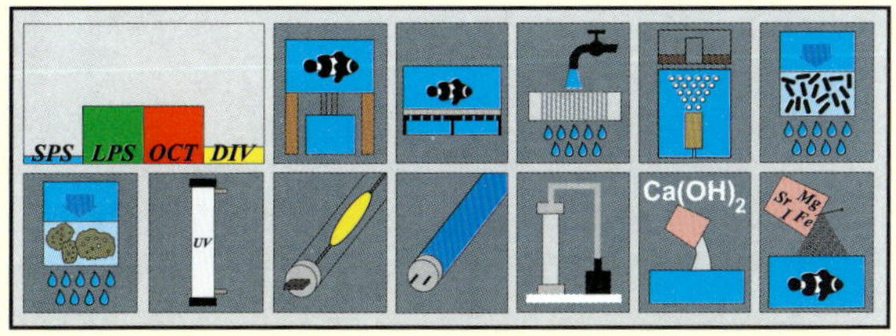


## Riffbiotop mit möglicht großer Artenvielfalt

**Tierbesatz**
**Wirbellose:**
40 % Weichkorallen, 40 % Steinkorallen LPS, 5 % Steinkorallen SPS, 15 % andere sessile Wirbellose (Insgesamt sind in dem Aquarium Organismen aus 117 verschiedenen Arten bestimmt worden)

**Fische:**
2 *Amphiprion clarkii,* 3 *Anthias squamipinnis, Pseudochromis porphyreus, Chromis caerulea, Synchiropus picturatus, Acanthurus lineatus,* 2 *Macropharyngeodon bipartitus* (ein Paar), *Macropharyngeodon cyanoguttatus, Halichoeres iridis*

**Aquarium:**
Glas, 150 x 80 x 60 cm, 720 l, 17 Monate,
Filterbecken Glas, 70 x 40 x 50 cm, 140 l

**Steindekoration:**
50 % Tuffgestein, 50 % Kalkstein mariner Herkunft. Nach und nach wurde Lebendgestein hinzugefügt, das inzwischen rund 15 % des Gesteinsvolumens ausmacht (Indonesien, Sri Lanka, Philippinen, Südafrika). Einige weit hervorstehende Steine sind mit Kabelbindern am Aufbau befestigt, andere mit Unterwasser-Epoxydharz aneinandergeklebt.

**Bodengrund Aquarium:**
Korallensand unterschiedlicher Körnungsgröße, Füllhöhe 5 - 12 cm

**Bodengrund Filterbecken:**
"Mikro-Jaubert-Refugium", das die Entwicklung einer Mikrofauna im Aquarium fördert. Das Plenum im Boden ist 15 mm hoch, Höhe der Sandschicht 8 - 9 cm, Körnungsgröße 2 - 4 mm

**Technik**

**Beleuchtung:**
Halogenmetalldampflampe Arcadia 250 W, 10.000 K, 25 cm Abstand, 10 Std. täglich, Halogenmetalldampflampe Arcadia 250 W, 6.500 K, 25 cm Abstand, 10 Std. täglich, 4 x Leuchtstofflampe blau Philips 03 actinic, 10 - 40 cm Abstand, 14/18 Std. täglich

**Wasserzirkulation:**
1 x Eheim 1060 (Förderpumpe Unterbecken/Aquarium), 6 kleine Tauchpumpen mit einer Gesamtleistung von 6.000 l/h zur Umwälzung im Aquarium

**Filterung/Abschäumung:**
Eheim Wet/Dry-Filter und Polyfilter-Pads, Aktivkohle jeweils für 3 Wochen mit anschließender 3wöchiger Pause. Andere Filter wie Unterbodenfilter und Rieselfilter waren bei Beckeneinrichtung vorhanden, wurden aber später abgebaut. Zur Abschäumung dienten anfangs zwei kleine Visijet-Abschäumer, die aber nach einer plötzlichen und sehr starken Milieuverschlechterung durch einen großen Außenabschäumer (Eigenbau) ersetzt wurden (PVC-Rohr, 150 cm/15 cm, Eheim 1060 mit Venturidüse)

**Calciumzufuhr:**
Kalkreaktor mit $CO_2$-Zufuhr und Kalkgranulatfüllung, zusätzlich ca. 10 Liter Kalkwasser täglich, die nachts aus einem speziellen Vorratsbehälter in das Filterbecken tropfen

**Weitere technische Geräte:**
Leitungswasser-Aufbereitung mit RO/DI-Anlage. Zum Heizen werden zwei 500 W-Computherm-Heizer eingesetzt, die in Südafrika 3 - 4 Monate lang nötig sind. Während der wärmeren Jahreszeit sorgt ein großer Ventilator für Wasserkühlung, indem er über die Wasseroberfläche bläst. Im Hochsommer erreicht die Lufttemperatur jedoch über 40° C, was sehr problematisch wird. Eine 30 Watt-UV-Lampe wird zugeschaltet, um das Wasser zu entkeimen, wenn die Fische krank sind. Das ist aber selten nötig.

**Wasser:**

| | |
|---|---|
| **pH:** | 8.1 - 8.35 (pH-Meter) |
| **Redoxpotential:** | 340 - 400 mv (Redoxmeter) |
| **Karbonathärte:** | 16 °dKH (Salifert-Testkit, einmal monatlich) |
| **Calcium:** | 450 mg/l (Salifert-Testkit, einmal monatlich) |
| **Nitrit:** | nicht meßbar (Salifert-Testkit, alle 2 - 3 Wochen) |
| **Nitrat:** | 5 mg/l (Salifert-Testkit, alle 2 - 3 Wochen) |
| **Phosphat:** | 0.03 mg/l (Salifert-Testkit, einmal monatlich) |
| **Strontium:** | 6 mg/l (Salifert-Testkit, jeden zweiten Monat) |
| **Magnesium:** | 1300 mg/l (Salifert-Testkit, einmal monatlich) |
| **Kieselsäure:** | nicht feststellbar (Salifert-Testkit, einmal monatlich) |
| **Sauerstoff:** | 8 ppm (jeden zweiten Monat, Salifert) |

**Anreicherung mit Spurenelementen u. a.:**
Spurenelementlösung Vital Gold, Strontiumlösung nach Angaben von J. Sprung, Kent Jodlösung, Kent Magnesium und Salifert Borlösung. Dabei wird die empfohlene Wochendosis durch 7 geteilt und täglich zugeführt. Gelegentlich wird Kent Zoe Vitaminlösung gereicht und zweimal jährlich wird dem Aquarienwasser nach der Empfehlung von Albert Thiel 2 Wochen lang Vitamin C-Pulver (Ascorbinsäure) zugeführt

**Teilwasserwechsel:**
Alle 4 - 5 Wochen werden 10 % des Wassers gewechselt (rund 60 Liter), Salz Instant Ocean oder Reef Crystals, angereichert mit Kent Super dKH Buffer. Zusätzlich wird noch ein Produkt namens Bio Vital hinzugefügt, das aus Südafrika stammt. Es enthält Bakterien, die stehende Gewässer reinigen und gelösten organische Substanzen abbauen. Zuvor wird im Aquarium Mulm und Detritus aus dem Bodengrund gesaugt.

**Weitere Wartungsarbeiten:**
Einmal im Monat, zeitgleich mit der Springflut in der Natur, verursache ich einen "Sturm" im Aquarium, wobei alle Ansammlungen von Detritus aufgerührt werden.

**Besitzer:**
Dr. Tony Wright, Johannesburg (Südafrika)

# Die Bodengrundschicht war zu dick – „Schichtwechsel"

Aquarium Jacques Pels, Philippinen

Jacques Pels ist ein gutes Beispiel für einen aquarienbesitzenden Taucher. Die Unterscheidung zwischen einem solchen und einem tauchenden Aquarianer mag zunächst vielleicht etwas nach Haarspalterei klingen, doch der Unterschied ist tatsächlich nennenswert. Jacques Pels hat fast alle Fische in seinem Aquarium selbst gefangen und darum zu jedem von ihnen ein ganz besonderes Verhältnis. Sobald er feststellt, dass ein Fisch sich im Aquarium nicht einleben kann, in die Gemeinschaft nicht hineinpasst, aggressiv gegen andere ist oder fortwährend gejagt und vertrieben wird, fängt Jacques ihn heraus und setzt ihn am Fangort in Batangas beim nächsten Tauchwochenende wieder aus. Das ist oft schwieriger als es klingt, denn der betreffende Fisch muss mit einer Falle aus dem Aquarium herausgefangen und in der großen Hitze dieses tropischen Landes bis in die Provinz transportiert werden. Doch Jacques glaubt, dies den Tiere schuldig zu sein.
Um neue Fische im Aquarium einzugewöhnen, ohne sie den Aggressionen revierverteidigender Fische auszusetzen, verwendet Jacques Pels schon seit langer Zeit ein Zusatzbecken, das bei Bedarf provisorisch aufgestellt wird und mit dem Hauptbecken verbunden ist. Die Neuzugänge können sich so an das Aquarienwasser gewöhnen, ohne dem Stress durch Auseinandersetzungen mit anderen Fischen ausgesetzt zu sein. Während dieser Zeit schaltet Jacques rund um die Uhr eine starke UV-Entkeimungslampe ein, die dafür sorgt, dass sich keine Krankheitserreger ausbreiten können. Nach rund zwei Wochen haben die Fische sich dann so gut an das chemische Milieu des Aquariums gewöhnt und ihren Schleimhautschutz so weit stabilisiert, dass sie fast immer verlustfrei im Riffbecken eingewöhnt werden können. Auch die Revierverteidigung der bereits etablierten Fische ist deutlich weniger vehement und aggressiv, als früher, wo Jacques Neuzugänge direkt nach dem Transportstreß einsetzte.

Auch in der Nähe zum Riff läuft nicht immer alles problemlos, wie dieses große Riffaquarium von Jacques Pels in Metro Manila gezeigt hat.

Der größte Misserfolg, an den Jacques Pels nur sehr ungern zurück denkt, war eine zunächst mysteriöse Vergiftungserscheinung, die 1995 zahlreiche kleine Riffbarsche dahingerafft hat. Das Aquarium stand seit zwei Monaten und war mit Lebendgestein und einer ca. 15 cm dicken Schicht lebendem Sand ausgestattet. Nitrit war nicht messbar, zahlreiche robuste Weichkorallen befanden sich bereits im Aquarium und fühlten sich erkennbar wohl, so dass nichts gegen eine Gruppe von Zwergriffbarschen als ersten Fischbesatz sprach. Das Entsetzen war aber groß, als wenige Stunden nach dem Einsetzen alle Fische tot waren. Die Gründe dafür waren aber zunächst völlig unklar. Das gesamte Wasser war in Kanistern vom Meer in das Aquarium transportiert worden. Hatte man verschmutztes Meerwasser in die Kanister gefüllt und dadurch irgendeine toxisch wirkende Substanz in das Aquarium gebracht? Gab es Giftstoffe, die Fische innerhalb weniger Stunden töten, die Korallen aber offensichtlich unbehelligt ließen? Umgekehrt wäre das schon eher denkbar gewesen. Es folgte ein nahezu 100prozentiger Austausch des Aquarienwassers mit natürlichem Meerwasser, das von einer unberührten Stelle im Außenriff stammte. Dieses Wasser wurde innerhalb kurzer Zeit zum Aquarium transportiert und der Wasseraustausch so rasch durchgeführt, dass das eingesetzte Lebendgestein nicht geschädigt wurde. Gesteinsaufbau und Bodengrund blieben unberührt. Nach einer Woche wurde wieder eine kleine Gruppe von Zwergriffbarschen eingesetzt. Das Ergebnis: Wieder waren alle Fische nach wenigen Stunden tot! Mit einer Mischung aus Panik und Frustration machte sich Jacques an die weitere Ursachensuche, maß Wasserparameter und konsultierte Aquarienfreunde in Amerika und Europa. Erst nach mehreren Wochen sollte sich dann herausstellen, dass die Ursache im Bodengrund lag: Im unteren Bereich der sehr dicken Schicht lebenden Sandes waren Organismen abgestorben und der dadurch entstehende Sauerstoffverlust hatte im Aquarium ein Milieu geschaffen, das für die Fische absolut lebensfeindlich war. Erst ein vollständiger Austausch des Bodengrundes gegen eine dünne Schicht hat das Aquarium saniert. Seit dieser Erfahrung ist Jacques Pels vorsichtig mit lebendem Sand und beschränkt sich auf eine geringe Schichtdicke.

Neue Fische werden zwei Wochen lang in einem separaten Becken eingewöhnt, das bei Bedarf an den gleichen Wasserkreislauf angeschlossen wird.

Auch empfindliche Doktorfische wie der Philippinendoktorfisch *(Acanthurus japonicus)* bleiben in diesem Aquarium ohne Ektoparasiten.

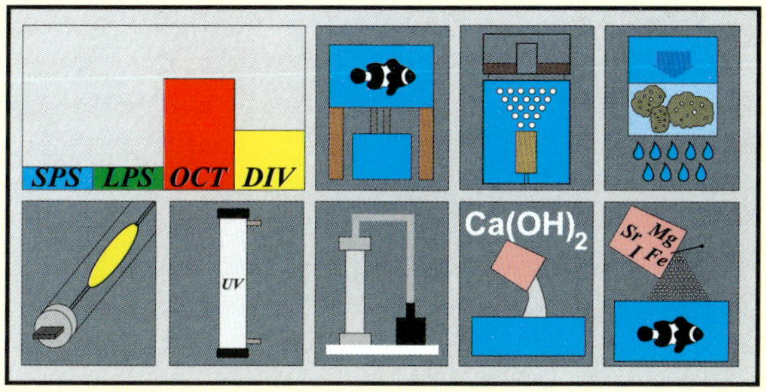


## Innenriff im Indopazifik

### Tierbesatz

**Wirbellose:**
65 % Weichkorallen, 20 % Steinkorallen SPS, 10 % Steinkorallen LPS, 5 % Riesenmuscheln Tridacnidae und andere Wirbellose

**Fische:**
Doktorfische Acanthuridae (z. B. *Paracanthurus hepatus, Zebrasoma flavescens, Z. xanthurus, Z. verliferum* u. a.), zahlreiche unterschiedliche Lippfische, Anemonenfische *Amphiprion* spp. und andere Riffbarsche sowie weitere Arten

**Aquarium:**
Glas, 280 x 70 x 90 cm, 1.750 l, 3 Jahre, Filterbecken: Glas, 350 l

**Steindekoration:**
Lebendgestein (Philippinen). Der größte Teil der Steine ist durchbohrt und wie die Perlen einer Kette auf ein stabiles PVC-Rohrgestell aufgezogen.

**Bodengrund Aquarium:**
Feiner Korallensand, Schichthöhe 4 cm

### Technik

**Beleuchtung:**
3 x Halogenmetalldampflampe 400 W, 6.000 K, 12 Stunden täglich

**Wasserzirkulation:**
6 Tauchkreiselpumpen je 4000 l/h, eine externe Strömungspumpe 10.000 l/h, die das Wasser durch ein PVC-Rohrsystem drückt, das durch das Lebendgestein zieht

**Filterung/Abschäumung:**
ETS-Fallstromabschäumer

**Calciumzufuhr:**
Kalkreaktor Knop Modell "HD", gefüllt mit Knop-Korallith. Gelegentlich wird zusätzlich Kalkwasser eingesetzt.

**Weitere technische Geräte:**
Trop-UV-Lampe zur Entkeimung nach dem Einsetzen neuer Fische. Kühlaggregat

**Wasser:**

| | |
|---|---|
| **Salzgehalt:** | 1.025 (25 °C) |
| **Temperatur:** | 26 - 27° C |
| **pH:** | 8.0 - 8.2 (pH-Meter) |
| **Karbonathärte:** | 9 - 10° dKH (Tetra) |
| **Jod:** | 0.05 mg/l (Salifert) |
| **Nitrat:** | 10 mg/l (LaMotte) |
| **Phosphat:** | 0.25 mg/l (Salifert) |

**Anreicherung mit Spurenelementen u. a.:**
Einmal wöchentlich Knop KoralVit Combi

**Teilwasserwechsel:**
Einmal monatlich werden 10 bis 15 % des Wassers gegen natürliches Meerwasser ausgetauscht, das in größerer Entfernung von der Küste in der phi lippinischen Provinz Batangas in Kanister gepumpt wird.

**Besitzer:**
Jacques Pels, Makati (Metro Manila, Philippinen)

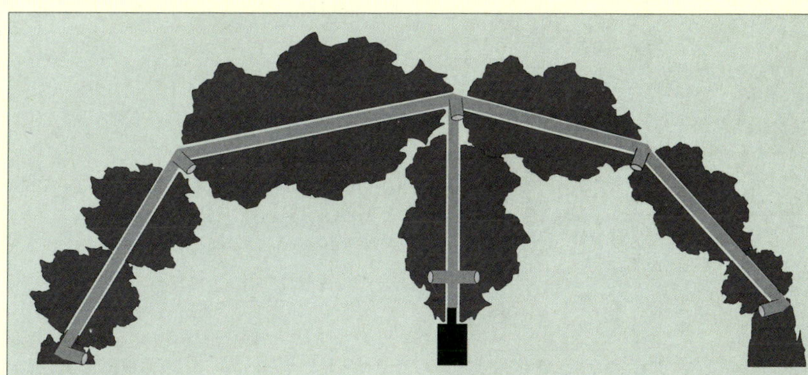

Das Lebendgestein ist durchbohrt worden, um es wie die Perlen einer Kette auf ein PVC-Rohrgestell aufzuziehen. Gleichzeitig verteilt das Rohrsystem das Wasser einer Tauchpumpe.

# „Andere von unseren Fehlern lernen lassen"

Aquarium Chris Brenes, Texas (USA)

Christopher Brenes aus Texas (USA) begann durch das Fischaquarium seines Vaters, sich für Korallenriffe zu interessieren. Er richtete sich selbst ein kleines Aquarium mit Korallenfischen ein und machte im zarten Alter von 12 Jahren seinen Tauchschein. "Kaum in die Welt der Riffe hinabgetaucht, war ich von der Schönheit dieses Lebensraumes und seiner Bewohner so fasziniert, dass ich eine solche Lebensgemeinschaft auch bei mir zu Hause entstehen lassen wollte, um mehr über die Zusammenhänge der Riffbiotope zu lernen." Gesagt - getan: 1994 richtete der damals noch immer 12jährige Chris sich sein erstes Riffaquarium ein, mit 90 Litern Inhalt. "Von Freunden bekam ich damals viele Aquarienfachzeitschriften, und ich verschlang damals zahllose Artikel, durch die ich viel gelernt habe", erklärt er. Im Alter von 15 Jahren schrieb er seinen ersten eigenen Fachartikel für die nordamerikanische Aquarienzeitschrift FAMA (Fresh and Marine Aquarium Magazine) über Kalkreaktoren. Mit 16 besitzt Chris Brenes nun drei Riffaquarien. "Und die finanziere ich alle selbst", fügt er nicht ganz ohne Stolz hinzu.

Ursprünglich hatte er ein Steinkorallenaquarium einrichten wollen, das mit großpolypigen Steinkorallen (LPS) und mit einigen Riesenmuscheln besetzt sein sollte. So ähnlich war es dann zunächst auch geworden, doch bald war die Faszination zahlreicher Weichkorallen zu groß, um ihnen den Einzug ins Aquarium zu verwehren. Kräftig grün fluoreszierende Röhrenkorallen, *Sarcophyton*-Lederkorallen, Orgelkorallen (*Tubipora* sp.) und karibische Gorgonien fanden sich darum bald ebenfalls im Aquarium. "Ich weiß, dass ein solches buntes Durcheinander eigentlich nicht ideal ist, denn wenn man bestimmte Lebensräume oder Lebensgemeinschaften studieren möchte, dann sollte man sein Aquarium biotopgerecht besetzen. Aber ich bin einfach fasziniert von den Farben und Formen dieser Lebewesen."

Die Halogenmetalldampflampen werden zeitversetzt geschaltet, damit für die einzelnen Korallenstöcke eine "Ost-West-Verschiebung" der Lichtquelle stattfindet, was die Sonnenstandsveränderungen simulieren soll. Die Pumpen hat Chris alle an der hinteren Aquarienscheibe befestigt und auf die vordere Scheibe gerichtet, damit eine starke Laminarströmung entsteht, die Sedimente am Absinken hindert. Hinter dem Steinaufbau befindet sich eine Tauchpumpe, die das Absetzen von Bodengrund und Detritus verhindern soll. "Ich finde den Bodengrund

In einem seiner drei Riffaquarien simuliert der 16-jährige Chris Brenes eine Ost-West-Verschiebung der Lichtquelle. Foto: C. Brenes

unter dem Gestein und hinter dem Steinaufbau überflüssig. Dort führt er nur zur Ansammlung von Detritus und anderen Sedimenten, die man nur sehr schwer wieder entfernen kann. Darum habe ich nur vorne im sichtbaren Bereich Bodengrund eingefüllt."

Betrüblich findet er es, neu eingesetzte Fische zu verlieren. "Vor allem bei sehr teuren Fischen habe ich dafür offenbar ein besonderes Talent", beklagt Chris mit resignierender Miene. Erfreulich dagegen ist für ihn, dass er die lästige, fünf Monate lang dauernde Fadenalgenplage besiegt hat. "Dazu habe ich die Abschäumung verstärkt, algenfressende Einsiedlerkrebse eingesetzt und den Steinaufbau so korrigiert, dass es leichter ist, Algen zu entfernen und zu kontrollieren", erklärt Chris.

Was er denn später einmal anders machen würde, wenn seine Riffaquarien nicht mehr vom Taschengeld finanziert werden müssen, weiß er auf Anhieb: "Ich würde die Filterung in einem Nebenraum unterbringen, weiter entfernt vom Aquarium. Außerdem hätte ich dann natürlich erheblich größere Aquarien und auch das viele Zubehör, das mir jetzt zu teuer ist, etwa Intervallgeräte, Dosierpumpen, Kühlgeräte oder ein elektronisches Steuergerät."

"Für die Zukunft der Riffaquaristik finde ich es unverzichtbar, Kenntnisse und Wissensstand der Aquarianer zu vergrößern", erklärt der 16jährige Chris, "und zwar nicht nur jedes einzelnen Aquarianers, sondern der Gesamtheit der Riffaquarianer. Niemand sollte aus falschem Stolz seine Erkenntnisse für sich behalten, etwa über die erfolgreiche Nachzucht bestimmter Arten. Auch sollten wir über unsere Fehler nicht schweigen, sondern andere davon lernen lassen. Das hilft nicht nur, Tierverluste zu vermeiden, sondern trägt auch mit dazu bei, das Ansehen der Riffaquaristik zu verbessern. Wenn heute die Erkenntnisse über Nachzuchten und Aquarientechnik nicht allen zugänglich gemacht werden, dann werden die Riffaquarianer, die heute in meinem Alter sind, kaum die Chance dazu haben, dieses wunderschöne Hobby weit in das nächste Jahrhundert zu tragen. Es wäre doch großartig, wenn wenigstens die Weichkorallen, die in der Riffaquaristik über den Ladentisch der Aquarienhändler gehen, allesamt aus künstlicher Nachzucht stammen würden. Und das wäre durchaus möglich! Jede weitere nachgezogene Art würde uns noch weiter an das Ziel heran bringen, die Riffaquaristik von Naturentnahmen unabhängig zu machen. Ich bedaure diese Naturentnahmen sehr, die unser Hobby jetzt noch erfordert, denn ich bin eigentlich gegen jede Art der Riffzerstörung. Aber ich bin sicher, dass wir das mit verstärkten Bemühungen um die Nachzucht in den Griff bekommen!"

Anfangs war das Aquarium nur spärlich mit Korallen besetzt. Foto: C. Brenes

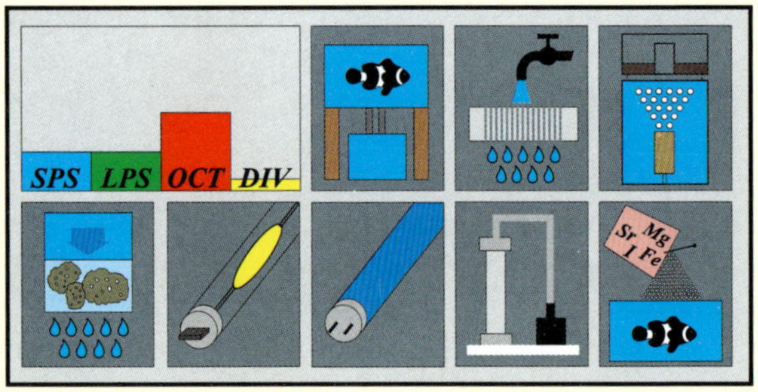


**Riffausschnitt aus dem Indopazifik mit gemischtem Korallenbesatz**

## Tierbesatz

**Wirbellose:**
50 % Weichkorallen, 25 % Steinkorallen LPS, 25 % Steinkorallen SPS, 6 Riesenmuscheln Tridacnidae, 120 Einsiedlerkrebse, 2 Seegurken, 2 Garnelen, 2 algenfressende Schnecken

**Fische:**
2 *Amphiprion ocellaris, 7 Pterapogon kauderni*

**Aquarium:**
Glas, 120 x 50 x 45 cm, 280 l, plus Filterbecken, 2 Jahre

**Steindekoration:**
100 % Lebendgestein (50 kg; Karibik, Seychellen, Fidschi-Inseln). Die Steine sind lose aufeinandergeschichtet, wobei darauf geachtet wurde, dass dazwischen viel Schwimmraum entsteht und möglichst wenig Steine Bodenkontakt haben, damit die Kontaktfläche zwischen Bodengrund und der Wassersäule möglichst groß ist.

**Bodengrund Aquarium:**
20 kg ESV Oolitic Sand, der sich nur in der vorderen Beckenhälfte befindet. Im Filterbecken kein Bodengrund

## Technik

**Beleuchtung:**
2 x Halogenmetalldampflampe Iwasaki 250 W, 6.500 K, knapp 20 cm Abstand zur Wasseroberfläche, 8 Std. täglich, 3 x Leuchtstofflampe blau Philips 03

**Wasserzirkulation:**
Gesamtumwälzung ca. 5.500 l/h (Beckeninhalt wird mit 4 Tauchpumpen mehr als 20 Mal pro Stunde umgewälzt

**Filterung/Abschäumung:**
Keinerlei mechanische Filterung, keine Aktivkohlefilterung, ein Fallstromabschäumer (Aquatic Revolution Jetstream), Detritus-Sedimentierung im Filterbecken

**Calciumzufuhr:**
Kalkreaktor Knop Modell "C", befüllt mit Knop Korallith. Kalkwasser wird derzeit nicht eingesetzt, später jedoch möglicherweise wegen der phosphatfällenden Wirkung.

**Weitere Geräte:**
Umkehrosmoseanlage, die später mit einem Ionentauscher gekoppelt wurde

**Wasser:**

| | |
|---|---|
| **pH:** | 7.9 - 8.15 |
| **Karbonathärte:** | 12,5 °dKH |
| **Calcium:** | 450 mg/l |

**Anreicherung mit Spurenelementen u. a.:**
Strontium (Seachem) und Jod (Tectra/Kent)

**Teilwasserwechsel:**
Ein Teilwasserwechsel wird nicht routinemäßig durchgeführt. Der erste Teilwasserwechsel ist demnächst geplant, um damit Mulm und Detritus aus dem Filterbecken abzusaugen.

**Weitere Wartungsarbeiten:**
Abschäumerreinigung wöchentlich, täglich wird verdunstetes Wasser nachgefüllt, das über einen speziellen Tropfbehälter nachts in das Filterbecken läuft

**Besitzer:**
Christopher Brenes, The Colony (Texas, USA)

## „Häufige Fütterung ist der Schlüssel zum natürlichen Verhalten"

Aquarien Prof. Dr. Ellen Thaler, Österreich

Die Verhaltensforscherin Prof. Ellen Thaler war früher eigentlich in der Ornithologie zuhause. Dann aber wurde sie bei der Beobachtung von Bartvögeln, im Schlamm eines thailändischen Mangrovenwäldchens liegend, von zahlreichen Schlammspringern für einen Stein gehalten, so dass diese Fischchen munter auf ihr herumhüpften, und das sollte in ihrem Leben ein einschneidendes Erlebnis werden. "Zunächst fand ich das komisch, später aber einfach nur lästig." Nachdem Ellen Thaler aber entdeckt hatte, dass Schlammspringer eine Gemeinschaft mit einer hochinteressanten Sozialstruktur haben, vergaß sie die Vögel und begann, die schleimigen kleinen Kerlchen zu beobachten. Was dann folgte, zeigt, dass sie eigentlich ihr Leben lang eine echte Aquarianerin gewesen sein muss, ohne etwas davon zu wissen. Im Reisegepäck brachte sie Schlammspringer mit nach Hause und richtete nach ihrer Ankunft unverzüglich ein Meeresaquarium ein, um die Fische daheim weiter zu beobachten. Seither hat sich die Ethologin über viele Jahre hinweg intensiv mit Korallenfischen beschäftigt.

Heute ist sie daheim von zahlreichen Meerwasseraquarien umgeben, in denen sie die unterschiedlichsten marinen Lebensgemeinschaften pflegt. An jedem ihrer Aquarien ist aber unzweifelhaft zu erkennen, dass sie aus der Verhaltensforschung kommt, denn ihre Art Riffaquaristik zu betreiben unterscheidet sich markant von dem, was heute üblicherweise unter Riffaquarianern praktiziert wird. All ihre Aquarien dienen der Verhaltensbeobachtung von Korallenfischen, wobei es das Ziel ist, unterschiedliche Arten zu vergesellschaften und das Balzverhalten und innerartliches sowie zwischenartliches Aggressionsverhalten zu beobachten.

In diesen Aquarien befinden sich nur Korallen, die unempfindlich sind, "hart im Nehmen", so dass sie sich auch unter weniger optimalen Bedingungen mit starker Wasserbelastung gut entwickeln. Man entdeckt in diesen Aquarien also keine empfindlichen Steinkorallen wie *Acropora*-Arten oder ähnliche. Hier praktiziert Ellen Thaler die Selbstbeschränkung, die sie auch von anderen Riffaquarianern in bezug auf die Fische fordert. Interessanterweise finden sich unter den Korallen, die in diesen Aquarien leben, aber nicht nur zähe Weichkorallen und einige großpolypige Steinkorallen, sondern auch azooxanthellate Gorgonien aus tieferen Riffzonen. Verschiedene dieser Gorgonien sind durch die kräftige und vor allem häufige Fütterung über vier Jahre, in einem Fall sogar sechs Jahre hinaus in gutem

Ohne ausreichendes Nahrungsangebot sind viele Fische nicht paarweise zu halten und zeigen auch keine natürlichen Verhaltensmuster.
Foto: E. Thaler

Zustand gehalten worden, teilweise sogar kräftig gewachsen.
Wesentlicher Unterschied zur herkömmlichen Riffaquaristik ist die häufige Fütterung der Fische. Ellen Thaler sieht hierin den Schlüssel zum natürlichen Verhalten der Fische im Aquarium. "Für verschiedene Vogelarten konnte ich beweisen, dass Mangelnahrung zu abnormem Verhalten, zu gesteigerter Aggressivität, Unfähigkeit zur Partnerbindung und Vernachlässigung elementarer Verhaltensbereiche - etwa Feinderkennen - führt", erklärt sie. "Für Korallenfische, die ja wie Vögel eine hohe Stoffwechselrate haben, gilt dasselbe." Daraus ergibt sich ihre Kritik an der sogenannten "modernen" Riffaquaristik: "Eine nicht ausreichende Fütterung der Fische, wie sie aufgrund der chemisch-physikalischen Zwänge im Riffaquarium oft gefordert wird, ist ganz einfach tierquälerisch. Außer, man hält tatsächlich entsprechend wenige Fische, die man dann ausreichend füttern kann. Aber da kenne ich kaum ein Becken, das diese Vorgabe erfüllt."
Ein Patentrezept für alle Fischarten gibt es nach ihrer Überzeugung jedoch nicht. "Wie oft man am Tag füttern sollte, hängt von den Fischfamilien ab, die man pflegt", erläutert sie. "Lauerjäger haben einen geringeren Stoffumsatz, da genügt eine zweimalige Fütterung. Strömungsjäger wie manche Riffbarsche (etwa *Chromis* spp.) Fahnenbarsche oder Torpedogrundeln, oder auch aktive Dauerfresser wie Doktorfische oder Zwergkaiser sollten mindestens vier bis fünf mal täglich gefüttert werden. Ich füttere auch öfter, 10 bis 15 Mal, je nachdem, welche Fische gerade bevorzugt beobachtet werden. Wenn ich zum Beispiel eine Fahnenbarsch-Balz untersuchen will, dann geht es nicht anders. Und "oft" füttern muss ja nicht gleichbedeutend mit "mehr" Füttern sein. Schaltuhrgesteuerte Futterautomaten sind dabei sehr hilfreich."
Vom Riffaquarianer, dessen besondere Liebe den Korallen gilt, fordert Ellen Thaler Selbstbeschränkung, sobald die Bedürfnisse der Korallen denen der Fische entgegenstehen. Hier rät sie dringend dazu, in einem sogenannten "*Acropora*-Aquarium" möglichst ganz auf Fische zu verzichten. "Ich hoffe, dass man endlich beginnt, den nötigen Kompromiss Koralle/Fisch nicht wie bisher ausschließlich auf Kosten der Fische auszutragen."
Interessanterweise taucht in den Aquarien von Ellen Thaler kaum eine Fischart als Einzelexemplar auf. Man sieht fast alle Arten paarweise, und wenn doch einmal nur ein einzelnes Exemplar im Aquarium umherschwimmt, erklärt sie fast entschuldigend, warum sich kein zweiter Artgenosse im Aquarium befindet. Meist ist sie dann schon seit langer Zeit vergeblich auf der Suche nach einem Fischpartner mit dem passenden Geschlecht. Von solchen Einzelfällen abgesehen hält sie aber alle Fische als Paar. Das gilt auch für diejenigen Korallenfische, die als aggressiv gegen Artgenossen gelten, etwa den gelben Hawaiiseebader *Zebrasoma flavescens*. Selbst Fische, die eine besonders ausgeprägte innerartliche Aggressivität entwickeln wie etwa Zwergriffbarsche der Gattung *Dascyllus*, hält sie in einem Aquarium durchschnittlicher Größe mit zwei laichenden Paaren. Bei all diesen Fischen kommt es über das normale Aggressionsverhalten, das auch unter natürlichen Bedingungen im Meer zu beobachten ist, nicht zu den erbitterten Kämpfen, die beim Vergesellschaften von Artgenossen im Riffaquarium oft beobachtet werden. All das, was im durchschnittlichen Riffaquarium oft nur in Ausnahmefällen gelingt, ist in ihren Aquarien eigentlich ganz normal, zum Beispiel das Mirakelbarschpaar, das ihr das Frostfutter aus der Hand frisst.
Das ist aber durchaus keine Hexerei, denn der Grund ist relativ simpel: "Paarweise Haltung entspricht dem natürlichen Verhalten, denn Korallenfische sind mit ganz wenigen Ausnahmen extreme Kontakttiere", erläutert die Verhaltensforscherin. "Im Aquarium sollte es nicht anders sein. Allerdings funktioniert reibungslose Paarhaltung nur dort, wo die gesamte Haltungsform den Bedürfnissen der Fische entspricht - das betrifft natürlich auch den Korallenbesatz, denn ein Korallenfisch fühlt sich verständlicherweise nur in Korallen wohl! Aber: hungrige Fische sind immer Konkurrenten auf Leben und Tod, egal ob gleich- oder verschiedengeschlechtlich, auch bei Fischen geht die Liebe durch den Magen! Damit ist auch die Frage nach der innerartlichen Aggressivität beantwortet."
Das erklärt nicht nur, warum die Fische in ihren Aquarien ein so reiches Spektrum an natürlichen Verhaltensmustern entwickeln, sondern auch enorme Fortpflanzungsaktivitäten. Freilich ist es nichts Ungewöhnliches, wenn Korallenfische im Aquarium ablaichen. Nahezu jeder Aquarianer beobachtet in seinem Riffaquarium einige Arten, die gelegentlich oder regelmäßig ablaichen. Meist handelt es sich hierbei jedoch immer um die gleichen Arten, etwa Anemonenfische oder andere Zwergriff-

barsche. In Ellen Thalers Aquarien ist das anders, denn hier hat in den vergangenen Jahren kaum ein Fisch gelebt, der sich nicht regelmäßig fortgepflanzt und Larven produziert hat. Das gilt nicht nur für diejenigen Arten, die besonders leicht zum Ablaichen zu bringen sind, sondern auch für diverse *Anthias*-Arten, *Cryptocentrus* spp., *Decora* spp., Zwergkaiserfische, z. B. *Centropyge argi* und *Centropyge fisheri*, Schnepfenmesserfische, diverse Seenadel-Arten, verschiedene *Pseudochromis*-Arten, z. B. *P. fridmani*, Lippfische, etwa *Macropharyngodon* sp. oder Putzerlippfische *Labroides dimidiatus* (2 Paare in einem Aquarium!) oder Doktorfische Acanthuridae, z. B. *Zebrasoma flavescens, Z. scopas, Z. gemmatum* oder *Paracanthurus hepatus*. Die Liste der Fische, die in ihren Aquarien regelmäßig abgelaicht haben, umfasst 160 Arten, also alle ihre paarweise gehaltenen Korallenfische.

Allerdings werden die Fische ihrer Aquarien grundsätzlich nur im Stehen gefüttert. Das mag auf den ersten Blick unverständlich erscheinen, macht aber durchaus Sinn. Auf diese Weise haben alle Fische gelernt, dass sie nicht mit einer Fütterung rechnen können, wenn jemand vor dem Aquarium sitzt. Steht jemand vor dem Riffbecken, dann erwarten sie eine Fütterung, doch sobald man sich hinsetzt, nehmen sie von der Anwesenheit der Person keine Notiz mehr und wenden sich wieder ihren Artgenossen oder Rivalen zu. Nur dadurch hat man die Gewähr, dass man tatsächlich auch natürliches Verhalten beobachten kann und nicht nur Futterbettelei hinter der Frontscheibe des Aquariums. Für viele Verhaltensbeobachtungen ist das eine Grundvoraussetzung.

Eine der faszinierendsten Beobachtungen an Korallenfischen, die Ellen Thaler bisher gemacht hat, ist erst kurze Zeit her. Interessanterweise kam sie nicht in den Aquarien zustande, sondern in einer Filterkammer, in der sie eine Korallenfischart mit echter Brutpflege hielt: den Schwalbenschwanz-Riffbarsch *Acanthochromis polyacanthus*. Alle anderen sogenannten „Brutpfleger" hüten ja nur das Gelege, sobald aber die Jungen schlüpfen, erlischt jede elterliche Fürsorge. Auch Aalgrundeln *Pholidichthys leucotaenia*, die man gerade noch zu den echten Brutpflegern zählen könnte, bewachen ihre freischwimmenden Jungen nur wenige Tage. Was sich in diesem Filterbecken zugetragen hat, das kann Ellen Thaler selbst am besten erzählen:

"Bei *Acanthochromis polyacanthus* bewachen und verteidigen beide Eltern die Jungen unwahrscheinlich lange, viel länger, als ich zunächst erwartet hätte (Thaler 1998): nämlich bis zum Alter von vier bis fünf Monaten. Erst wenn die Jungfische die charakteristische Jugendfärbung, ein goldgelbes Tupfenmuster entlang der Flanken, verlieren, werden sie aus dem Revier vertrieben. Dass diese Riffbarschart Brutpflege betreibt, war aus Freilandbeobachtungen bereits bekannt (Robertson et al. 1973), doch stimmt es nicht, dass sich die Jungen vom Hautschleim der Eltern (wie etwa Diskusfische u. ä.) ernähren. Sie durchlaufen kein Larvenstadium und sind bereits beim Schlupf so groß, dass sie Kleinkrebschen fressen können. Die Aufgabe der Eltern besteht also nur darin, die Jungen zu bewachen, was angesichts des Gedränges, das im Riff ja allenthalben herrscht, schon schwer genug ist! Verständlich also, dass gerade diese Riffbarsche ideale Partner für Verhaltensstudien sind. Deshalb pflege ich diese wunderschönen, kämpferischen Fische nun schon seit sieben Jahren und züchte sie bereits in dritter Generation. Allerdings, im Gemeinschaftsaquarium dürfen zwar Halbwüchsige in Ruhe heranwachsen, aber wenn sie geschlechtsreif werden, dann übersiedle ich sie in einen Filterkasten, denn nun habe ich ihre Kampfkraft und die Wahl ihrer bevorzugten Opfer lange und schmerzlich genug studiert (Thaler 1998). Ich weiß inzwischen, dass sie alle Lippfische, Kaiser- und Falterfische ebenso wie andere Riff- und Zwergbarsche früher oder später umbringen, und brauche diese Erfahrungen nicht weiter zu wiederholen.

Was mich immer wieder fasziniert: auch in gut strukturierten, großen Filterkästen kommt kein Paar zur Fortpflanzung, wenn man ihm nicht einen sogenannten „Prügelfisch" beigesellt. Ich habe für solche „Zwecke" stets eine oder zwei robuste *Pseudochromis*-Arten bei der Hand, die klein genug sind, um sich vor den Angriffen der Barsche in schmalen Spalten in Sicherheit zu bringen, und die auch nicht allzu viele Barschjunge fressen können, so dass am Ende noch genügend übrig bleiben. Fehlt ein solcher „Prügelfisch", so geraten die Elternfische unweigerlich aneinander. Im besten Falle kommt es zu dauernden Reibereien, die eine erfolgreiche Jungenpflege verhindern, im schlimmsten Fall bringt ein Partner den anderen um. Dies zeigt überdeutlich, wie hoch die Verteidigungsmotivation dieser Barsche ist, und wie niedrig die Hemmschwelle für Kampfverhalten angesetzt ist. Im gut besetzten

Gesellschaftsaquarium sind die Fische rundum ständig gefordert, sie können also ihr angeborenes Kampfpotenzial leicht abreagieren, aber im Filterkasten eben nicht! Darüber hinaus gelingen auch im Filterkasten ganz unwahrscheinliche, unerwartete Beobachtungen.

Da die Brut ja ständig mit kleinen, lebenden Artemien gefüttert werden muss, siedeln sich unweigerlich Glasrosen in größerer Zahl an, sie stören aber normalerweise wenig, da die Eltern ihre Kinder aufmerksam bewachen und in glasrosenfreie Bereiche führen. Nun ergab sich aber folgende Situation: In einem der Filterkästen dient eine flache Korallenplatte, die mit nur wenigen Zentimetern Wasser überspült ist, dem Elternpaar als Abdeckung ihrer Bruthöhle. Auf diesem Höhlendach, genau in der Mitte, saß eine gewaltige Glasrose. Wurden die kleinen, stets hungrigen Jungfische mit frischen Artemien gefüttert, so verteilten sie sich in alle Richtungen. Die Eltern schafften es dann nicht, sie im Schwarm zusammenzuhalten. Und natürlich schwammen die Winzlinge auch über das „Riffdach", da für sie zwei Zentimeter Wasser längst ausreichten. Dabei gerieten sie zwangsläufig in den Tentakelbereich der Glasrose! Für die Alten war es unmöglich, den Jungen nachzuschwimmen, dafür war der Wasserstand viel zu niedrig. Nun fiel mir immer wieder ein rhythmisches Geplätscher auf, das ich nicht recht deuten konnte und auch nicht sonderlich beachtete, bis ich während einer Jungenfütterung endlich die Ursache erkannte: Kaum tauchte ich in Sichtweite auf, begann einer der Altfische, rasant gegen den Riffdachrand anzuschwimmen und mit extrem starken, gezielten Schwanzschlägen und schnellen Körperwendungen laut klatschend einen regelrechten Wasserschwall über das Höhlendach zu schleudern. Die Glasrose zog daraufhin sofort ihre Tentakel ein und war so zumindest kurzfristig ungefährlich! Solange konnten die Jungen ungefährdet im Niedrigwasser jagen. Waren sie einigermaßen satt, formierten sie sich zum Schwärmchen und folgten wieder brav den Alten aus der Gefahrenzone.

Der brutpflegende Riffbarsch *Acanthochromis polyacanthus* mit seinen Jungen in einem Filterbecken. Foto: E. Thaler

Ich habe dieses Verhalten wohl Hunderte Male allein oder mit Freunden und Studenten beobachtet, es auch provoziert, indem ich das Futter bevorzugt über dem Riffdach eingab, und ich habe das Verhalten der Eltern zunächst ungläubig, dann immer wieder fassungslos bestaunt. Denn: Es handelt sich in diesem Fall um ein echtes, überlegtes Handeln, die Fische „verstehen" den Zusammenhang zwischen der Gefahr (Glasrose) und sie handeln schon, *bevor* das eigentliche Gefahrenmoment (Junges über Riffdach) eintritt, denn sie attackieren die Glasrose, bevor die Jungen beginnen, in deren Tentakelbereich schwimmen. Sie verteidigen also nicht ein verzweifelt zappelndes Junges, das in den Tentakeln hängt, sondern sie versuchen, die Gefahr schon vorher abzuwenden. Solche vorwegnehmende Denkleistungen („Lernen durch Einsicht", IMMELMANN et al. 1996) hat man bisher nur bei hochstehenden Säugern, etwa Menschenaffen, oder bei Rabenvögeln und Papageien, gefunden. Ein Pferd, eine Katze und auch der klügste Hund kann das nicht!

Dieses Verhalten erlosch übrigens langsam mit dem Heranwachsen der Jungen, die dann ihrerseits den Tentakeln geschickt auswichen. Nun stellt sich natürlich die Frage, ob es sich in diesem einen Fall um eine bestimmte Erfahrung des Altfisches, ein sogenanntes Schlüsselerlebnis, handelt, das dieses komplexe Verhalten in Gang gesetzt hat, oder ob dieses Wehrverhalten gegenüber Nesseltieren angeboren ist. Ein neu angesetztes junges Zuchtpaar in einem anderen Filterkasten, das erst nach zwei bis drei erfolgreichen Bruten mit derselben Versuchsanordnung (Steinplatte mit Aiptasie) konfrontiert werden soll, wird Klarheit geben. Aber: Gleichgültig, ob es sich um eine erlernte oder eine angeborene, in der entsprechenden Situation folgerichtig ausgeführte Verhaltensweise handelt: Sie ist unglaublich spannend!

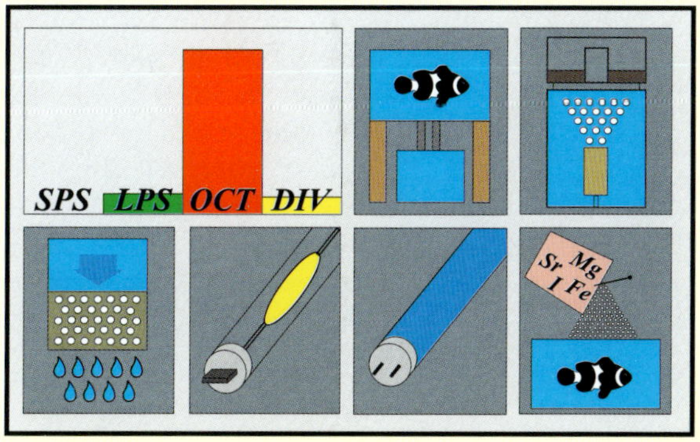


**Ausschnitt Innenriff/Riffkante**

### Tierbesatz

**Wirbellose:**
80 % Weichkorallen, 10 % Steinkorallen LPS, 10 % andere sessile Wirbellose

**Fische:**
Der Fischbesatz variiert, weil unterschiedliche Arten für Verhaltensbeobachtungen miteinander vergesellschaftet werden.

**Aquarium:**
Glas, Fünfeckbecken mit Filterbecken, 500 l, 3 Jahre

**Steindekoration:**
100 % Lebendgestein, lose aufeinander geschichtet. Dabei wurde sehr darauf geachtet, dass durch den Steinaufbau markante Strukturen entstehen, die von den Korallenfischen später als natürliche Reviergrenzen akzeptiert werden, nicht nur links und rechts, sondern auch vorn und hinten im Aquarium. Auf diese Weise ist es erheblich leichter, verschiedene Fische mit Revieransprüchen zu vergesellschaften.

**Bodengrund Aquarium:**
Korallensand unterschiedlicher Körnungsgröße, geringe Schichthöhe

### Technik

**Beleuchtung:**
2 x Halogenmetalldampflampe AB 250 W, 10.000 K, 40 cm Abstand, 10 Std. täglich,
2 x Leuchtstofflampe blau Osram L/67, 40 cm Abstand, 12 Std. täglich

**Wasserzirkulation:**
Tauchkreiselpumpen

**Filterung/Abschäumung:**
Mechanische Filterung über Schnellfilter-Patronen (Tunze) unter Tauchkreiselpumpen, ein Abschäumer

### Wasser:

**Salzgehalt:** 1.022 (25 °C), bei Haltung von Rotmeer-Fischen höher (1.025)

Regelmäßig werden Nitrat- und Phosphatgehalt gemessen. Andere Messungen nur sporadisch bei Bedarf.

**Anreicherung mit Spurenelementen u. a.:**
Gelegentlich werden getrocknete *Halimeda*-Algen im Mörser zerrieben und in kleinen Einzeldosen in das Aquarienwasser gegeben.

**Teilwasserwechsel:**
Täglich 5 Liter

**Weitere Wartungsarbeiten:**
Tägliches Reinigen der Schnellfilterpatronen

### Besitzer:

Prof. Ellen Thaler, Innsbruck (Österreich)

Ungefähr zehnmal täglich werden die Fische in diesem Aquarium mit kleinen Portionen gefüttert, damit ein natürliches Balz- und Aggressionsverhalten beobachtet werden kann.
Foto: E. Thaler

**Ausschnitt Innenriff**

## Tierbesatz

**Wirbellose:**
80 % Weichkorallen, 10 % Steinkorallen LPS, 10 % andere sessile Wirbellose

**Fische:**
Der Fischbesatz variiert, weil unterschiedliche Arten für Verhaltensbeobachtungen miteinander vergesellschaftet werden.

**Aquarium:**
Glas, 200 x 60 x 60, 720 l, 12 Jahre, aber nach 10 Jahren Austausch des Aquariums mit Übernahme des Inhaltes, seit kurzer Zeit ist ein kleines Filterbecken angeschlossen

**Steindekoration:**
100 % Lebendgestein, lose aufeinander geschichtet. Dabei wurde sehr darauf geachtet, dass durch den Steinaufbau in Beckenmitte eine markante Struktur entsteht, die von den Korallenfischen später als natürliche Reviergrenze akzeptiert wird. Dadurch entstehen im Aquarium links und rechts zwei buchtförmige Einzelreviere. Auf diese Weise ist es erheblich leichter, verschiedene Fische mit Revieransprüchen zu vergesellschaften.

**Bodengrund Aquarium:**
Korallensand unterschiedlicher Körnungsgröße, geringe Schichthöhe

## Technik

**Beleuchtung:**
3 x Leuchtstofflampe weiß, 10 cm Abstand, 10 Std. täglich, 2 x Leuchtstofflampe blau Osram L/67, 10 cm Abstand, 12 Std. täglich

**Wasserzirkulation:**
Tauchkreiselpumpen

**Filterung/Abschäumung:**
Mechanische Filterung über Schnellfilter-Patronen (Tunze) unter Tauchkreiselpumpen, ein Abschäumer

**Wasser:**

**Salzgehalt:** 1.022 (25 °C), bei Haltung von Rotmeer-Fischen höher (1.025)

Regelmäßig werden Nitrat- und Phosphatgehalt gemessen. Andere Messungen nur sporadisch bei Bedarf

Diese ungewöhnliche Steindekoration und eine üppige Fütterung ermöglichten es, zwei *Dascyllus*-Pärchen in diesem Aquarium gleichzeitig zur regelmäßigen Fortpflanzung zu bringen. Foto: E. Thaler

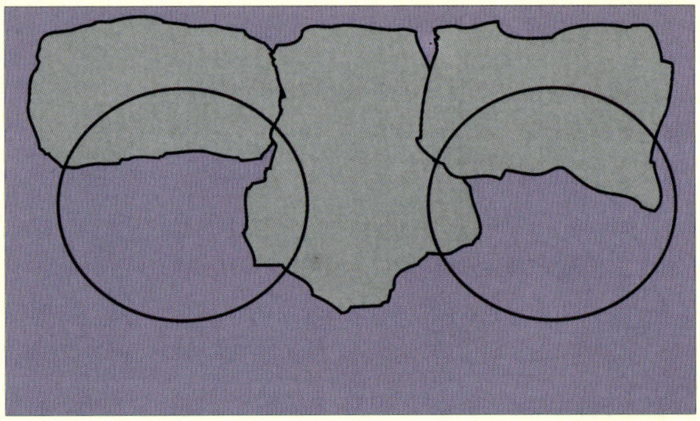

Der Steinvorsprung in der Mitte bildet eine natürliche Reviergrenze.

Diese azooxanthellate Hornkoralle *Guaiagorgia* sp. lebte im Aquarium 6 Jahre lang, wuchs beträchtlich und regenerierte sogar das von Fischen häufig angefressene Gewebe. Foto: E. Thaler

**Anreicherung mit Spurenelementen u. a.:**
Gelegentlich werden getrocknete *Halimeda*-Kalkalgen im Mörser zerrieben und in kleinen Einzeldosen in das Aquarienwasser gegeben.

**Teilwasserwechsel:**
Täglich 5 Liter

**Weitere Wartungsarbeiten:**
Tägliches reinigen der Schnellfilterpatronen

**Besitzer:**
Prof. Ellen Thaler, Innsbruck (Österreich)

Riffaquarien im Arbeitszimmer einer Verhaltensforscherin

## "In den heißesten Monaten werfen wir Eisstücke in die Kühltruhe"

Aquarien Hans Fischer, Philippinen

Der Schweizer Hans Fischer, der auf der philippinischen Insel Cebu lebt und dort ein Taxiunternehmen betreibt, bemüht sich, die heimische Tierwelt im Aquarium zu pflegen und sie dort Touristen und Einheimischen zugänglich zu machen. Er hat sein Haus unmittelbar am Strand von Moalboal, gerade einige Meter vom Wasser entfernt. Zur Pflege der Aquarien ist der Filipino Jhoe Sabandal engagiert, als "Caretaker und Manager", wie seine selbstgedruckte Visitenkarte verrät. Jhoe bemüht sich stets mit spürbarer Begeisterung, den Besuchern die Ausstellung zu zeigen und lässt auch gern einen Blick hinter die Kulissen zu, etwa in das unter dem Boden liegende Filterbecken mit dem Eigenbau-Abschäumer, der mit dem Schaumtopf eines Tunze-Abschäumers bestückt ist.
Die Aquarientechnik ist in Ländern wie den Philippinen der weitaus kostspieligste Teil der Riffaquaristik, mithin sogar schlichtweg unbezahlbar, was zum Improvisieren zwingt. Aber hier am Strand von Moalboal sind dem Riffaquarianer noch weitere Beschränkungen auferlegt. Elektrizität ist knapp und teuer, so dass man einfache Häuser nicht geschlossen baut und sie mit Hilfe eines Kühlaggregates klimatisiert, sondern einfach offen konstruiert, um sie durch die natürliche Luftbewegung zu kühlen. Das schafft dem Aquarianer jedoch Probleme mit zu hohen Wassertemperaturen im Aquarium, vor allem in den Monaten April und Mai, in denen die Quecksilbersäule der philippinischen Thermometer unbarmherzig in die Höhe klettert. Dieses Problem bekommen Hans Fischer und sein "Aquarium Caretaker" Jhoe mit Hilfe einer großen, umgebauten Kühltruhe in den Griff. Sie ist bis zum Oberrand mit Süßwasser gefüllt und ein PVC-Schlauch im Inneren transportiert das Aquarienwasser hindurch. "In den heißesten Monaten werfen wir alle zwei Stunden große Eisstücke in die Kühltruhe, um das Wasser noch weiter abzukühlen", verrät Jhoe. Hier am Strand, fernab der Zivilisation, ist Improvisationstalent eine wichtige Sache.
Manch einem Riffaquarianer stellt sich beim Betrachten dieser Aquarienanlage spontan die Frage, warum

Hinter dieser Tür verbirgt sich ein kleines, privates Schauaquarium

diese Becken nicht mit natürlichem Sonnenlicht beleuchtet werden und als offenes System in Verbindung mit dem Meer stehen. "Das haben wir versucht", versichert Jhoe, aber das Wasser hier am Strand ist einfach zu schmutzig". Man muss wissen, dass hier an der Küste dichtgedrängt rund 30 kleine Beach Ressorts liegen, die stets von zahlreichen Touristen besucht sind. "Sieben Monate lang haben wir das Aquarium als offenes System betrieben und das Meerwasser direkt hineingeleitet. Doch fortwährend gab es Trübungen und kranke Fische, bis wir schließlich beschlossen, die Aquarien abzutrennen und sie als geschlossenes System zu betreiben", erläutert Jhoe. Eine Beleuchtung durch das natürliche Sonnenlicht würde nach Jhoes Ansicht das Wasser zu stark aufheizen, vor allem in der heißesten Zeit des Jahres. "Das wäre nur mit einem offenen System möglich", erklärt Jhoe, "denn dann könnte mit Meerwasser gekühlt werden. Aber gerade das ist hier sehr problematisch, besonders im relativ flachen Küstenbereich, denn hier sind die Wassertemperaturen zwischen März und Juni auch im Meer sehr hoch."
Das ist schade, denn die Möglichkeiten, die man hier mit einem sonnenbeleuchteten, offenen Riffaquariensystem hätte, ließen das Herz vieler Riffaquarianer höher schlagen. Die Insel Pescador Island mit einem wunderschönen Saumriff ist nur eine viertelstündige Bootsfahrt entfernt, und zu mehreren anderen Korallenriffen in der Umgebung ist es nur wenig weiter. Das lässt der Phantasie viel Spielraum...

In mehreren Becken zeigt der Schweizer Hans Fischer in Cebu (Philippinen) Touristen die marine Fauna.

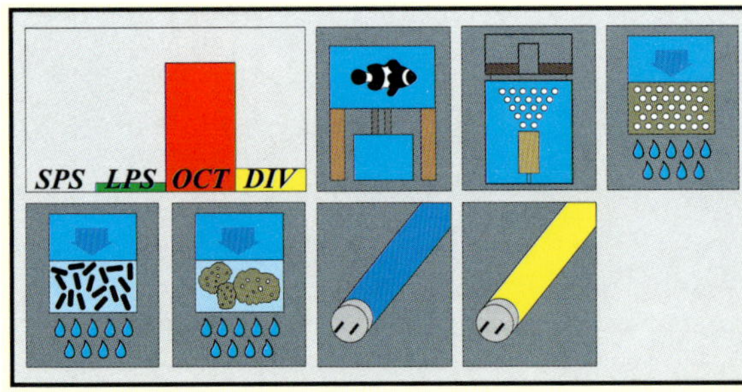


**Aquarienanlage aus acht Einzelbecken, die typische marine Habitate wiedergibt. Die Anlage befindet sich als "privates öffentliches Aquarium" in unmittelbarer Nähe des Strandes und wird mit minimalem Techniketinsatz betrieben**

## Tierbesatz

**Wirbellose:**
Weichkorallen verschiedener Gattungen und Arten, Scheibenanemonen (Discosomatidae), div. Seeanemonen, wenige Steinkorallen, einige Putzergarnelen (*Lysmata* sp., *Stenopus* sp.), Röhrenwürmer *Sabellastarte* sp., div. Schwämme 80 % Weichkorallen, 5 % Steinkorallen LPS, 15 % andere sessile Wirbellose

**Fische:**
Geringer Besatz mit Doktorfischen (Acanthuridae), Zwergriffbarschen (Pomacentridae), Lippfischen (Labridae) und anderen. Im speziellen Fischbecken auch größer werdende Arten, die zur Haltung mit Wirbellosen ungeeignet sind (z. B. Drückerfische und ein Kugelfisch, sowie eine Muräne)

**Aquarium:**
Glas, Gesamtvolumen einschließlich des großen unterirdischen Filterbeckens 9.000 Liter, in Betrieb seit 5 Jahren

**Steindekoration:**
Vollständig mit Lebendgestein bestückt, das lose aufeinander geschichtet wurde

**Bodengrund Aquarium:**
Korallensand unterschiedlicher Körnungsgröße, der vom benachbarten Strand stammt

Röhrenwürmer, Scheibenanemonen – viele marine Organismen sehen die Touristen hier zum ersten Mal.

## Technik

**Beleuchtung:**
Um eine Überhitzung des Wassers zu verhindern und Strom zu sparen, wurden keine Halogenmetalldampflampen installiert; Beleuchtung aller Aquarien mit Leuchtstofflampen (Tageslichtfarbe) und Kompaktleuchtstofflampen (blau)

**Wasserzirkulation:**
10 Lacy-Pumpen (baugleich Gemini-Pumpen, Tauchkreiselpumpen mit ca. 4.000 l/h) zur Umwälzung in den Aquarien, 4 Lacy-Pumpen im Filterbecken, die den Wasseraustausch mit den einzelnen Aquarien herstellen

**Filterung/Abschäumung:**
Mechanische Wattevorfilterung, Rieselfilter, den das Rücklaufwasser aller Aquarien durchläuft, bevor es in das Filterbecken gelangt, 4 Eheim-Außenfilter, die mit Aktivkohle gefüllt sind. Abschäumer (Eigenbau) im Filterbecken

**Weitere technische Geräte:**
Kühlung des Wassers mit einem unterirdischen Filterbecken und mit einer Tiefkühltruhe (gefüllt mit Süßwasser, über PVC-Schläuche wird das Aquarienwasser hindurchgepumpt)

## Wartung:

**Teilwasserwechsel:**
200 Liter pro Tag (natürliches Meerwasser, das von der Küste stammt und in ca. 500 Meter Entfernung vom Strand entnommen wird)

**Weitere Wartungsarbeiten:**
Jede Woche wird einer der vier Außenfilter mit frischer Aktivkohle bestückt

## Besitzer:

Hans Fischer, Moalboal (Cebu, Philippinen)

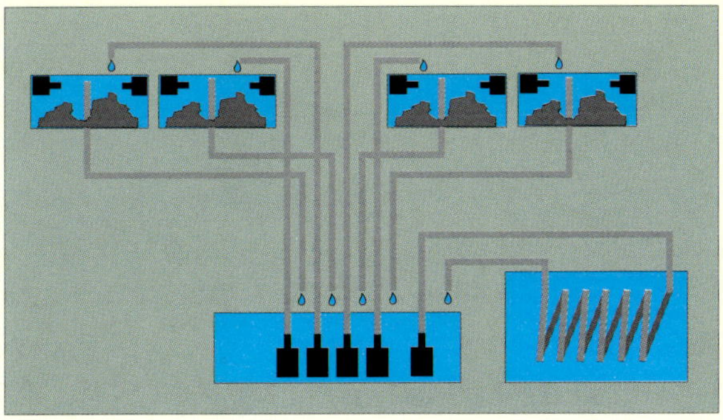

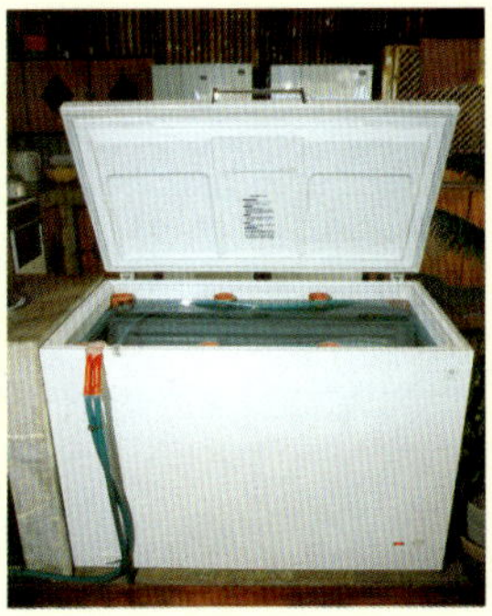

Ein unterirdisches Filterbecken verbindet alle Schauaquarien miteinander.

Oberhalb des unterirdischen Filterbeckens befindet sich ein Rieselfilter.

Mit Hilfe einer Kühltruhe wird das Wasser im Sommer gekühlt.

## "Inzwischen habe ich Marine Snow im Aquarium..."

Aquarien Eric Borneman, Texas (USA)

Der deutschstämmige Texaner Eric Borneman kombiniert mehrere unterschiedliche Lebensräume in einer Aquarienanlage, wobei er jedem dieser typischen Habitate ein eigenes Aquarium widmet. Er ist davon überzeugt, dass diese Lebensräume, die auch in der Natur oft in enger Gemeinschaft existieren, ebenso voneinander abhängig sind, wie die einzelnen Organismen, die sie bevölkern. Darüber hinaus zeichnet sich seine Aquarienanlage durch ihre technische Einfachheit aus. Wie er zu dieser Ansicht kam, das kann der erfahrene Aquarianer Eric Borneman, dessen umfassendes Buch "Aquarium Corals" vor kurzem erschienen ist, selbst am besten erzählen:

"Es ist eigentlich gar nicht so lange her, dass ich mich das erste Mal in ein Riffaquarium verliebt habe. Das war eigentlich kaum zu verhindern, damals im Jahre 1972, kurz nachdem ich bei meinem ersten Schnorchelerlebnis in der Nähe von Ochos Rios in Jamaica vom Korallenriff so überwältigt gewesen war. Sieben Jahre alt war ich, und es war unerhört anstrengend, die gewaltigen Felder von *Acropora palmata* oder *Acropora cervicornis* zu durchschwimmen.

Heute sind diese Riffe allesamt verschwunden. Ich habe erlebt, wie unberührte Riffbiotope in kurzer Zeit ruiniert wurden. Es ist eigentlich verwunderlich, dass jemand, der diese marinen Lebensgemeinschaften so sehr liebt wie ich, irgendwann einmal selbst Teil eines Hobbys wird, das diesen natürlichen Biotopen Lebewesen entreißt, oft auf unsanfte und mitunter sogar todbringende Weise. Nein, die Riffaquaristik ist weit davon entfernt, perfekt zu sein und es bedarf großer Anstrengungen, großer Fortschritte und Veränderungen, wenn wir sie zu einem Hobby machen möchten, das der Natur hilft, anstatt ihr zu schaden. Aber die phantastische Entwicklung der Riffaquaristik und das ungeheure Entwicklungspotential, das noch immer in ihr steckt, ist sehr vielversprechend.

Ich empfinde es als große Bereicherung, all die Schönheit zu erleben und das Wissen zu erhalten, das die Riffaquaristik hervorbringt. Natürlich war mein erstes Riffaquarium aus heutiger Sicht alles andere als aufregend. Ich füllte ein 120 Liter-Becken mit Lebendgestein aus Florida und fütterte meine Seeanemonen und meine Glasrosen. Die paar bunten Fische setzte ich eigentlich mehr zur

Populationsverschiebungen im Riffaquarium. Foto: Eric Borneman

Belustigung meiner Katzen in das Aquarium. Doch dann befiel mich im Laufe der Zeit das "Riffaquaristik-Virus" und ich begann zu lesen und lesen und nochmals lesen. Gleich einer Windhose in einem Tornado, die alles in sich hineinreißt, saugte ich alle Informationen in mich hinein und verschlang ungeheure Mengen von Fachliteratur. Durch das intensive Beobachten der Vorgänge in meinem Aquarium habe ich in kurzer Zeit weitaus mehr gelernt, als in den vielen Jahren als Taucher im Riff. Mir wurde die Empfindlichkeit dieser Meeresorganismen im Korallenriff aufs Äußerste klar, allein durch ihre Beobachtung im Aquarium. Und selbst mein Bewusstsein als Taucher veränderte sich. Ich erlebte das Riff nun mit anderen Augen, turnte nicht mehr zwischen den Korallen herum, sondern blieb still an einer Stelle sitzen, um die kleinen und kleinsten Lebewesen zu beobachten, an denen sonst jeder achtlos vorübertauchte.

Wie die meisten Riffaquarianer begann auch ich ohne viele Kenntnisse, investierte meine Zeit und mein Geld zumeist in dieses oder jenes technische Gerät, das die Lebensbedingungen im Aquarium verbessern sollte. Im Laufe der Zeit - so erleben es wahrscheinlich die meisten Riffaquarianer - gelang es mir immer besser, bestimmte Tiere und Pflanzen im Aquarium zu halten. Es war aufregend und die Erfolge waren großartig. Ich begann, meine Erfahrungen auch mit anderen zu teilen und bald war ich ein gesuchter Berater, der helfen sollte, diesen Fisch oder jene Koralle zu retten und bei der Lösung aquaristischer Probleme zu unterstützen.

Das war natürlich großartige Anerkennung, die einem recht warm ums Herz werden ließ, aber dennoch fehlte mir irgend etwas und ich war nicht ganz zufrieden. Die Aquarien entwickelten sich prächtig, die Korallen wuchsen und die Fische blieben endlich gesund, aber das, was ich da vor mir hatte, das war noch weit davon entfernt, ein kleinen Korallenriff zu sein. Es wirkte eher wie ein mit Salzwasser gefüllter Glaskasten, in dem schöne, gesunde Korallen wachsen. Eine Lebendgestein-Dekoration, an der hier und da eine Koralle befestigt worden war. Wo waren die Schwämme und die Filtrierer? Warum war das Wasser so sauber und hatte nicht die vielen Schwebeteilchen, die wir als "Marine Snow" bezeichnen? Wo waren all die vielen winzigen Kreaturen, die im Riff jede Oberfläche besiedeln und dieses Biotop so reizvoll und einmalig machen? Warum wirkte alles so steril?

Das Jaubert-System erwies sich als erstaunlich belastbar. Foto: Eric Borneman

Vor rund vier Jahren richtete ich mir das erste Aquarium ohne Abschäumung nach dem Jaubert-Prinzip ein. Ich hatte das Gefühl, dass ich nun genug Erfahrung gesammelt hätte, um mich an dieses Abenteuer zu wagen und versuchte, all das, was die Natur dem Riff bietet, in möglichst ähnlicher Weise bereitzustellen: kräftige und abwechselnd starke Wasserbewegung, Beleuchtung mit allen nötigen Spektralanteilen, in der Beleuchtungsstärke variabel, so dass der natürliche Tagesverlauf nachgestellt werden konnte, gut gereiftes Steinsubstrat und lebenden Bodengrund sowie eine dichte Besiedlung mit Korallen und zahlreichen anderen Wirbellosen. Der Fischbesatz war nicht schwächer als gewohnt und ich fütterte auch nicht sparsamer, als in einem Aquarium mit Abschäumer. Zwar hatte ich zuvor in abgeschäumten Aquarien auch schon lebenden Bodengrund verwendet, jedoch niemals als funktionelle Komponente des Systems. Darum verfuhr ich auch im Jaubert-Aquarium mit dem Bodengrund wie gewohnt: Ich rührte ihn hier und da auf, um die Ansammlung von Sedimenten zu verhindern. Drei oder vier Mal im Jahr führte ich auch eine gründliche Bodengrundreinigung durch, um eine zu starke Nährstoffanreicherung des Wassers zu verhindern. Zwar entwickelte sich alles gut, aber nicht so, wie ich es erwartet hatte. Was machte ich falsch?

Erst, nachdem ich aufgehört hatte, im Aquarium herumzurühren und den Dingen seinen Gang ließ, ohne mich über Sedimente zu beunruhigen, begann der Wind sich zu drehen. Hier war in gewisser Hinsicht das Jaubert-Aquarium mein Lehrmeister. Jeden Morgen wachte ich schweißgebadet auf, in der Erwartung, dieses Aquarium ohne Filter oder Abschäumer wäre biologisch gekippt, oder vielleicht implodiert oder zusammengeschmolzen...

Monate vergingen, schließlich Jahre. Ich konnte beobachten, wie dieses Biotop Stück für Stück natürlicher wurde und immer mehr Ähnlichkeit mit einem Korallenriff bekam. Es wuchsen Schwämme, und Bryozoen tauchten plötzlich auf und verschwanden kurze Zeit später wieder. Je mehr Populationen unterschiedlicher Organismen ich auftauchen und verschwinden sah, um so mehr verlor ich meine Angst, das Aquarium könnte instabil sein und biologisch kippen. Verschiedene Algenarten tauchten auf, vermehrten sich und verschwanden wieder. Polychaeten waren erst zu Tausenden vorhanden und plötzlich waren es nur noch wenige Exemplare. Korallen kämpften miteinander um das Siedlungssubstrat, bis sie schließlich beide von einer dritten Korallenart "überrannt" wurden und ihr weichen mussten. Schwämme überzogen ein Areal mit einer dicken Kruste, bevor sie dann plötzlich wieder verschwanden. Das Untergehen bestimmter Organismen war niemals enttäuschend, weil sich zugleich auch immer etwas Neues entwickelte, das dann in meinem persönlichen, kleinen Korallenriff wuchs. Insgesamt war das Wachstum der Lebensgemeinschaft gut, die Wasserqualität war hervorragend und die Kalkbildungsrate war großartig. Alle meine Steinkorallen befestigten sich durch neugebildete Skelettsubstanz am Gestein und waren damit Teil des Riffs. Mein Gestein war nicht mehr nur eine schöne, aber nackte, rosafarbene Fläche, aus der sich ab und zu ein Röhrenwurm streckte, sondern es hatte große Ähnlichkeit mit dem lebenden Steinsubstrat, das ich aus dem Riff kannte.
Im Laufe der Zeit befasste ich mich immer eingehender mit der Natur. Ich interessierte mich dabei auch für die "einfachen" Dinge, die sonst keiner haben wollte, etwa Seegras, Würmer, winzige Crustaceen, planktonische Lebewesen, Lebendfutterkulturen und merkwürdig aussehende, braune Korallenfragmente, die niemand einer Gattung zuordnen konnte. Als sich die Artenvielfalt meines Aquariums derjenigen in einem kleinen Riffausschnitt immer mehr näherte, bemerkte ich auch bald Zusammenhänge zwischen dem Wachstum und der Vergesellschaftung bestimmter Arten. Darum begann ich, die Vorgänge noch intensiver zu beobachten, und bald fing ich an, bestimmte Tiere oder Pflanzen aus dem Aquarium zu entfernen, weil sie nicht wirklich in diesen Lebensraum hineinpassten. Stattdessen richtete ich für sie andere Aquarien ein, um sicherzustellen, dass jede Koralle und jeder Fisch einen Lebensraum vorfinden würde, der Ähnlichkeit mit dem jeweils Natürlichen hat. Auch beim Tauchen schenkte ich Dingen wie Sonneneinstrahlung oder Wasserbewegung mehr Beachtung und d aheim versuchte ich, das Erlebte im Aquarium bestmöglich zu imitieren. Der wandförmige Steinaufbau wurde in einen natürlicher wirkenden umgestaltet, der vorwiegend aus einzelnen Korallengruppen besteht. Arten, die aus künstlicher Nachzucht stammten, dominierten das Aquarium. Die Aquariengestaltung wurde zu einer anspruchsvollen, beinahe künstlerischen Beschäftigung. Ich begann auch nach und nach, weitere Becken mit völlig anderem Besatz an dieses Aquariensystem anzuschließen, in der Hoffnung, das gesamte System würde aus der gesteigerten Biodiversität Nutzen ziehen. Nach und nach entfernte ich dann auch die Abschäumer aus all meinen Aquarien.
Inzwischen habe ich recht großes Vertrauen in meine Fähigkeit, die Bedürfnisse der Lebewesen und des ganzen Minibiotops in meinen Aquarien zu erkennen. Aber ebenso großes Vertrauen habe ich in die Fähigkeit dieser Biotope, sich selbst zu regulieren. Die hochintelligente Natur benötigt in einem solchen Aquarium nur minimale Eingriffe von außen, beispielsweise durch einen so dummen Pfleger wie mich; hauptsächlich fehlt die Versorgung mit Calcium und Nahrung. Und es gibt so viele hungrige Mäuler zu füttern. Was für ein Vergnügen! Es ist ein permanentes Lern-Experiment, ein fortwährendes Abenteuer und die stete Suche nach mehr Verständnis der Zusammenhänge, aber auch nach mehr Respekt vor ihnen. Dieses Aquarium ist wahrhaftig keine Wohnzimmerdekoration, es ist ein Glaskasten voller Leben!
Manch einer mag danach trachten, meinen Weg, Riffaquaristik zu betreiben, als minimalistisch zu brandmarken. Ich glaube aber, dass genau dieser Weg zu maximalen Ergebnissen führt. Natürlich könnte ich all dies auch in dem "traditionellen" Sinne machen, und ich weiß natürlich, dass es in der Riffaquaristik unterschiedliche Wege gibt, die alle richtig und erfolgreich sind. Ich bin nicht der Ansicht, dass das, was ich mache, irgendwie einmalig, neu oder umwälzend wäre. Ich versuche lediglich, die Natur zu kopieren, so gut ich kann, und ich lese, und lese, und lese, und stellen Sie sich einmal vor: Inzwischen habe ich "Marine Snow" im Aquarium..."

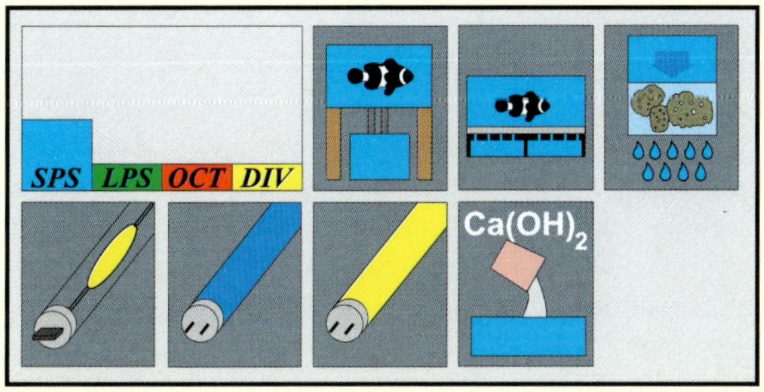


**Drei unterschiedliche Lebensräume (Riff, Seegrasbett, Felsküste) in Einzelaquarien, die miteinander verbunden sind, sowie ein Refugium, sehr artenreicher Besatz**

## Tierbesatz

**Korallen:**
SPS 40 %, LPS 20 %, Weichkorallen 20 %, andere Wirbellose 20 %, Arten aus mehr als 40 verschiedenen Gattungen, darunter *Montipora* sp., *Acropora* sp., *Favia* sp., *Favites* sp., *Pavona* sp., *Mycedium* sp., *Tubastrea* sp., *Symphyllia* sp., *Leptoria* sp., *Oxypora* sp., *Lobophyllia* sp., *Catalaphyllia* sp., *Euphyllia* sp., *Porites* sp., *Hydnophora* sp., *Stylophora* sp., *Merulina* sp., *Seriatopora* sp., *Distichopora* sp., *Pachyseris* sp., *Echinophyllia* sp., *Turbinaria* sp., *Pocillopora* sp., *Fungia* sp., sowie zahlreiche Weichkorallenarten, Röhrenkorallen, Zoanthidae und Discosomatidae

**Andere Wirbellose:**
*Lysmata wurdemanni, Stenopus hispidus, Enoplometopus debelius, Entacmaea quadricolor, Opheothrix* sp., *Opheolepis* sp., *Ophioarachna incrassata* u. a. Schlangensterne, Holothurien, *Strombus gigas, Clobanarius tricolor, Mespilia globulus, Tridacna maxima, T. derasa* sowie Schnecken unterschiedlicher Gattungen (*Triton* sp., *Chiton* sp., *Murex* sp., *Trochus* sp., *Nerites* sp., *Stomatella* sp., *Astrea* sp.,) *Cerith* sp. sowie mehr als zehn verschiedene Schwamm-Arten und im angeschlossenen Refugium eine artenreiche benthische und pelagische Flora und Fauna

**Fische:**
*Zebrasoma scopas, Pseudochromis aldabraensis, Ambylogobius phaelena, Premnas biaculeatus, Oxycirrhites typus, Parapercis* sp., *Cirripectus variolosus*

**Makroalgen:**
Gängige Arten wie *Halimeda* sp., *Caulerpa* sp. sowie zahlreiche aquaristisch seltenere Arten wie *Penicillus* sp., *Sargassum* sp., *Ochtotes* sp., *Neomeris* sp. u. a.

## Aquarium:

| | |
|---|---|
| Hauptbecken: | 450 l, 5 Jahre |
| Seegrasaquarium: | 280 l |
| Steinküstenbecken: | 120 l |
| Refugium: | 75 l |

**Steindekoration:**
Die gesamte Anlage ist ausschließlich mit Lebendgestein bestückt (Fidschi-Inseln, Marschall-Inseln, Australien). Die Steine sind nicht aneinander befestigt.

**Bodengrund:**
Hauptbecken: grober Korallensand, 15 cm Schichthöhe, darunter ein 4 cm Plenum (Jaubert-System)
Seegrasaquarium: feiner Lagunensand, kein Plenum
Steinküstenbecken: kein Bodengrund
Refugium: feiner Korallensand, 7 cm Schichthöhe, kein Plenum

## Technik

**Beleuchtung:**
**Hauptbecken:** Halogenmetalldampflampe "Radium" 400 W, 20.000 K, 2 x Halogenmetalldampflampe "Radium 250 W, 20.000 K, 2 x Leuchtstofflampe blau "Hamilton actinic"

**Seegrasaquarium:** 2 x Halogenmetalldampflampe "Hamilton", 175 W, 6.500 K,Leuchtstofflampe Pflanzenstrahler "Aquarium Chroma 50", 40 W, Leuchtstofflampe "Ott full spectrum", 40 W

**Steinküstenbecken:** 2 x Leuchtstofflampe Pflanzenstrahler "Aquarium Chroma 50", 30 W

**Refugium:** Kompaktleuchtstofflampe "Power Compact", 28 W, blau Kompaktleuchtstofflampe "Power Compact", 28 W, weiß

## Wasserzirkulation:

**Hauptbecken:** Tauchpumpe 950 l/h an "OsciWave"-Einheit, 4 x Tauchpumpe 950 l/h, Kippeimersystem 15 Liter Inhalt, das sich alle elf Sekunden entleert, Passiver Wasserdurchfluss (Austausch mit Filterbecken)

**Seegrasaquarium:** Wasserfluss vom Kippeimersystem (15 Liter alle elf Sekunden),Passiver Wasserdurchfluss (Austausch mit Filterbecken)

**Steinküstenbecken:** Wasserfluss vom Kippeimersystem (15 Liter alle elf Sekunden), Passiver Wasserdurchfluss (Austausch mit Filterbecken)

**Refugium:** Nur passiver Wasserdurchfluss (Austausch mit Filterbecken)

**Filterbecken:** Tauchpumpe 2.080 l/h, die den Wasseraustausch mit allen angeschlossenen Becken herstellt

**Filterung/Abschäumung:**
Keinerlei mechanische Filterung oder Abschäumung

**Calciumzufuhr:**
Kalkwasser, ca. 20 Liter pro Tag

**Wartung:**

**Fütterung:**
Zweimal am Tag und einmal in der Nacht, tierisches und pflanzliches Futter unterschiedliche Art, angereichert mit Vitaminlösung, verschiedene selbst gezogene Algen, Rädertierchen, lebende Artemianauplien sowie Plankton, soweit verfügbar

**Teilwasserwechsel:**
Keine regelmäßigen Teilwasserwechsel, keine Spurenelementzufuhr

**Besitzer:**
Eric Borneman, Missouri City (Texas, USA)

Steinkorallen im Aquarium von Wolfgang Czech

# "Nur durch Nachzucht können wir Naturentnahmen begrenzen"

Aquarien Michael Coenen, Deutschland

Seit 1995 züchtet Michael Coenen gewerblich Korallen und hat sich dabei auf Steinkorallen mit besonders kräftiger Farbpigmentierung spezialisiert. Er gehört zu jenen Riffaquarianern, die sich seit Jahren intensiv um die systematische Vermehrung der Korallen durch Fragmentation bemühen. Viele hundert Nachzuchtkolonien unterschiedlicher Arten hat er so produziert und mit behördlicher CITES-Bescheinigung an Liebhaber und Fachhändler verkauft. Für die Zukunft in der Riffaquaristik hält Michael Coenen es für wichtig, die Haltungsbedingungen für marine Organismen im Aquaristikhandel und -großhandel zu verbessern. "Unfangreiche und regelmäßige Kontrollen der Hälterungsbedingungen bei Händlern sind wichtig", findet er. Auch sollten die Nachzuchtaktivitäten im Inland und auch im Herkunftsland unterstützt werden, fügt er hinzu. "Nur dadurch kann es gelingen, die Naturentnahmen der Korallen wirksam zu begrenzen."

Blick in eines der Nachzuchtbecken: Korallen dicht an dicht, und offensichtlich keine Vernesselungen. Foto: Michael Coenen

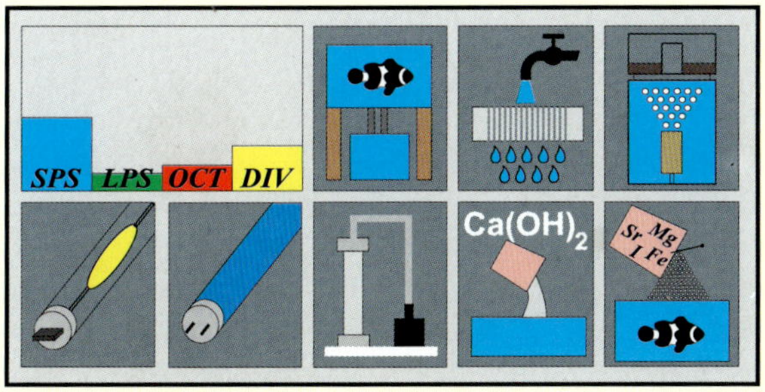


**Sonnenlichtzone im Riff, Riffdach bzw. oberer Riffhang**

## Tierbesatz

**Wirbellose:**
15 % Weichkorallen, 10 % Steinkorallen LPS, 45 % Steinkorallen SPS, 30 % Riesenmuscheln:

**Fische:**
(auf 4 Aquarien verteilt): *Calloplesiops altivelis*, 3 *Gramma loreto, Acanthurus achilles, Acanthurus sohal, Acanthurus pyroferus, Lo vulpinus*, 3 *Zebrasoma xanthurus*, 4 *Pseudocheilinus hexataenia*, 5 *Ptereliotris zebra*, 2 *Amblygobios rainfordi*, 5 *Pseudanthias squamipinnis*, 10 *Pseudanthias tuka*, 12 *Chromis viridis, Pseudochromis aldabraensis*, 3 *Pseudochromis fridmani, Pseudochromis flavivertex*, 2 *Pseudochromis springeri*, 10 *Pterapogon kauderni*, 2 *Amphiprion percula, Neocirrhites armatus*

**Aquarium:**
Glas, 240 x 100 x 80 cm, 1600 l, 3 Jahre

**Nachzuchtbecken:**
a) Glas, 200 x 100 x 30 cm, 600 l
b) Glas, 140 x 80 x 50 cm, 560 l
c) Glas, 140 x 80 x 50 cm, 560 l

Alle vier Becken sind mit dem gleichen Filterbecken verbunden. Gesamtvolumen der Anlage ca. 3.000 Liter

**Steindekoration:**
500 kg Lochgestein (Frankreich), 5 kg Lebendgestein (Rotes Meer). Die Steine sind nicht aneinander befestigt, sondern lose aufeinandergeschichtet.

Allerdings wurden alle Steine vorher mit Hammer und Meißel so bearbeitet, dass plane Auflageflächen entstanden.

**Bodengrund Aquarium:**
Korallensand, 3 - 4 cm Schichthöhe

## Technik

**Beleuchtung Aquarium:**
2 x Halogenmetalldampflampe Osram TS 1000 W/D, (Sill Flächenstrahler) 6 Std. täglich,
6 x Leuchtstofflampe blau Osram L36/67, 12 Std. täglich

**Beleuchtung Nachzuchtbecken:**
a) 3 x Halogenmetalldampflampe Osram TS 250 W/D, 6 Std. täglich, 2 x Leuchtstofflampe blau Osram L36/67, 12 Std. täglich

b) Halogenmetalldampflampe Osram TS 400 W/D, 6 Std. täglich, 2 x Leuchtstofflampe blau Osram L36/67, 12 Std. täglich

c) Halogenmetalldampflampe Osram TS 250 W/D, 6 Std. täglich, 2 x Leuchtstofflampe blau Osram L36/67, 12 Std. täglich

**Wasserzirkulation:**
Aquarium: 4 x Tunze electronic, selbstpulsend, je 4.000 l/h,
Nachzuchtbecken: je 1x Tunze electronic, selbstpulsend, je 4.000 l/h,
vier Eheim 1060 im Filterbecken stellen die Verbindung zu den vier Aquarien her

**Filterung/Abschäumung:**
Keinerlei mechanische Filterung, ein Abschäumer Klaes und Membranpumpe "Weltweit", 40 W

**Calciumzufuhr:**
Kalkreaktor, Füllung mit Korallensand. Jährlicher Verbrauch 20 - 30 kg, zusätzlich täglich 20 Liter frisch angesetztes Kalkwasser

### Weitere technische Geräte:
Umkehrosmoseanlage, 300 l-Vorratsbehälter mit Pumpe und Industrie-Schwimmschalter für die Wassernachfüllung, UV-Entkeimer, der 2 Wochen zugeschaltet wird, wenn empfindliche Fische neu eingesetzt werden, etwa bei *Pseudanthias tuka* oder *Acanthurus achilles*,

### Wasser:
**Temperatur:** Sommer 27 °C, Winter 22 - 23 °C
**Karbonathärte:** 9 - 10 °dKH

Das Schaubecken enthält verschiedenste Weich- und Steinkorallen, die trotz der Artenvielfalt sehr gut miteinander harmonieren. Foto: Michael Coenen

Eine Riesenmuschel *Tridacna gigas*, die aus einer Nachzuchtfarm in Pangasinan (Philippinen) stammt. Foto: Michael Coenen

| | |
|---|---|
| **Nitrat:** | nicht meßbar (Testkit) |
| **Phosphat:** | nicht meßbar (Testkit) |

**Anreicherung mit Spurenelementen u. a.:**
Strontium, Jod, pH-Puffer, Calcium

**Teilwasserwechsel:**
600 – 1.200 l monatlich Liter pro Monat (20 - 40 %)

**Weitere Wartungsarbeiten:**
Zweimal wöchentlich wird der Schaumtopf des Abschäumers gereinigt, keine weiteren Wartungsarbeiten

**Besitzer:**
Michael Coenen, Jüchen (Deutschland)

## Ein Meer von Sonnenkorallen

Aquarium Daniela und Erich Stettler, Schweiz

Vor acht Jahren richteten Erich und Daniela Stettler aus Bern in der Schweiz sich zusätzlich zu ihren zwei Mittelmeeraquarien ein tropisches Riffaquarium ein. Neben Riesenmuscheln, die sie schon damals außerordentlich faszinierten, setzten sie vor allem Steinkorallen hinein. Sie hofften damals, durch regelmäßige und üppige Fütterung viele dieser Steinkorallen nicht nur erhalten, sondern auch vermehren zu können. Dass ihnen dies aber ausgerechnet mit einer Steinkorallenart gelingen sollte, die allgemein als kaum aquarienhaltbar gilt, das hatten sie nicht einmal zu hoffen gewagt.
"Wir hoffen vor allem, dass diese wunderschöne Steinkoralle eine echte Chance bekommt, in Heimaquarien artgerecht gepflegt zu werden, so dass sie vielleicht ein wenig den Ruf verliert, nicht ausdauernd zu sein", sagte Daniela Stettler. "Allerdings sollte nicht vergessen werden, dass die tägliche, üppige Fütterung jedes Polypen eine unabdingbare Voraussetzung für den Erfolg ist", fügt die begeisterte Aquarianerin hinzu. Sie selbst achtet daheim sorgfältig darauf, dass jeder einzelne *Tubastrea*-Polyp täglich sein Futter bekommt.
Vor sieben Jahren kauften sich die Stettlers zwei faustgroße *Tubastrea*-Stöcke. Sie bohrten die Korallen von hinten so an, dass man sie mit einem Holzstab kopfüber hängend an einer schattigen, strömungsreichen Stelle im Aquarium platzieren konnte. *Tubastrea*-Polypen sind gierige Fresser und müssen regelmäßig direkt gefüttert werden. Kommt man ihrem großen Nahrungsbedarf aber entgegen, dann sind diese Korallen, wie das Beispiel dieses Aquariums zeigt, nicht nur über Jahre hinweg haltbar, sondern vermehren sich unter geeigneten Aquarienbedingungen auch prächtig.
Die Korallen wurden von nun an jeden Abend mit Frostfutter (adulte Artemien) gefüttert. Dabei stellte Daniela Stettler die Pumpen jeweils für 15 Minuten ab, damit die Polypen genug Zeit zum Fressen hatten. Die Stöcke wuchsen prächtig. Nach einem halben Jahr war es dann soweit; die Korallen begannen mit ihrer Vermehrung. Überall in der Nähe tauchten auf dem Gestein plötzlich kleine gelbe Polypen auf, von denen sich viele weiter vermehrten und so zu einem kleinen Stock heranwuchsen. Die Familie Stettler war stolz auf ihre

"*Tubastrea*-Nachkommen", die mittlerweile alle Ecken unseres Aquariums bevölkerten. Den kleinen Polypen wurde anfangs mit einer Spritze direkt feines Staubfutter gereicht. Nach gut einem Monat waren sie dann meist groß genug, um gefrorene Artemien zu fressen.
Ende 2000 erstanden die Stettlers eine prächtig schwarze *Tubastrea diaphana*, die vor allem zu den sonnengelben *T. aurea* einen schönen Farbkontrast bot. Sie wurde ebenfalls täglich gut gefüttert, wuchs bald auch hervorragend. "Wir haben die Hoffnung, dass sie sich bald ebenso gut vermehren wird wie unsere gelben *Tubastrea*-Polypen", verriet Daniela.
Allerdings vermehren sich bei in diesem Aquarium nicht nur Steinkorallen. Interessant sind vor allem die Orgelkorallen, denn sie wachsen buchstäblich wie Unkraut. Alle zwei bis drei Monate schneiden die Stettlers das feste Röhrenskelett mit einem Brotmesser zurück, da diese Koralle an der Oberfläche wächst und massiv die Strömung behindert. Sie konnten schon viele Ableger an zoologische Gärten und an Privatpersonen abgeben.
Aber auch Fische sind in diesem Aquarium vermehrungsfreudig, zumindest der Banggai-Kardinal *Pterapogon kauderni*. Im vergangenen Jahr haben die Stettlers 120 Jungfische dieser Art im Becken großgezogen. Während dieser Zeit gab es für alle Fische und Korallen besseres Futter: frisch geschlüpfte Artemianauplien, die zuvor mit der Nährlösung "Selco" gefüttert und dadurch angereichert worden waren. Das hat nicht nur den Fischbabys gut getan, denn innerhalb eines Monats gewannen unsere *Tubastrea*-Polypen an Farbe: Ihr hellgelbes Farbenkleid wich einem kräftigen Orange.
Da das *Kauderni*-Männchen nicht mehr lebt ("es starb mit dem Maul voller Eier, einfach traurig, ich glaube es ist uns verhungert"), wurden seitdem auch keine angereicherten Artemianauplien mehr gefüttert, und nach ein bis zwei Monaten wurden die *Tubastrea*-Polypen wieder hellgelb. Doch so etwas gehört zum Leben eines Aquarianers einfach dazu. Die schweizer Aquarianerfamilie freut sich über die großen Fortpflanzungserfolge im Aquarium und genießt es, den Zauber der Unterwasserwelt im Wohnzimmer zu haben. Auch die Kinder profitieren davon, mit Meerwasseraquarien aufzuwachsen. Sie begeistern sich sehr für marine Biotope und lernen nun im Alter von 10 und 12 Jahren das Tauchen, um gemeinsam mit den Eltern den natürlichen Lebensraum ihrer Aquarientiere kennen zu lernen.

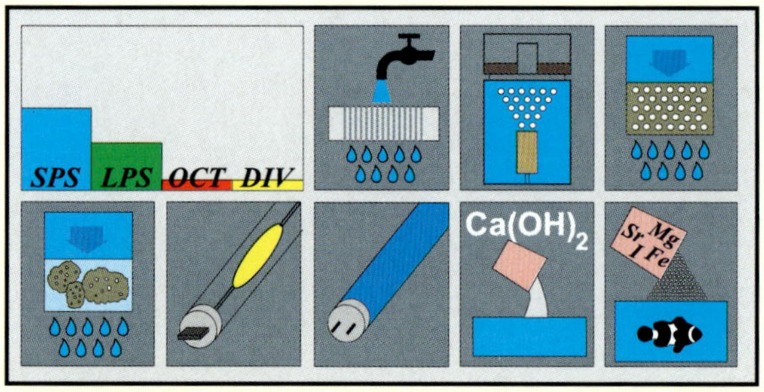


## Steinkorallen-Aquarium

**Tierbesatz**
**Wirbellose:**
80 % Steinkorallen
*Tubastrea coccinea* (oder *aurea*?), *Tubastrea diaphana, Tubipora musica, Euphyllia divisa, Euphyllia glabrescens, Seriatopora hystrix, Acropora* sp. (*formosa* ?), *Tridacna maxima, Entacmaea quadricolor,* Scheibenanemonen (Discosomatidae)

Starke Vermehrung von *Tubastrea*-Steinkorallen im Riffbecken. Foto: Daniela und Erich Stettler

**Fische:**
Zebrasoma xanthurus, 11 Pseudanthias squamipinnis, 3 Pholidichthys leucotaenia, 2 Amphiprion ocellaris, 2 Chromis viridis, Synchiropus splendidus, Halichoeres chrysus, Pterapogon kauderni

**Aquarium:**
Glas, 150 x 80 x 60 (L x T x H), 720 Liter, 8 Jahre

**Steindekoration:**
80 % Lebendgestein

Die *Tubastrea*-Nachzuchtpolypen im Aquarium von Daniela und Erich Stettler werden täglich direkt gefüttert. Foto: D. u. E. Stettler

Gesamtansicht des Aquariums von D. und E. Stettler
Foto: Daniela und Erich Stettler

### Technik

**Beleuchtung:**
2 x 150 Watt Halogenmetalldampflampe, 11.000, 8,5 Stunden tägl., Kelvin, 2 x 18 Watt Leuchtstofflampe, blau 4, 12 Stunden tägl.
Nachts Mondlicht

**Wasserzirkulation:**
Biologischer Innenfilter (54 Liter) wird mit drei 1.000-Liter-Tauchpumpen betrieben, Schnellfilter mit einer 1.500-Liter-Tauchpumpe, Gesamtumwälzung 4.500 Liter pro Stunde

**Filterung/Abschäumung:**
Biofilter, Schnellfilter, Abschäumer Tunze Comline 3140/2

**Calciumzufuhr:**
jeden Morgen 3 - 4 Liter Kalkwasser (Calziumhydroxidlösung)

**Anreicherung mit Spurenelementen u. a.:**
Strontiumchlorid 10 %, 7 bis 8 ml pro Woche
Kaliumjodid 5%, 3 ml jede zweite Woche

**Teilwasserwechsel:**
jede Woche 15 Prozent des Aquarienvolumens (ca. 100 Liter)

**Weitere Wartungsarbeiten:**
Täglich intensive Direktfütterung aller *Tubastrea*-Polypen mit Frostfutter (adulte Artemien)

### Besitzer:
Daniela und Erich Stettler, Bern (Schweiz)

## Gelb-rosafarbene *Tubastrea*-Eipakete

Aquarien Armin Bergmann, Deutschland

Es gibt viele verschiedene Wege, zum Hobby Riffaquaristik zu gelangen, etwa das Tauchen und die Liebe zum Korallenriff, oder die Begeisterung für ein eindrucksvolles Schauaquarium im Aquaristikfachhandel. Armin Bergmann hat innerhalb von 3 Jahren den Weg von einem Goldfischglas über Diskusfische zur Riffaquaristik gefunden. Heute umfasst seine Aquarienanlage 3 Einzelbecken, darunter ein Schauaquarium und ein Nachzuchtbecken, in dem Korallenfragmente untergebracht werden, die im Schauaquarium von den großen Kolonien entfernt werden müssen, um ein zu dichtes Ineinanderwachsen zu verhindern. Das kleinste Aquarium dient als Technikbecken. Bei Bedarf bringt Armin Bergmann in diesem Technikbecken auch neu eingesetzte Fische und Korallen unter, um die Eingewöhnungsphase zu erleichtern.
Auch die Erfahrungen anderer Aquarianer - etwa von Jacques Pels in Metro Manila - haben gezeigt, dass sich Fische erheblich besser eingewöhnen, wenn sie sich in einem separaten Becken an das Aquarienmilieu gewöhnen können, ohne dem Stress durch die Begegnung mit anderen Aquarienbewohnern ausgesetzt zu sein. Das Eingewöhnungsbecken muss natürlich mit dem betreffenden Aqua-

Dichter Steinkorallenwuchs, soweit das Auge reicht.
Foto: Armin Bergmann

rium in Verbindung stehen, so dass die Tiere sich tatsächlich im gleichen Wasser befinden. Auch bei Riesenmuscheln scheint dies sehr sinnvoll zu sein, denn diese produzieren nach dem Einsetzen in ein neues Aquarium oft stressbedingt Sekrete, die häufig die Aufmerksamkeit der Aquarienfische anziehen. Werden die Muscheln anschließend von den Fischen belästigt, verstärkt sich diese Sekretproduktion, was wiederum das Interesse der Fische fördert. Durch eine mehrtägige separate Hälterung im gleichen Aquarienwasser lassen sich bei vielen neu eingesetzten Tieren Verluste vermeiden.

Nachdem er mehrere Jahre lang Anemonenfische nachgezogen hat, beschäftigt sich Armin Bergmann heute intensiv mit der vegetativen Vermehrung von Korallen. Auch zur geschlechtlichen Fortpflanzung ist es in seiner Aquarienanlage bereits gekommen. Die kleinen *Pocillopora*-Kolonien, die spontan an verschiedenen Stellen des Aquariums auftauchten, mögen zwar durchaus auf ungeschlechtlichem Wege erzeugt worden sein, doch bei *Tubastrea* sp. hat Armin Bergmann bereits mehrfach die Abgabe kleiner, gelb-rosafarbener Eipakete beobachtet. Zwar hielten sich die Jungkorallen jeweils nur wenige Wochen und verschwanden dann spurlos, doch Bergmann wertet die spontane geschlechtliche Fortpflanzung dieser Steinkoralle bereits als Zeichen für ein gutes Milieu im Aquarium.

Mit dem Steinaufbau ist Armin Bergmann weitgehend zufrieden, doch er gibt zu, einen Fehler gemacht zu haben, der nicht nur bei Einsteigern zu beobachten ist, sondern auch bei "alten Hasen": Er hat den Steinaufbau zu hoch gemacht, so dass für die üppig wachsenden Steinkorallen nur noch wenig Platz bleibt. Wenn er allerdings völlig freie Hand hätte, würde er ein erheblich größeres und vor allem tieferes Aquarium bauen. Es würde auch einen Dunkelzone besitzen, eine Art Tiefenzone, in der Korallen aus größeren Tiefen des Riffs gehalten werden könnten. Auch eine Strandzone würde er einplanen, mit Mangroven bewachsen.

Er selbst wendet viel Zeit für das Lesen von Büchern und Artikeln in Aquaristikzeitschriften auf. Für die Zukunft der Riffaquaristik hält Armin Bergmann die Kommunikation der Aquarianer untereinander für besonders wichtig. "Allerdings ist diese in den letzten Jahren schon deutlich besser geworden", fügt er optimistisch hinzu.

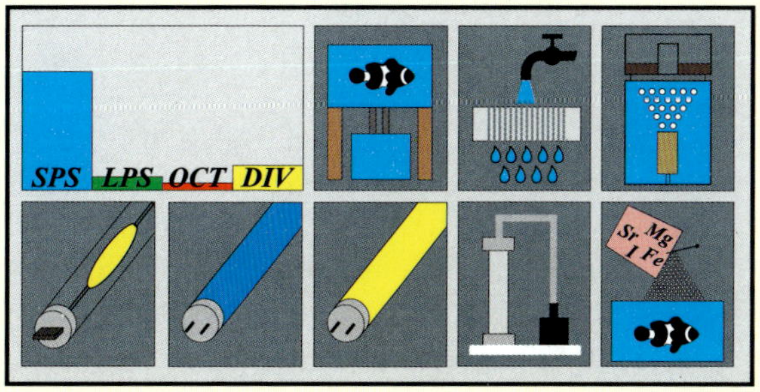


**Riffdach**

## Tierbesatz

**Wirbellose:**
5 % Weichkorallen, 10 % Steinkorallen LPS, 70 % Steinkorallen SPS, 15 % andere sessile Wirbellose. Schlangensterne und Einsiedlerkrebse, 4 Riesenmuscheln (Tridacnidae)

**Fische:**
28 Fische, darunter Doktorfische (Acanthuridae), Riffbarsche (Pomacentridae), Zwergkaiserfische (*Centropyge* sp.) und verschiedene *Anthias*-Arten

**Aquarium:**
Glas, 150 x 53 x 60 cm, 470 l, 8 Jahre,
Filterbecken: Glas, 50 x 50 x 60 cm,
Nachzuchtaquarium: Glas, 100 x 50 x 50 cm, 250 l

**Steindekoration:**
Hauptsächlich trockenes Tuffgestein, nur wenige Kilogramm Lebendgestein wurden eingesetzt. Das Gestein ist lose aufeinandergeschichtet, im Aquarium entsprechend der Form eines natürlichen Riffes, im Nachzuchtbecken pyramidenförmig, so dass die Steinformation zum Licht hin ansteigt. An der hinteren Scheibe des Nachzuchtbeckens befindet sich zusätzlich noch eine Platte, auf der kleine Korallenstöcke platziert werden können.

**Bodengrund Aquarium:**
Korallensand unterschiedlicher Körnungsgröße, Schichthöhe 2 - 3 cm. Im Aquarium und im Nachzuchtbecken sind jeweils zwei Drittel der Bodenplatte mit Bodenfilterplatten bedeckt, die einen Hohlraum von ca. 20 mm schaffen. Dadurch entsteht für viele Wirbellose (z. B. Schlangensterne) eine Versteckmöglichkeit und eine Art Refugium.

## Technik

**Beleuchtung:**

**Aquarium:**

2 x Halogenmetalldampflampe Osram TS 250W/D, 30 cm Abstand, 8 Std. täglich, 2 x Leuchtstofflampe blau Philips actinic 03, 12 Std. täglich, Dulux 9 Watt Warmton als Dämmerbeleuchtung zwischen Tag und Nacht, Brenndauer morgens und abends 30 Minuten

**Filterbecken:**

Leuchtstofflampe Osram L30/11 (Tageslicht), 12 Std. täglich, Leuchtstofflampe blau Philips actinic 03, 12 Std. täglich

**Nachzuchtbecken:**

Halogenmetalldampflampe Osram TS 250 W/D, 20 cm Abstand, 8 Std. täglich, 2 x Leuchtstofflampe blau Philips actinic 03, 12 Std. täglich,Dulux 9 Watt Warmton als Dämmerbeleuchtung zwischen Tag und Nacht, Brenndauer morgens und abends 30 Minuten

## Wasserzirkulation:

**Aquarium:**

2 x 2.000 l/h Dauerströmung, 2 x 1.000 l/h über eine Intervallsteuerung (links und rechts im Wechsel)

**Filterbecken:**

Tauchpumpe 600 l/h, die täglich zweimal für 2 Std. aussetzt

*Pocillopora-damicornis*-Fortpflanzung im Aquarium – Polypenausbürgerung oder Larvenbildung?
Foto: Armin Bergmann

Steinkorallen-Nachzuchtbecken
Foto: Armin Bergmann

**Nachzuchtbecken:**

4 x 600 l/h in Wechselschaltung, je 2 Pumpen links und rechts. Laufzeit je Pumpenpaar 4 Std., beide Paare um 2 Std. zeitversetzt geschaltet (links, links/rechts, rechts, Pause)

## Filterung/Abschäumung:

**Aquarium:**

Keinerlei mechanische Filterung, ein Gegenstromabschäumer Sander (Durchmesser 100 mm, Schaumrohr auf 25 cm verlängert, Wasserdurchsatz 600 l/h)

**Nachzuchtbecken:**

Keinerlei mechanische Filterung, ein Gegenstromabschäumer Eigenbau

**Calciumzufuhr:**

Kalkreaktor Eigenbau, befüllt mit 10 kg Calciumcarbonat, 6 mm Körnung

**Weitere technische Geräte:**

Umkehrosmoseanlage (Meerwasser wird aus Osmosewasser bereitet, Nachfüllwasser zu 1/4 aus Osmosewasser und 3/4 aus Leitungswasser)

## Wasser:

| | |
|---|---|
| **Salzgehalt:** | 1.022 - 1.023 (25 °C) |
| **Temperatur:** | 25 - 27 °C |
| **pH:** | 8.0 (morgens) - 8.4 (abends) (pH-Meter) |
| **Redoxpotential:** | 330 - 420 mV |
| **Karbonathärte:** | 8 - 9 °dKH (alle 1 bis 2 Wochen) |
| **Calcium:** | 450 mg/l (alle 1 bis 2 Wochen) |
| **Jod:** | 0.06 - 0.08 mg/l (alle 2 bis 4 Wochen) |

| | |
|---|---|
| **Phosphat:** | unter 0.03 mg/l (alle 1 bis 2 Wochen) |
| **Strontium:** | 8 - 12 mg/l (alle 1 bis 2 Wochen) |
| **Magnesium:** | 1280 mg/l (alle 2 bis 4 Wochen) |
| **Bor:** | 4.0 - 4.5 mg/l (alle 2 bis 4 Wochen) |
| **Sauerstoff:** | 9 - 10 mg/l (Tag) bzw. 6 - 7 mg/l (Nacht) |

In der Anlage kam es zum Ausbleichen der Korallen bei gleichzeitig nicht messbarer Nitratkonzentration (Testkit). Nur durch eine Nitratzufuhr konnte diese Ausbleichung bisher rückgängig gemacht werden. Die Ursache für diese offenbar starke Denitrifikation ist möglicherweise ein sehr großer und hochporöser Kalktuffstein, der sich im Aquarium befindet und offenbar die bakterielle Denitrifikation fördert. Darum wurde der Fischbesatz der Anlage vergrößert.

**Anreicherung mit Spurenelementen u. a.:**
Spurenelementlösung, Strontium, Jod und Nitrat

**Teilwasserwechsel:**
25 Liter pro Woche (ca. 13 % des Wasservolumens im Monat)

**Weitere Wartungsarbeiten:**
Die Schaumrohre und Schaumbecher werden alle 2 Tage gereinigt, die Korallenbestände werden regelmäßig ausgelichtet, um zu dichten Wuchs der Kolonien zu verhindern, die Leuchtmittel werden jährlich ausgetauscht und alle Spurenelementgaben sowie ungewöhnliche Beobachtungen werden in einem Tagebuch festgehalten.

**Besitzer:**
Armin Bergmann, Münsingen/Rietheim (Deutschland)

## „Irgendetwas ganz Großes sollte es sein"

Aquarium Alexandra Fischer und Christian Wöllert, Groß Schweinbarth (Österreich)

Der Einstieg in die Meerwasseraquaristik kam für Alexandra Fischer und Christian Wöllert mit einem 325-Liter-Aquarium, in dem zuvor sieben Jahre lang Malawi-Cichliden schwammen. Kurz darauf erkannten sie jedoch, dass dieses Aquarium als Riffbecken recht klein ist und tauschten es gegen ein 480 Liter-Aquarium aus, das auf dem vorhandenen Untergestell gerade eben noch Platz hatte.
Nach nur einem Monat stellten sie dann jedoch fest, dass auch das recht klein war und tauschten es gegen ein 1.000-Liter-Becken aus. Damit waren sie dann immerhin ein halbes Jahr zufrieden, bevor sie wieder zu tüfteln begannen. Irgendetwas ganz Großes sollte es sein. Je größer und unkonventioneller, desto besser. Ausschlaggebend für die eigenwillige Formgebung war schließlich der Raum mit den zahlreichen Fenstern an allen vier Wänden, denn diese sollten frei zugänglich bleiben.
Insgesamt sind die Eigentümer mit ihrem neuen Aquarium sehr zufrieden. Auf den schrägen Sichtscheiben wachsen erheblich weniger Algen als auf normalen Aquarienscheiben, so dass sie viel seltener gereinigt werden müssen. Außerdem erlebt man die Unterwasserwelt durch diese schrägen Scheiben aus einer etwas anderen Perspektive als in einem herkömmlichen Aquarium.

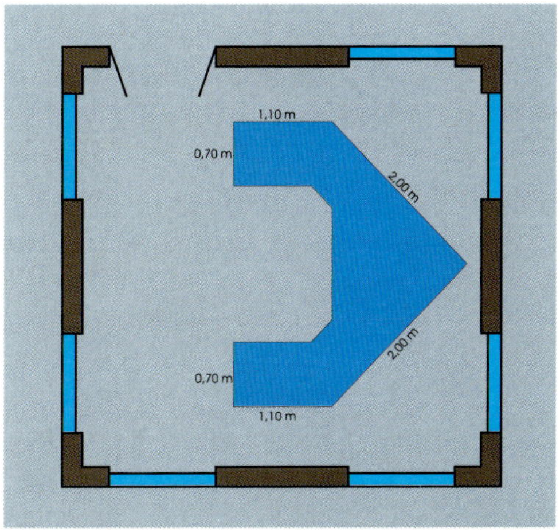


Hufeisenform und schräge Scheiben – das Aquarium von Alexandra Fischer und Christian Wöllert

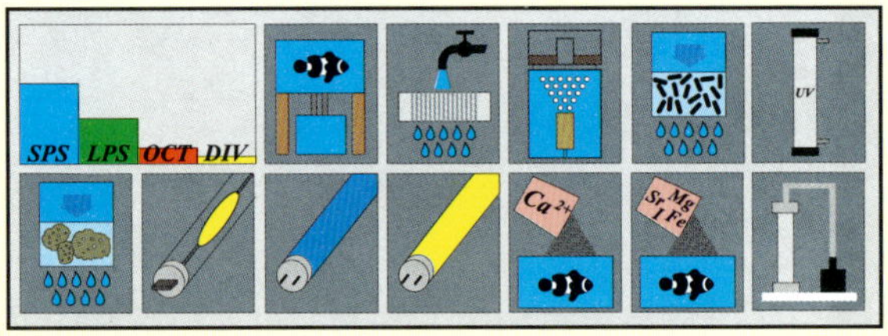


## Riffwand mit Schlucht in einem Saumriff im Indopazifik

### Tierbesatz

**Wirbellose:**

Rund 10% Weichkorallen (*Lobophytum* sp., *Sinularia* sp., *Sarcophyton* sp. u. a.), 90 % Steinkorallen, darunter großpolypige (*Trachyphyllia* sp., *Euphyllia* sp., *Catalaphyllia* sp. u. a.) sowie kleinpolypige (zahlreiche verschiedene *Acropora* spp., *Stylophora* sp., *Montipora* sp. und viele andere), Hornkorallen, Scheibenanemonen und Krustenanemonen, 2 Schlangensterne, 1 Pfaffenhut-Seeigel *Tripneustes gratilla*, 5 Putzergarnelen *Lysmata aboinensis*

Das Untergestell wurde aus Gasbetonsteinen gemauert

Auf dem Untergestell wurde das Aquarium vor Ort verklebt

Das Aquarium kurz nach der Einrichtung
3 Fotos: Alexandra Fischer/Christian Wöllert

**Fische:**

*A. olivaceus*, *A. sohal*, *A. triostegus*, *A. coeruleus*, *Ctenochaetus striatus*, 2 *Paracanthurus hepatus*, 5 *Zebrasoma flavescens*, *Z. veliferum*, *Naso vlamingi*, *Halichoeres biocellatus*, *Pseudanthias squamipinnis*, ein Paar *Valenciennea strigata*, *Synchiropus splendida*, *Chelmon rostratus*, ein Paar *Amphiprion sandaracinos*, *Premnas biaculeatus*, 3 *Chrysiptera cyanea*, *Gobiodon* sp., *Odonus niger*, *Salarias fasciatus*

**Aquarium:**

Glas, Maße siehe Grafik, mit Filterbecken, vor Ort verklebt, 1 Jahr

**Dekoration:**

Ca. 350 kg Lebendgestein, dazu trockenes Kalkgestein ("Lochgestein"), das Lebendgestein wurde mit Nylon-Kabelbindern befestigt

**Bodengrund:**

Korallensand, 3 bis 8 cm Schichthöhe

**Beleuchtung:**

2 x Halogenmetalldampflampe 150 W, 2 x Halogenmetalldampflampe 250 W 10.000 K ("Aquastarlight"), Halogenmetalldampflampe 400 W 20.000 K, 3 x Leuchtstofflampe 36 Watt blau, 2 x Leuchtstofflampe 18 Watt blau, 2 x Leuchtstofflampe 18 Watt "Aquastar" (10.000 K), Mondlicht

**Beleuchtungsdauer:**

Blaulicht: 12 Std.,HQI und Tageslicht-Leuchtstofflampen 9,5 Std.

**Wasserumwälzung:**

Tauchpumpe 3.000 l/h, Rücklauf aus Unterbecken ca. 2.000 l/h, externe Pumpe 10.000 l/h

**Wasseraufbereitung:**

Im hinteren Teil des Aquariums befindet sich ein Überlaufkasten, der mit Lebendgestein gefüllt ist

(Rieselfilter). Zur Wasseraufbereitung werden zwei Filterbecken eingesetzt. Im ersten Filterbecken (ca. 160 l), das unter dem Aquarium steht, befindet sich ein "Aquamedic"-Nitratfilter, der aber mittlerweile zum Kalkreaktor umgebaut worden ist und in Verbindung mit einem zweiten Kalkreaktor ("Ratz") arbeitet. Das zweite Unterbecken steht in größerer Entfernung zum Aquarium im Keller und ist mit einem Kilogramm Aktivkohle, blauen Biobällen und ca. 10 Litern "Zeolith" gefüllt. Daran angeschlossen sind ein Kalkrührwerk, ein Eiweißabschäumer TurboFloater Twin 5000 l und 2 UV- 25 W "De Bary"-UV-Entkeimer.

**Wasser:**

| | |
|---|---|
| **pH:** | 8,1 - 8,3 (Tropflösung) |
| **Karbonathärte:** | 11 °dKH (Tropflösung) |
| **Calcium:** | 420 - 440 mg/l (Tropflösung) |
| **Nitrat:** | 10 - 20 mg/l (Photometer) |
| **Phosphat:** | 0,07 – 0,1 mg/l (Photometer) |
| **Magnesium:** | 1410 mg/l |
| **Strontium:** | 8 – 12 mg/l |

**Teilwasserwechsel:**
Alle 6 bis 8 Wochen 200 Liter

**Spurenelementgaben:**
"IKS"-Dosierpumpe für Jod, Strontium und Spurenelemente, Zufuhr alle 4 Stunden

**Fütterung:**
Täglich etwas Flockenfutter und etwas Diskusfutter (sehr beliebt!), jeden 2. Tag Salat, Spinat oder Löwenzahn, jeden 2. oder 3. Tag Norialgen, jeden 2. bis 3. Tag Gefrierfutter (Krill, Artemia, Daphnien, etc.), alle 2 Wochen Gurke oder Banane, ca. ein- bis zweimal pro Woche lebendes Plankton

**Besitzer:**
Alexandra Fischer und Christian Wöllert, Groß Schweinbarth (Österreich)

## „Eine möglichst große Artenvielfalt"

Aquarium Michael Megerle, Deutschland

Die Aufnahmen von diesem Aquarium wurden 1997 gemacht. Sie geben in etwa den Stand der Riffaquaristik zu dieser Zeit wieder, wobei allerdings nicht alle der gepflegten Arten im Bild zu sehen sind, weil nur Ausschnitte aus dem Aquarium dargestellt sind. Auch handelt es sich hierbei nicht um ein reines Steinkorallenaquarium, einen Aquarientyp, der gerade in dieser Zeit in Deutschland zunehmende beliebter wurde, sondern um ein Riffaquarium mit einem gemischten Besatz. Das war auch das ausdrückliche Ziel des Besitzers Michael Megerle: "Mein Wunsch war es, im technikgestützten Lebensraum Aquarium eine möglichst große Artenvielfalt von Rifftieren zu halten, zu studieren und zu vermehren.

Auch empfindliche Steinkorallen wie *Pachyseris*-Arten gedeihen hervorragend.
Foto: Michael Megerle

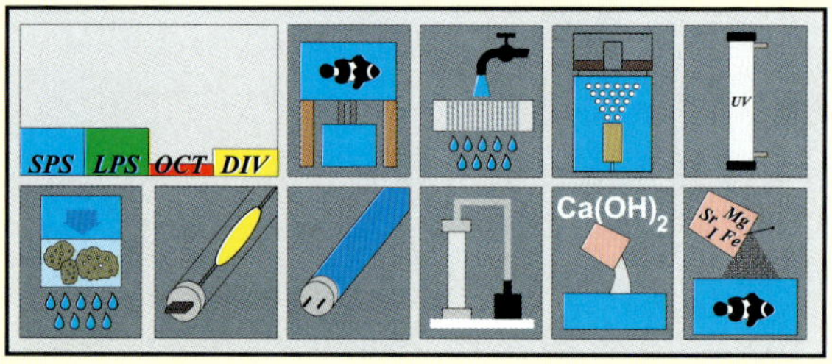


## Artenreiches Riffbiotop mit Mischpopulation

### Tierbesatz

**Wirbellose:**

10 % Weichkorallen, 30 % Steinkorallen LPS, 30 % Steinkorallen SPS, 20 % andere sessile Wirbellose, 60 Stöcke der Gattungen *Acropora, Montipora, Pocillopora, Seriatopora, Pachyseris, Tubipora, Heliofungia, Caulastrea, Lobophyllia, Polyphyllia,* 6 diverse *Xenia*-Arten, verschiedene Gorgonien, Krustenanemonen, Zoanthidae, Scheibenanemonen Discosomatidae, Röhrenkorallen und eine große Symbioseanemone. Darüber hinaus diverse Riesenmuscheln (Tridacnidae), Seesterne, Schlangensterne, einige Garnelen, Seegurken, Symbiosekrabben und -garnelen, ca. 40 algenfressende Schnecken (*Nerita* sp. und *Astrea* sp.) sowie 2 kurzstachelige Seeigel

**Fische:**

2 *Zebrasoma* sp., *Chelmon rostratus, Siganus vulpinus*, 3 *Apogon* sp., 10 *Chromis* sp., *Pseudochromis* sp., *Amblyeleotris guttata, Nemateleotris decora,* 2 *Amphiprion* sp., *Pholidichthys leucotaenia, Pseudocheilinus hexataenia*

Seeanemonen, Weichkorallen und Steinkorallen gedeihen problemlos gemeinsam in einem Riffbecken. Foto: Michael Megerle

### Aquarium:

Glas, 160 x 80 x 65 cm, 830 l, 18 Monate, Filterbecken: Glas, 120 l

**Steindekoration:**

40 kg Lebendgestein (nach 6 Wochen Betriebszeit zusätzlich zum übrigen Gestein eingebracht)

### Technik

**Beleuchtung:**

2 x Halogenmetalldampflampe Aqualine Buschke 250 W, 10.000 K, 30 cm Abstand, 10 Std. täglich,
2 x Leuchtstofflampe blau Philips 03 (actinic)

**Wasserzirkulation:**

2 x 4.000 l/h mit Pulsation, stundenw. Gegenstrom

**Filterung/Abschäumung:**

Filterbecken mit Sedimentkammer zur Aufnahme von Abschäumer, Messelektroden etc., keinerlei mechanische Filterung, ein Abschäumer Tunze 230 (stark modifiziert; 1.500 l/h Wasser, 900 l/h Luft)

**Calciumzufuhr:**

Kalkreaktor mit 4 l Korallensand (Körnung 2 - 5 mm), interner Kreislauf über Eheim 1060, 100 $CO_2$-Blasen/min., Wasserdurchfluss 4 l/h, Ablaufwasser 50° dKH. Zusätzlich wird das verdunstete Wasser mit Kalkwasser ersetzt (automatischer Verdunstungsausgleich, ca. 7 l/Tag)

**Weitere technische Geräte:**

UV-Entkeimung bei Bedarf (z. B. neu eingesetzte Tiere), Kühlanlage mit Titan-Wärmetauscher

### Wasser:

| | |
|---|---|
| **Leitwert:** | 46 ms |
| **Redoxpotential:** | 400 mV |
| **pH:** | 8.2 - 8.4 |
| **Karbonathärte:** | 10 °dKH |
| **Nitrit:** | nicht meßbar |
| **Nitrat:** | nicht meßbar |
| **Phosphat:** | 0.1 mg/l |

**Anreicherung mit Spurenelementen u. a.:**

Jodlösung (Lugol'sche Lösung), manchmal Spurenelemente nach Balling

### Besitzer:

Michael Megerle, Bruchsal (Deutschland)

# Vom Goldfisch zum Riffbecken

Aquarium Alessandro Rovero (Italien)

Alessandro Rovero aus Milano gelangte auf eine recht kuriose Weise zur Meeresaquaristik: Er gewann im Luna-Park einen Goldfisch. Ein Jahr später wechselte er dann zur Meerwasseraquaristik und richtete sich ein Riffaquarium ein. Das ist inzwischen ganze 23 Jahre her, und heute gehört Alessandro zu den erfahrensten Riffaquarianern Italiens. Er ist im Aquarien/Terrarienverein GAEM (Gruppo Acquariofilo Erpetofilo Milanese) sehr aktiv und organisiert alljährlich ein Aquaristik-Symposium. Das kommt nicht von ungefähr, denn er ist fest davon überzeugt, dass nur der Er-fahrungsaustausch dem Hobby Meeresaqua-ristik Fortschritt bringt: "Es ist wichtig, so viel Informationen wie möglich auszutauschen, über das Internet, die Aquarienvereine, die Zeitschriften. Es ist immer schade, wenn Aquarianer aus Unkenntnis Dinge falsch machen oder an Pro-blemen scheitern, die andere vielleicht schon vor Jahren gelöst haben. Das Schlüsselwort heißt "Nachzucht", und ich bin sicher, dass vor allem Aquarienvereine die künstliche Vermehrung der Tiere voran bringen können. Der Grund dafür ist ganz einfach: Innerhalb eines Aquarienvereins gibt es mehr "frei zirkulierendes Wissen" als zwischen Aquarianern, die nicht vereinsmäßig organisiert sind. Aber auch der Austausch zwischen der Aquarianerschaft und den Wissenschaftlern ist wichtig, zum wechselseitigen Vorteil. Die Aquarianer müssen die wissenschaftliche Denkweise in die Aquaristik hineintragen, während die Wissenschaftler von den Hobbyisten mehr über die Aquarienhaltung der Meerestiere lernen sollten."

In seinem Aquarium vermehrt er regelmäßig *Sinularia* sp., *Xenia* sp. und kleinpolypige Steinkorallen der Gattungen *Acropora* oder *Seriatopora*. "Meinen größten 'Reinfall' erlebte ich, nachdem ich die erste *Acropora*-Koralle meines Lebens gesehen hatte. Die habe ich nämlich sofort gekauft und in mein nährstoffreiches Aquarium gesetzt, was natürlich gründlich schief ging. Erst viel später, nach dem Wechsel zu einem "Berlin-System", hatte ich mein größtes aquaristisches Erfolgserlebnis, denn zum ersten Mal sah ich ein Riffaquarium, das sich buchstäblich selbst pflegte. Ich, der Aquarianer, musste nur noch davor sitzen und den Korallen beim Wachsen zuschauen.

Nach seinem Erfolgsrezept befragt sagt Alessandro: "Ich bin eigentlich ein sehr fauler Aquarianer, aber ich widme dem Aquarium jeden Tag mindestens zehn Minuten und setze mich davor, um die Tiere zu beobachten. Dabei kontrolliere ich Temperatur und pH-Wert. Die pH-Messelektrode wird regelmäßig gereinigt, sehr sorgfältig geeicht und einmal jährlich ausgetauscht. Calcium-, Nitrat-, Phosphatwert und Jodgehalt messe ich allerdings nur selten. Hinzu kommt, dass ich mit vielen Testlösungen am Aquaristikmarkt Schwierigkeiten habe, weil sie nicht akkurat arbeiten. Manch ein Strontium-Testkit könnte man für einen schlechten Scherz halten. Darum verlasse ich mich lieber auf meinen Blick für das Wohlbefinden der Tiere, als auf eine Testlösung."

Sollte Alessandro Rovero heute noch einmal von vorne beginnen, dann würde er allerdings vieles anders machen, als bei seinem bisherigen Aquarium. "Ich würde mehr darauf achten, eine natürlich wirkende Dekoration herzustellen, anstatt einfach Steine aufeinander zu häufen. Für die Stabilisierung eines schlankeren und filigraneren Steinaufbaus würde ich ein PVC-Rohr-System verwenden, das durch die Steine hindurchgeht. Auch würde ich viele Dinge anders machen, um das Aquarium einfacher, simpler und natürlicher werden zu lassen. Ganz sicher würde ich versuchen, ein Habitat aus einer ganz bestimmten Riffzone so biotopgerecht wie möglich nachzustellen, anstatt einfach einen Steinhaufen zu kreieren."

„Man muss nur den Korallen beim Wachsen zuschauen"
Foto: Alessandro Rovero

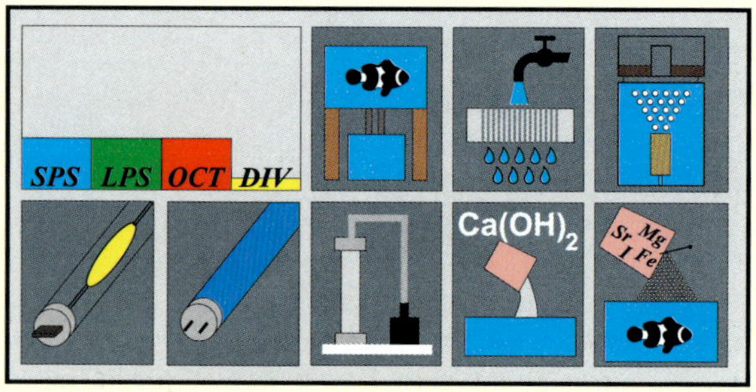


## Innenriffzone im Flachwasserbereich

### Tierbesatz

**Wirbellose:**

30 % Steinkorallen SPS, 30 % Steinkorallen LPS, 40 % Weichkorallen

**Fische:**

*Zebrasoma flavesens*, 3 kleine Zwergkaiserfische, *Pseudocheilinus hexataenia*, *Ecsenius bicolor*

**Aquarium:**

Glas, 180 x 60 x 55 cm, mit Unterbecken

= 600 Ltr.

**Steindekoration:**

Auf einen Basisaufbau mit kalkhaltigem Dolomitgestein (25 %) wurde Lebendgestein (75 %) gelegt. Das gesamte Gestein ist lose aufeinandergeschichtet, und 75 % des Lebendgesteins stammten aus Indonesien, 25 % aus dem Roten Meer.

Täglich mindestens zehn Minuten lang die Tiere beobachten
Foto: Alessandro Rovero

**Bodengrund Aquarium:**

Korallensand, Körnung 2 bis 3 mm, Schichthöhe 4 bis 5 cm

### Technik

**Beleuchtung:**

3 x Halogenmetalldampflampe 150 W, Aqualine Buschke 10.000 K, 40 cm über der Wasseroberfläche, 11 Std. täglich, 2 x Leuchtstofflampe 36 W Actinic 03, 40cm über der Wasseroberfläche, 13 Std. täglich, 1 x 5 W Glühlampe blau als Mondlicht, ohne Mondphasensimulation

**Wasserzirkulation:**

Gesamte Wasserumwälzung 8.000 l/h (Iwaki Md40 und Turbelle 4002 mit Intervallschaltung)

**Filterung/Abschäumung:**

Das Wasser wird von der Oberfläche abgesaugt und gelangt in einen Vorfilter mit einem großflächigen Filterschwamm, der einmal wöchentlich gereinigt wird. Dann gelangt das Wasser in einen Abschäumer, der im sich Unterbecken befindet. Die bakterielle Wasseraufbereitung findet im Lebendgestein und im Bodengrund statt.

**Calciumzufuhr:**

Ursprünglich wurde ein Kalkreaktor Knop Modell "C" verwendet, doch wegen des starken Wachstumes von Kalkbildnern wurde auf das Modell "HD" umgerüstet, gefüllt mit Knop-Korallith. Zusätzlich wird Kalkwasser verwendet, das mit einer Dosierpumpe IKS-Vario MP 180 (Steuerung mit einem Schwimmerschalter) zugeführt wird. Das gesamte verdunstete Wasser wird mit Kalkwasser ersetzt.

**Weitere technische Geräte:**

Umkehrosmoseanlage zur Reinigung des Leitungswassers, Dupla pH-Controller mit Messelektrode im Unterbecken. Der Controller steuert ein Magnetventil, das die $CO_2$-Zufuhr zum Kalkreaktor unterhalb von pH 7,9 abriegeln würde (was aber bisher noch nicht vorgekommen ist).

**Wasser:**

| | |
|---|---|
| **Temperatur:** | 26 °C |
| **Salzgehalt:** | 1.024 |
| **pH:** | 8.1 - 8,3 (Testkit Salifert) |
| **Karbonathärte:** | 9 - 10 °dKH (Testkit Salifert) |
| **Calcium:** | 430 mg/l (Testkit Salifert) |
| **Nitrat:** | 0.2 mg/l (Testkit Salifert) |
| **Phosphat:** | 0.01 mg/l |
| **Jod:** | 0,06 mg/l |
| **Strontium:** | 8 – 12 mg/l |

**Anreicherung mit Spurenelementen u. a.:**
Wöchentlich werden 1,5 ml einer 5 prozentigen Kaliumjodidlösung dosiert. Früher wurde zusätzlich CombiSan eingesetzt.

**Teilwasserwechsel:**
5 % alle zwei Monate

**Weitere Wartungsarbeiten:**
Schaumtopf des Abschäumers und der Filterschaumstoff werden alle 3 - 5 Tage gereinigt.

**Besitzer:**
Alessandro Rovero, Milano (Italien)

Steinkorallen und Weichkorallen in Milano, Italien
Foto: Alessandro Rovero

## Das Schlammfilteraquarium - Eine neue Riffaquaristik-Methode

Aquarium Dr. Francesca Geertsma, Kalifornien (USA)

Dr. Francesca Geertsma, Tochter eines Holländers und einer Japanerin, lebt in Kalifornien und ist seit dem siebten Lebensjahr begeisterte Aquarianerin. Sie verschlingt alles Gedruckte, was sich mit diesem Hobby befasst, und wenn man einmal von ihrer Arbeit als Kinderärztin absieht, ist das Hobby Riffaquaristik eine der größten Leidenschaften in ihrem Alltag. "Ein Leben ohne Aquarium kann ich mir nicht vorstellen", sagte sie einmal (pikanterweise bei einem Teller "Sushi" und "Sashimi", das aus rohem Fisch besteht).
Doch trotz der Hingabe war ihr Erfolg mit dem "Berlin-System" mehr als bescheiden. Ihren ersten riffaquaristischen Gehversuche mit Abschäumer, Lebendgestein, Denitrifikationsfilter und Kalkwasserzufuhr während des Medizinstudiums war wenig Glück beschieden. "Ich will das nicht der Methode selbst anlasten, mit der viele andere so erfolgreich sind", sagt sie heute. "Vielleicht hat mich der Studienstress davon abgehalten, dem Aquarium in der ersten Phase die nötige Aufmerksamkeit zu widmen. Oder vielleicht habe ich bei dem chronischen Geldmangel während des Studiums damals bei Aquarientechnik und Tieren zu sehr nach Sonderangeboten mit minderer Qualität gegriffen, ich weiß es nicht. Aber ich weiß, dass die Fragmente der wunderschönen Steinkorallen, die gutmeinende Aquarienfreunde mir damals gegeben hatten, in meinem Riffbecken unweigerlich abstarben und bald nichts als schneeweißes Korallengeröll auf dem Bodengrund lag."
Trotz dieses mangelnden Glücks mit dem "Heiligen Gral der Riffaquaristik", den kleinpolypigen Steinkorallen (SPS), verlor Francesca aber nicht das Interesse an der Riffaquaristik, denn sie hatte mit großpolypigen Steinkorallen und Korallenfischen zumindest soviel Erfolg, dass die Freude am Riffaquarium blieb. Sie tat das einzig Richtige: Sie las alle Bücher und Zeitschriften über die Meeresaquaristik, die sie bekommen konnte, und wurde aktives Mitglied in einem Aquarienverein. Durch diese neuen Kontakte lernte sie viele fortgeschrittene Riffaquarianer kennen.

In einer der vielen Fachzeitschriften fand sie einen Artikel von Mike Paletta, der eine neues Riffaquaristik-Verfahren beschrieb. Es basierte auf der Verwendung von "Miracle Mud", einer Art "magischem Schlamm" in einer Kammer. "Durch meinen Misserfolg mit dem Berlin-System war ich auf Alternativen sehr neugierig geworden, und dieses System, in dem man ohne Abschäumer selbst die empfindlichsten Steinkorallen halten konnte, faszinierte mich."

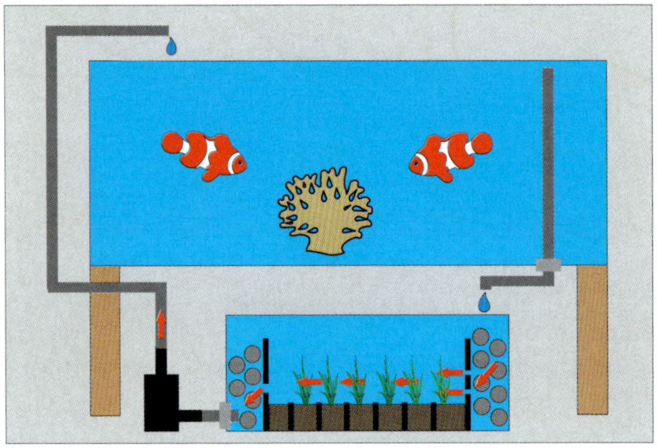

Die Installation eines Schlammfilters nach Leng Sy

Über Mike Paletta lernte Francesca Geertsma den Erfinder des Schlammfiltersystems Leng Sy kennen und besuchte ihn in Südkalifornien. "Schon beim ersten Betreten der Räume war ich von den prächtig wachsenden, gesund wirkenden Korallen in seinen Aquarien begeistert", erinnert sie sich noch drei Jahre später. "Noch beeindruckender wurde die Sache, als ich die zahlreichen Fische in den Aquarien bemerkte. Die Wasserbelastung war erheblich größer als in all den anderen erfolgreichen Riffaquarien, die ich bis dahin gesehen hatte. Auf der Stelle beschloss ich, selbst auch ein solches Aquarium einzurichten, kaufte ein Büchlein mit einer Anleitung für das Einrichten eines "Ecosystem"-Schlammfilteraquariums und einen Plastikbeutel, der mit etwas gefüllt war, das an Gartenerde erinnerte."
Sofort nach der Rückkehr begann sie daheim, das Aquarium aufzubauen. Das "Herz" des Schlammfilteraquariums ist eine Kammer, die mit dem "Miracle Mud" gefüllt wird und als Hauptfilter dient. Dazu verwendete sie ein 160-Liter-Aquarium aus Acrylglas, ein Überbleibsel aus ihren Kindheitstagen, das nach dem Sterben der Fische irgendwo in die Ecke gestellt worden war. Einige *Caulerpa*-Stückchen wurden mit einem Stein beschwert und auf den Schlamm gelegt. Beleuchtet wurde das Becken mit einer Leuchtstofflampe, die rund um die Uhr eingeschaltet blieb. Als nächstes brachte sie einige Brocken Lebendgestein aus einem eingefahrenen Riffbecken in das Aquarium. Sie wurden einfach auf den Glasboden gelegt, ganz ohne Bodengrund. Dann hieß es warten.
Sehr bald tat sich etwas: Auf dem Schlamm und den *Caulerpa*-Algen wuchsen dunkle Schmieralgen. "Das war natürlich frustrierend und ich fragte mich spontan, ob das mit dem Schlammfilteraquarium wirklich eine sinnvolle Entscheidung gewesen war. Mehrere Telefongespräche mit Mike Paletta halfen mir dabei, Geduld zu bewahren und optimistisch zu bleiben. Nach einigen Wochen schließlich bemerkte ich, dass die Schmieralgen weniger wurden. Daraufhin breiteten sich die *Caulerpa*-Algen rasch im ganzen Schlammfilterbecken aus. Zu dieser Zeit begann ich, Korallen in das Aquarium zu setzen."
Rund 10 Wochen nach dem Einrichten des Systems erlebte Francesca Geertsma dann plötzlich eine explosionsartige Vermehrung unterschiedlichster Lebensformen. Amphipoden und Copepoden sah man in großer Menge, ebenso weißlich-transparente Plattwürmer. Auch viele andere Organismen vermehrten sich und verschwanden später wieder. Später kamen winzige Schwebegarnelen, orange Plattwürmer, kleine Gehäuseschnecken und Borstenwürmer hinzu, sowie winzige seeanemonenähnlich wirkende Polypen, die bisher nicht identifiziert konnten. Doch interessanterweise tauchten diese kleinen Würmer und Polypen nur im Schlammfilter auf und niemals im Aquarium.
"Alle Fische und Korallen, die ich in das Aquarium setzte, entwickelten sich hervorragend", berichtet sie heute. "Schon bald nach dem Einrichten des Aquariums konnte ich auch empfindliche SPS-Steinkorallen erfolgreich pflegen. Als nächstes installierte ich einen Kalkreaktor und war ohne Schwierigkeiten dazu in der Lage, Karbonathärte und Calciumwert anzuheben. Jetzt wartete ich auf den Ausbruch von Algen, den mir Kritiker prophezeit hatten, vor allem wegen des fehlenden Abschäumers. Ich wartete und wartete, aber er kam nicht. Stattdessen beobachtete ich neun Monate nach dem Ein-

richten des Aquariums eine starke Zunahme von Wachstum und Farbbildung der kleinpolypigen Steinkorallen, und auch die Polypen öffneten sich stärker. Dies ging erkennbar parallel mit einer Zunahme der Organismenvielfalt und -dichte im Schlammfilter. Es fing an mir Spaß zu machen, kleine bräunliche Fragmente von SPS-Korallen zu kaufen, um sie in mein Aquarium zu setzen und zuzusehen, wie sie zu einem prächtig pigmentierten kleinen "Juwel" wurden."

Inzwischen ist das Schlammfilter-Aquarium zwei Jahre alt. "Im vergangenen Jahr habe ich ein kräftiges Steinkorallenwachstum gehabt", versichert Francesca, "und die Korallen waren die gesündesten, die ich je besessen habe. Gleichzeitig konnte ich das Reifen des Schlammfilters beobachten." Der Fischbesatz des Aquariums ist recht dicht; 15 mittelgroße Fische und zusätzlich der große *Naso vlamingii*, dessen Biomasse mehr als das Doppelte all der übrigen Fische beträgt. Die Pflege des Aquariums besteht darin, den Detritus alle zwei Wochen mit einer Tauchpumpe zu einer Seite des Aquariums zu blasen, wo er dann mit rund 60 Litern Aquarienwasser abgesaugt werden kann, die dann mit frischem Meerwasser ersetzt werden. Spurenelemente wurden nie zugeführt, und die einzigen Werte, die regelmäßig gemessen, sind pH-Wert, Karbonathärte und Calciumgehalt.

"Mit diesem System von Leng Sy bin ich sehr zufrieden" sagt die strohblonde Kalifornierin. "Ich pflege zahlreiche SPS-Korallen, darunter auch so problematische Arten wie *Acropora gemmifera* oder *A. nobilis*, die sich aber hervorragend entwickeln. Die Färbung und die Öffnung der Polypen sind im Vergleich mit anderen Aquarien überdurchschnittlich. Einen großen Teil dieses Pflegeerfolges führe ich auf lebendes Plankton zurück, das in dem Schlammfilter entsteht, denn dieser wirkt für zahlreiche Organismen als Refugium. Wenn ich nachts mit einer Taschenlampe in das dunkle Aquarium leuchte, dann sehe ich eine große Menge winziger Organismen und feiner Schwebestoffe, ganz so, wie man es bei einem Nachttauchgang im Riff erlebt. Amphipoden und Copepoden huschen über alle Gesteinsoberflächen und versuchen, einiges von den Schwebestoffen aus dem freien Wasser zu fangen. Die Dichte dieser Kleinkrebse ist erheblich größer als in Aquarien, die mit Abschäumer nach dem "Berlin-System" betrieben werden. Insgesamt halte ich das "Ecosystem"-Schlammfilteraquarium für eine gute Alternative zum "Berlin-System". Der Unterschied besteht vor allem darin, dass das Schlammfiltersystem einer artenreicheren und dichteren Mikrofauna und -flora Raum lässt. Diese dichte Population mit Mikroorganismen schafft möglicherweise Bedingungen, die jenen im Riff näher kommen als andere Techniken, die mit größeren Eingriffen verbunden sind. Für mich persönlich war das Ergebnis erfolgreicher als die früheren Versuche mit dem "Berlin-System"."

Alle Fische und Korallen entwickelten sich hervorragend. Foto: Dr. Francesca Geertsma

Farblose Steinkorallen entwickelten prächtige Pigmentation. Foto: Dr. Francesca Geertsma

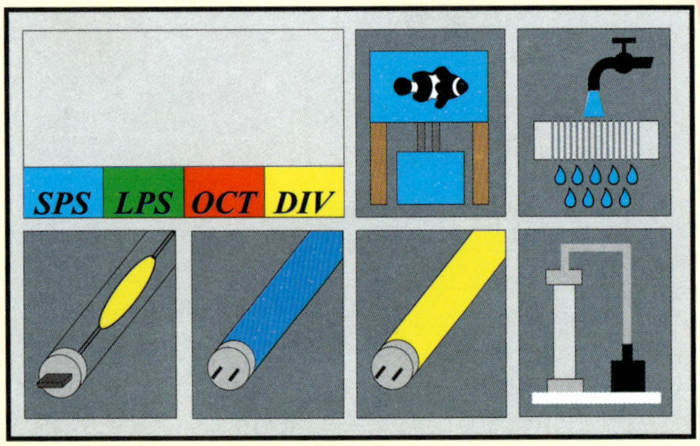


## Riffaquarium mit Schlammfilter

### Tierbesatz

**Wirbellose:**
25 % Weichkorallen, 25 % Steinkorallen LPS, 25% Steinkorallen SPS, 25 % andere sessile Wirbellose

**Fische:**
5 x *Lo vulpinus*, 3 x *Paracanthurus hepatus, Chromis viridis, Pseudanthias pleurotaenia, Cirrhilabrus cyanopleura, Oxycirrhites typus*, 2 x *Amphiprion frenatus, Zebrasoma xanthurum*

**Aquarium:**
Glas, 240 x 50 x 60 cm, 720 l, 2 Jahre

**Steindekoration:**
Gesamte Dekoration aus Lebendgestein (zu gleichen Teilen Fidschi-Inseln und Tonga). Die Steine sind nicht aneinander befestigt, sondern nur lose aufgeschichtet.

**Bodengrund Aquarium:**
Kein Bodengrund im Aquarium oder Filterbecken

### Technik

**Beleuchtung:**
2 x Halogenmetalldampflampe 175 Watt 10.000 K "Red Sea", Power Compact in Aquarienmitte, Leuchtstofflampe 96 Watt Tageslicht, Leuchtstofflampe 96 Watt blau

**Wasserzirkulation:**
Der Wasserrückfluss vom Filterbecken (ca. 3500 l/h) erfolgt am Aquarium stirnseitig, gegenüber befindet sich eine 500 l/h-Tauchpumpe, die mit einem OsciWave-Intervallgerät gekoppelt ist. Zusätzlich zwei Tauchpumpen (je ca. 3000 l/h), die das Wasser durch ein gelochtes Rohr befördern, das im Bodenbereich liegt und eine gleichmäßige Strömung erzeugen.

**Filterung/Abschäumung:**
Keinerlei mechanische Filterung oder Abschäumung. Die einzige Wasseraufbereitung ist ein Schlammfilter ("Ecosystem-Aquarium" nach Leng Sy), der mit "Miracle Mud" gefüllt ist. In diesem Filter wachsen Algen der Gattung *Caulerpa*.

**Calciumzufuhr:**
Kalkreaktor Marine Technical Concepts, gefüllt mit "Carib Sea Aragonite"-Granulat

**Weitere technische Geräte:**
Umkehrosmose und Vollentsalzung in Kombination, pH-Meter

**Wasser:**

| | |
|---|---|
| **Salzgehalt:** | 1,022 – 1,024 |
| **pH:** | 8.1 - 8.25 (pH-Meter) |
| **Karbonathärte:** | 13 - 15 °dKH (Tropic Marine "KH Alcalinity Test", einmal wöchentlich) |
| **Calcium:** | 400 - 425 mg/l (SeaChem "Reef Status Calcium", einmal wöchentlich) |

**Teilwasserwechsel:**
Alle zwei Wochen wird in einer Aquarienhälfte Detritus abgesaugt. Das dabei entfernte Wasser (in der Regel ca. 5 % des Aquarieninhaltes) wird mit frisch angemischtem Seewasser ersetzt.

**Fütterung:**
Täglich Flockenfutter, Nori-Algen, tiefgefrorene Artemien und ein selbstgemachtes Frostfutter, das aus Fisch und Sepien besteht und mit Vitaminen angereichert ist

**Besitzer:**
Dr. Francesca Geertsma, Oakhurst, Kalifornien (USA)

# „Besorgen Sie sich mehr künstlich nachgezogene Korallen"

Aquarium Steve Tyree, Kalifornien (USA)

Beim Betrachten des Aquariums von Steve Tyree ist unschwer zu erkennen, dass hier ein Meister seines Fachs am Werk war. Steve Tyree lässt die Natur gewähren und schabt sich an der Frontscheibe nur verschämt ein "Guckloch" von Kalkalgen frei. Nach den Wartungsarbeiten seines Aquariums befragt antwortet er nur knapp mit einem Achselzucken: "Just need to clean glass...". Die Frage etwa, ob die Aquarienverkleidung farblich zur Wohnungseinrichtung passt, ist für Steve eine reine Nebensache. Jeder, der Steve und seine heiter-entspannte Art kennt, weiß das. Doch trotzdem fällt es einem Steinkorallenfreund schwer, beim Anblick des Aquariums nicht gefesselt zu sein, und selbst für einen Laien, der von Steinkorallen nicht viel versteht, sind die prächtigen Farben der Korallen faszinierend.

Steve Tyree beschäftigt sich seit 1977 mit der Meeresaquaristik, doch die ersten 12 Jahre lang befasste er sich ausschließlich mit der Haltung von Korallenfischen. 1989 schließlich stellte er sein Aquarium um und begann, intensiv Erfahrungen mit der Haltung von Korallen zu sammeln. Schnell hatte Steve seine Vorliebe für kleinpolypige Steinkorallen entdeckt. Seither hat er viele Korallenarten im Aquarium zur Keimzellabgabe gebracht und auch mehrere Tausend Korallenfragmente hergestellt, um sie mit seiner Firma Dynamic Ecomorphology in den gesamten USA zu vertreiben.

Steve Tyree gehört zu den Pionieren der SPS-Steinkorallenhaltung in der Riffaquaristik, zu jenen, die in der Steinkorallenhaltung neue Maßstäbe gesetzt haben. Allein schon die Fotos von Steve Tyree's Aquarium, die in Band 4 der Buchreihe "Korallenriff-Aquarium" von Svein Fosså und Alf Nilsen veröffentlicht wurden, haben ausgereicht, um seinen Namen in Deutschland zu einem Begriff zu machen.

Die Basis für Tyrees Erfolg waren allerdings nicht nur Intuition und aquaristische Erfahrung, sondern außerordentlich umfassendes Studium meeresbiologischer Literatur, so dass seine aquaristischen Aktivitäten eine solide wissenschaftliche Grundlage haben. Aber auch heute noch schlägt sein Herz höher, wenn er im Aquarium Steinkorallen bei der Abgabe von Keimzellen beobachtet. Doch Steve Tyrees riffaquaristische Laufbahn ist beileibe nicht immer nur glücklich verlaufen. Nur mit Grauen erinnert er sich beispielsweise an die zwei Umzüge, die er mit seinem Aquarium hinter sich gebracht hat.

1998 begann Steve Tyree schließlich, seine Erfahrungen und umfassenden Literaturkenntnisse in Büchern weiterzugeben und verfasst den ersten Band der Buchreihe "Reef Building Stony Corals" sowie weitere Bücher, die gewissermaßen eine Brücke zwischen der Meeresbiologie und der Meeresaquaristik schlagen sollen. Die Zukunft der Riffaquaristik liegt Steve Tyrees Ansicht nach in der künstlichen Nachzucht. "Besorgen Sie sich mehr künstlich nachgezogene Korallen", rät er dem Aquarianer "und achten Sie vor allem auf Krankheitserreger, sowohl Protozoen- als auch bakterielle Infektionen."

Kleinpolypige Steinkorallen mit verschiedensten Wuchsformen und Farben
Foto: Steve Tyree

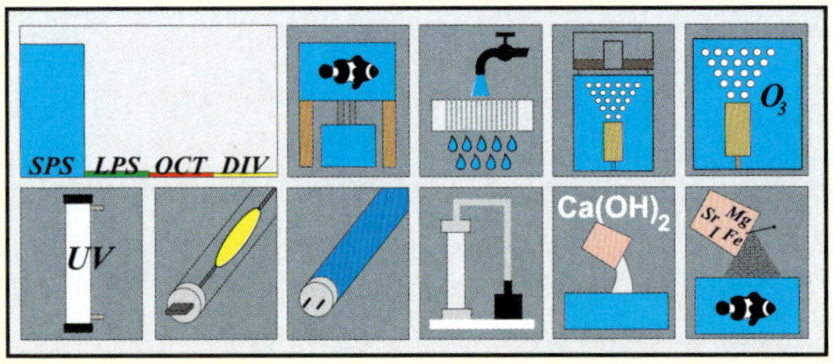


## Riffhang

### Tierbesatz

**Wirbellose:**
3 % Weichkorallen, 6 % Steinkorallen LPS, 90 % Steinkorallen SPS, 1 % andere Wirbellose

**Fische:**
6 Algenfresser (Acanthuridae), ein algenfressender Blennide

**Aquarium:**
Glas, 183 x 61 x 61 cm, 680 l plus Filterbecken, 1 Jahr

**Steindekoration:**
Die Dekoration besteht aus 100 % Lebendgestein (Fidschi-Inseln), das lose aufeinandergeschichtet ist.

**Bodengrund Aquarium:**
Kein Bodengrund

Aquarienpflege? „Just need to clean glass“
Foto: Steve Tyree

**Bodengrund Filterbecken:**
Lebender Sand aus der Karibik

### Technik

**Beleuchtung:**
2 x Halogenmetalldampflampe Radium 400 W, 20.000 K, 7 Std. täglich, 3 x Halogenmetalldampflampe 175 W, 10.000 K, 11 Std. täglich, 2 x Leuchtstofflampe blau (actinic 03), 160 W, 12 Std. täglich

**Wasserzirkulation:**
2 x Tunze 2002, 2 Tauchpumpen, 1 x Gemini (Ausströmöffnung rotierend)

**Filterung/Abschäumung:**
Keinerlei mechanische Filterung, ein Abschäumer mit Venturidüse, Gegenstromprinzip, Lebendgestein und Bodengrund im Filterbecken

### Calciumzufuhr:

Kalkreaktor MKR 1, gefüllt mit CaribSea Aragonite Sand. Gelegentlich wird auch Kalkwasser (Calciumhydroxid) eingesetzt

**Weitere technische Geräte:**
Leitungswasser wird mit Umkehrosmose und anschließend mit Ionentauscher gereinigt, UV-Sterilisation, 30 Watt, Ozon, ca. 20 mg/h

### Wasser

| | |
|---|---|
| **pH:** | 8.18 - 8.42 (pH-Meter) |
| **Karbonathärte:** | 10 °dKH (zweimal wöchentlich) |
| **Calcium:** | 40 mg/l (einmal wöchentlich) |

**Anreicherung mit Spurenelementen u. a.:**
Spurenelementlösung Marinvit

**Teilwasserwechsel:**
10 % pro Woche

**Weitere Wartungsarbeiten:**
Frontscheibe von Kalkalgen befreien (soweit die Steindekoration das zulässt). Weitere Wartungsarbeiten sind nicht nötig.

### Besitzer:

Steve Tyree, Murrieta (CA, USA)

# „Mein Traum? Ein 5 Meter langes Natur-Riffaquarium"

Aquarium Dr. Shigenari Maeda, Japan

Das Riffaquarium von Dr. Shigenari Maeda in Osaka lässt die Herzen vieler Riffaquarianer höher schlagen. Zugegeben, einer der Gründe für die vielfältige und prächtige Steinkorallenpopulation in diesem Aquarium ist sicher die relativ leichte Verfügbarkeit dieser Korallen in Japan, denn sie alle stammen aus "einheimischen" Riffen. Doch das soll nicht etwa bedeuten, dass diese Korallen in Japan nicht teuer wären, denn hier ist eigentlich gar nichts "billig". Doch immerhin sind die Korallen hier mit einer außerordentlich kurzen Transportzeit in die Verkaufsbecken der Aquarienhändler zu bringen, ganz anders als zum Beispiel in Europa.
Die meisten der Steinkorallen kommen aus Korallenriffen vor Okinawa, der zauberhaften Insel, die rund 2.000 km südlich von Japan liegt. Einige Steinkorallen, die in Städten wie Osaka oder Tokyo erhältlich sind, stammen allerdings auch aus weiter nördlich liegenden Meeresbereichen, etwa östlich auf der Höhe vor Osaka, wo das Wasser deutlich kühler ist als in Okinawa. Hier findet man besonders häufig die stark grün fluoreszierenden *Acropora*-Arten *A. tumida* und *A. florida* sowie eine interessante grüne Farbvariante der sonst rötlichen *A. millepora*. Diese kräftig grün gefärbten Steinkorallen sind in den meisten japanischen Riffaquarien zu finden und setzen dort einen typischen Farbkontrast, der in europäischen Riffaquarien eher selten zu sehen ist. Auch die Wachstumsformen der Steinkorallen in japanischen Riffaquarien sind vielfältiger, als jene in manchen anderen Ländern. Vor allem die tabulat wachsenden *Acropora*-Arten, die in den USA wie in Europa außerordentlich begehrt sind, sieht man hier in Japan sehr häufig.
Dr. Shigenari Maeda ist ein außerordentlich engagierter und kenntnisreicher Riffaquarianer, der keine Mühen und Kosten gescheut hat, um sein Aquarium aufzubauen und einzurichten. Es steht in seiner Arztpraxis in Osaka, zwischen dem Wartezimmer und der Rezeption, und dort ist es ganz zweifellos ein Blickfang für die gesamte Praxis. Seit seiner Kindheit ist er zu Lande und zu Wasser von der Natur fasziniert, und seit zehn Jahren widmet er sich intensiv der Riffaquaristik. Befragt nach dem Riffaquarium seiner Träume muss Shigenari nicht lange überlegen: "Ein 5 Meter langes Natur-Riffaquarium". Hoffentlich wird er sich diesen Traum eines Tages erfüllen, denn ein Blick auf sein gegenwärtiges Aquarium lässt der Phantasie einigen Spielraum.

Japanische Steinkorallen im Aquarium von Dr. Shigenari Maeda
Foto: Julian Sprung

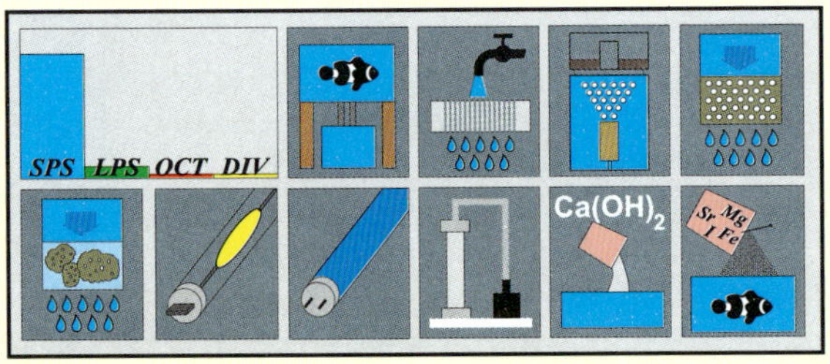


**Riffdach/Riffkante**

## Tierbesatz

**Wirbellose:**
3 % Weichkorallen, 85 % Steinkorallen SPS, 10 % Steinkorallen LPS, andere sessile Wirbellose 2 %

**Fische:**
8 *Pseudanthias pulcherrimus*, 5 *Valenciennea sexguttata*, 2 *Centropyge bicolor*, 2 *Sphaeramia nematoptera*

**Aquarium:**
Glas, 180 cm x 78 cm x 80 cm, 1.123 l plus Filterbecken, 1 Jahr

**Steindekoration:**
Lebendgestein aus Japan (50 % aus Wakayama, 50 % aus Okinawa). Das Gestein ist lose aufeinandergeschichtet und nicht miteinander verbunden.

**Bodengrund Aquarium:**
Korallensand fein, Schichthöhe 4 bis 5 cm

## Technik

**Beleuchtung:**
2 x Halogenmetalldampflampe 400 W, 10.000 K, Abstand zur Wasseroberfläche 40 cm, Leuchtstofflampe blau, 40 W, 2 x Leuchtstofflampe blau, 20 Watt

**Wasserzirkulation:**
Kräftige Tauchpumpen mit Intervallschaltung, hinzu kommt der Rücklauf des starken Wasseraustauschs mit dem Filterbecken im Kellergeschoss

**Filterung/Abschäumung:**
Mechanische Schnellfilterung, Fallstromabschäumer ETS

**Calciumzufuhr:**
Kalkreaktor Knop, Typ HD, gefüllt mit Knop-Korallith, zusätzlich wird regelmäßig C-Balance und Kalkwasser eingesetzt

**Weitere technische Geräte:**
Umkehrosmose und Ionentauscher in Kombination

**Anreicherung mit Spurenelementen u. a.:**
Jod, Magnesium

**Teilwasserwechsel:**
1/3 alle zwei Monate

**Besitzer:**
Dr. Shigenari Maeda, Osaka (Japan)

Das Aquarium trennt das Wartezimmer von der Rezeption der Arztpraxis

Wasseraufbereitung im Keller

## „Großen Respekt vor Lebewesen vermitteln"

Aquarium Alf Jacob Nilsen, Norwegen

Die aquaristische Laufbahn von Alf Jacob Nilsen begann in den späten 70er Jahren, als er noch in dem norwegischen Städtchen Stavanger lebte und seine ersten Meerwasseraquarien pflegte. Erstmals kamen damals tropische Wirbellose nach Norwegen, zum Beispiel schöne Korallen, Krustenanemonen, Seeanemonen oder Röhrenwürmer und natürlich Korallenfische in prächtigen Farben. Aber seine ersten Meerwasseraquarien waren nicht sehr erfolgreich, denn alles wurde schnell von Algen überwachsen.

Als Alf Nilsen schließlich begann, in Bergen zu studieren, musste er die Aquarien aufgeben. Während seiner drei Jahre in Bergen sammelte und studierte er viel meeresaquaristische Literatur. Bei einer Reise auf die Malediven erlebte er dann schließlich auch zum ersten Mal selbst ein echtes Korallenriff. All das half ihm, ein besseres Verständnis dafür zu bekommen, wie ein Riffaquarium funktioniert. Doch der eigentliche Durchbruch stand zu diesem Zeitpunkt noch bevor: "Im Jahre 1985 reisten wir nach Deutschland und besuchten Riffaquarianer in mehreren Städten, darunter natürlich auch Berlin. Hier begann ich zu begreifen, welches ungeheure Potenzial in einem Riffaquarium steckt. Außerdem verstand ich, dass nicht der damals in Norwegen sehr populäre "Wet/Dry-Filter" der richtige Weg zum erfolgreichen Riffaquarium war, sondern ein Abschäumer."

In dem Aquarium, das Alf Nilsen 1983/84 einrichtete hatte, war zu diesem Zeitpunkt fast der gesamte Steinaufbau von Algen überwachsen. Von der Deutschland-Reise nach Norwegen zurückgekehrt tauschte Alf unverzüglich den "Wet/Dry-Filter" gegen einen Abschäumer und ersetzte die Leuchtstofflampen durch eine Halogenmetalldampflampe. Innerhalb eines halben Jahres entwickelte sich aus der "Algensuppe" (O-Ton Alf Nilsen) ein richtiges Riffaquarium. "Endlich war ich auf dem richtigen Weg" sagt er heute.

Daraufhin beschloss Alf Nilsen, die Aquarientechnik genauer unter die Lupe zu nehmen und baute zu diesem Zweck ein neues, größeres Aquarium aus Polyesterharz mit 800 Litern Inhalt. Gemeinsam mit seinem Freund Svein Arne Fosså, mit dem er schon seit Mitte der 70er Jahre kooperierte, wollte er in diesem Experimentieraquarium technische Geräte testen. Auch entwickelte er einen eigenen Abschäumer und eine Kalkwassermisch- und -dosieranlage. "In den ersten drei Jahren widmeten wir uns hauptsächlich Weichkorallen und in dieser Zeit gab es kaum Probleme" erinnert sich Alf Nilsen heute. "Im Jahre 1990 entschloss ich mich aber, zahlreiche der Weichkorallen aus dem Aquarium herauszunehmen und durch Steinkorallen zu ersetzen. Vor allem die Acroporidae interessierten mich, die Steinkorallenfamilie, die im norwegischen Aquarienhandel damals fast nie zu bekommen war und von der jeder behauptete, sie sei im Aquarium praktisch nicht zu halten. Ich konnte das nicht so recht glauben, weil ich wusste, dass gerade diese Gattungen in der Natur zu den widerstandsfähigsten Korallen gehören und ihre Vertreter so schnellwüchsig sind, dass sie im Wettlauf um das Siedlungssubstrat im Korallenriff viele Konkurrenten aus dem Feld schlagen."

Die ersten *Acropora*-Fragmente bekam Alf Nilsen von D. Stüber aus Berlin. Sie wuchsen zwar, aber in den ersten zwei Jahren kam es zu starken Ausbleichungen. Es dauerte eine ganze Weile, bis sich herausgestellt hatte, dass diese Ausbleichungen nicht die gleiche Ursache hatten, wie ähnliche Erscheinungen im Korallenriff. Im natürlichen Lebensraum bleichen die Korallen vor allem wegen hoher Wassertemperaturen und zu starker UV-Strahlung aus. Im Aquarium war dagegen eine zu starke Aktivkohlefilterung verantwortlich, die zu viele der lebenswichtigen Elemente aus dem Wasser entfernte. Diese Erkenntnis war ein weiterer, wichtiger Schritt.

1991 reiste Alf Nilsen schließlich nach Australien in das Great Barrier Reef und das Korallenmeer. Er arrangierte auch eine Korallen-Sammelreise auf die Fidschi-Inseln. Kurz zuvor hatte er den Riffaquaristik-Experten Julian Sprung kennen gelernt. Das mit Svein Fosså gemeinsam begonnene Buchprojekt "Korallenriff-Aquarium", das später zu einer der tragenden Säulen riffaquaristischer Fachliteratur werden sollte, hatte ihn bereits mit zahlreichen Meeresbiologen und anderen Wissenschaftlern in aller Welt in Kontakt gebracht. "Die Sammelreise bei den Fidschi-Inseln war ein großer Erfolg und ich konnte

Die Entwicklung des Steinkorallenaquariums von Alf Nilsen im Laufe eines Jahres, Mitte und linke Hälfte April 1993

Mitte und rechte Hälfte Januar 1994

Mitte und rechte Hälfte Mai 1994
Fotos: Alf Jacob Nilsen

eine ganze Reihe interessanter Korallenfragmente mit nach Hause bringen", erinnert Alf Nilsen sich heute. "Allerdings hatte mein Aquarium während meiner sechswöchigen Abwesenheit stark unter der Verarmung wichtiger Elemente gelitten, so dass die Korallenfragmente zunächst für ein halbes Jahr im Aquarium eines Freundes untergebracht werden mussten."

Als er dann aber schließlich begann, die Aktivkohlefilterung zu reduzieren und eine Spurenelementlösung einzusetzen, besserte sich die Situation. Schon im Frühjahr 1992 bevölkerten die Korallenfragmente von den Fidschi-Inseln sein Aquarium und wuchsen prächtig. Ein weiterer Korallenimport von Suva wurde durchgeführt und eine Korallen-Sammelreise auf die Malediven arrangiert (mit entsetzlichen Schwierigkeiten, die Ausfuhrpapiere zu erhalten). Von da an lief alles sehr erfolgreich. Auch von D. Stüber erhielt er weitere *Acropora*-Fragmente und bald ging es für ihn nicht mehr darum, die Steinkorallen in seinem Aquarium zum Wachsen zu bringen, sondern vielmehr darum, das Wachstum in Grenzen zu halten und im Aquarium den nötigen Raum für die prächtigen Kolonien zu schaffen.

Einen Wermutstropfen sollte diese Geschichte aber noch bekommen. Die kleine Anemone *Anemonia* cf. *majano* begann, sich zwischen den Korallenkolonien anzusiedeln und kräftig zu vermehren. "Wegen der starken Ausbreitung dieser Anemone beschloss ich im Jahre 1997 schließlich, das Aquarium abzubauen und es durch ein neues zu ersetzen, ein kleineres, mit gerade 190 Litern Inhalt", erklärt er, und er fügt hinzu: "Auch das ist eine interessante Geschichte, aber die erzähle ich vielleicht später in einem Folgeband dieses Aquarienporträtbuches."

Sein Ziel in der Riffaquaristik, so Alf Nilsen, sei es immer gewesen, möglichst keinen Aquarienbewohner aus dem Aquarium zu entfernen, wenn dies nicht unbedingt erforderlich war. Es sollte eine möglichst vielfältige Gemeinschaft gehalten werden, um ihre Biologie zu studieren. Auf diese Weise kann ein Riffaquarium zu einem höchst lehrreichen Instrument werden, das den Menschen viel über die Natur und die Biologie der Riffe lernen lässt und ihm darüber hinaus großen Respekt vor Lebewesen vermittelt.

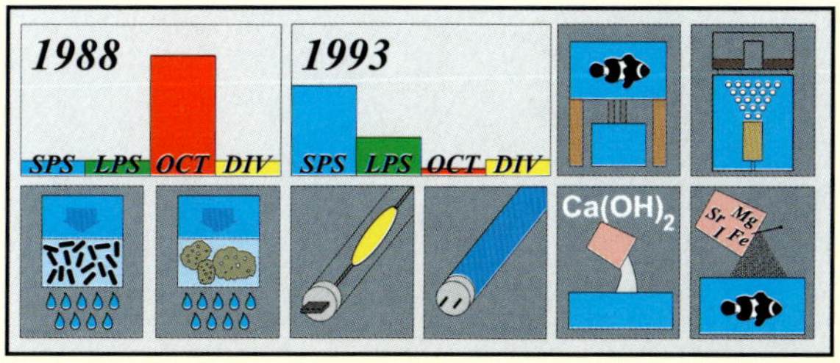


**Ausschnitt aus dem Riff mit dichtem Korallenbesatz, z. B. ein Riffhang in 2 - 3 Metern Wassertiefe**

## Tierbesatz

**Wirbellose:**

1988: 80 % Weichkorallen, 10 % Steinkorallen LPS, 10 % Steinkorallen SPS

1993: 5 % Weichkorallen, 25 % Steinkorallen LPS, 60 % Steinkorallen SPS, 10 % andere Wirbellose

**Fische:**

10 verschiedene Arten von zumeist kleinbleibenden Fischen, die keine Korallen fressen, z. B. *Sphareamia nematoptera, Pseudochromis* sp., *Zebrasoma flavescens, Z. veliferum, C. altivelis, Centropyge resplendens*, etc.

**Aquarium:**

Polyester, 166 x 86 x 66 cm, 942 l plus Filterbecken, 10 Jahre (1987 - 1997)

**Steindekoration:**

Lebendgestein (aus Indonesien und dem zentralen Indopazifik), mit Nylon-Kabelbindern aneinander befestigt

**Bodengrund:**

Aquarium: Korallensand, ca. 2 cm Schichthöhe,
Filterbecken: Korallensand, ca. 5 cm Schichthöhe

## Technik

**Beleuchtung:**

Halogenmetalldampflampe Radium 250 W, 20.000 K, Halogenmetalldampflampe Aqualine Buschke 250 W, 10.000 K, Halogenmetalldampflampe Arcadia 250 W, 6.500 K, 2 x Leuchtstofflampe Philips blau (actinic), 36 W, auch Experimente mit Mondlicht (blaue Glühlampe) und Mondphasensimulation

**Wasserzirkulation:**

12.000 - 18.000 l/h

**Filterung/Abschäumung:**

Keinerlei mechanische Filterung, nur Abschäumung, gelegentlich auch Aktivkohle

**Calciumzufuhr:**

Kalkwassermischanlage nach Fosså/Nilsen, kombiniert mit Wassernachfüllung. Leitungswasser wird durch die Kalkwassermischanlage (Calciumhydroxid) gepumpt und mit pH-Kontrolle des Aquarienwassers in das Aquarium gepumpt, um verdunstetes Wasser zu ersetzen (Maximalwert pH 8,45 im Aquarium)

**Wasser:**

Temperatur, Salzgehalt, Redoxpotential und pH werden kontinuierlich gemessen, Nitrat, KH und Phosphat gelegentlich

**Anreicherung mit Spurenelementen u. a.:**

gelegentlich Spurenelementlösung

**Teilwasserwechsel:**

1 - 3 % pro Jahr, nur natürliches Meerwasser, entnommen in 5 Metern Wassertiefe

**Besitzer:**

Alf Jacob Nilsen, Hidra (Norwegen)

Das gleiche Aquarium, vorwiegend mit Weichkorallen besetzt, im Jahre 1989
Foto: Alf Jacob Nilsen

# „Heute würde ich das Aquarium erheblich tiefer bauen."

Aquarium Akio Ueda, Japan

Der Japaner Akio Ueda, der vor sechs Jahren über seine Liebe zur Natur an die Riffaquaristik gekommen ist, gehört unter den japanischen Riffaquarianern zweifellos zu den Experten. Sein enorm großes Wissen über die Biologie der Korallen und die stete Suche nach neuen Erkenntnissen (und möglicherweise auch eine gewisse äußere Ähnlichkeit) haben Charles Delbeek dazu veranlasst, Akio als "Japanese Julian" zu bezeichnen. Gewissermaßen als Dank für diese Anerkennung setzte "JJ", wie er unter japanischen Riffaquarianern inzwischen genannt wird, eine Mangrove in sein Riffaquarium, an eben die Stelle, an der auch Julian Sprung vor einigen Jahren ein Mangrovenpflänzchen in sein Riffbecken setzte (das übrigens noch immer prächtig gedeiht).

In seinem Riffaquarium hat Akio zahlreiche Steinkorallen aus japanischen Riffen, vornehmlich aus Okinawa, aber auch aus nördlicher gelegenen Riffen. Hier tauchen beispielsweise - wie auch in zahlreichen anderen japanischen Riffaquarien - kräftig grün fluoreszierende *Acropora*-Arten auf, die man im Indopazifik vergeblich sucht. Die Technik zur Wasseraufbereitung hat Ueda Akio in großer Entfernung zum Aquarium auf einer Dachterrasse untergebracht. In einem speziell dafür aufgestellten, kleinen Gartenhäuschen aus Blech befinden sich Kalkreaktor, Abschäumer, Osmoseanlage und anderes. Auch das pH-Meßgerät und die Lichtsteuerung befinden sich in diesem Blechhäuschen.

Die Gestaltung des Steinaufbaus in Akios Aquarium ist allerdings recht "unjapanisch", denn die meisten japanischen Riffaquarianer stellen eine solitäre Korallenformation nach, die keine Verbindung zur hinteren Glasscheibe hat, sondern rundherum großen Abstand zum Glas besitzt und viel Schwimmraum hat, während beispielsweise in Deutschland sehr oft das Riffgestein an der hinteren Aquarienscheibe aufeinandergeschichtet wird, von der linken bis zur rechten Seitenscheibe. Akio ging einen anderen Weg und stellte sein Aquarium mitten in den Raum, so dass es von drei Seiten zugänglich ist. "Allerdings ist die Tiefe recht knapp bemessen", bedauert er inzwischen. "Heute würde ich das Aquarium erheblich tiefer bauen."

Den Riffaquarianern empfiehlt Akio nicht nur, viele gute Bücher über dieses faszinierende Hobby zu lesen, sondern vor allem, die Englischkenntnisse zu verbessern, damit ein internationaler Erfahrungsaustausch verbessert wird. Dieser Wunsch kommt nicht von ungefähr, denn Akio spricht zu seinem Bedauern kein einziges Wort Englisch, sondern nur Japanisch, was ihm das Literaturstudium ganz erheblich erschwert.

Riffaquarium mit Mangrovenpflänzchen

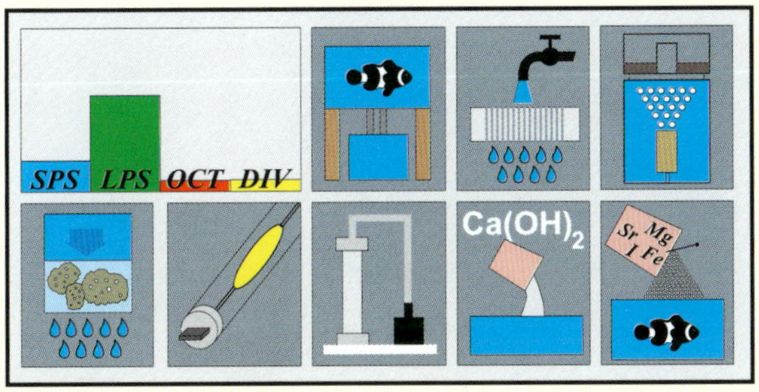


**Riffkante mit Steinkorallen**

**Tierbesatz**

**Wirbellose:**
10 % Weichkorallen, 60 % Steinkorallen LPS, 20 % Steinkorallen SPS, 2 Riesenmuscheln Tridacnidae

**Fische:**
*Halichoeres chrysus, Z. xanthurum, P. hepatus, Trimma caudomaculatum,* 3 *Coryphopterus personatus*

**Aquarium:**
Glas, 180 x 78 x 80 cm, 1.120 l, 1 Jahr

**Steindekoration:**
Gesamte Dekoration aus Lebendgestein (zu gleichen Teilen aus Okinawa und Kushimoto).

**Bodengrund Aquarium:**
Korallensand unterschiedlicher Körnungsgröße

**Technik**

**Beleuchtung:**
2 x Halogenmetalldampflampe Iwasaki 400 W, 6.500 K, 60 cm Abstand, Halogenmetalldampflampe AB 400 W, 10.000 K, 60 cm Abstand

**Filterung/Abschäumung:**
Keinerlei mechanische Filterung, ein ETS-Fallstromabschäumer

**Calciumzufuhr:**
Kalkreaktor AquaMedic, gefüllt mit Knop-Korallith, zusätzlich Kalkwasser

**Weitere technische Geräte:**
Umkehrosmose und Vollentsalzung in Kombination, pH-Meter, Kühlgerät

**Anreicherung mit Spurenelementen u. a.:**
Knop-KoralVit combi

**Teilwasserwechsel:**
120 Liter pro Monat (ca. 10 %)

**Besitzer:**
Akio Ueda, Osaka (Japan)

Rechts: Prächtiges *Acropora*-Wachstum im Riffbecken.

Links: Das Aquarium von Akio („JJ") Ueda aus der „Mangrovenperspektive".

**Steinkorallen im Aquarium von Wolfgang Czech**

# "Die Transportverluste müssen minimiert werden"

Aquarium Dr. Tapio Haaparanta, Kalifornien

Der finnische Chemiker Dr. Tapio Haaparanta lebt seit Anfang der 90er Jahre im Süden Kaliforniens. Ebenfalls seit Anfang der 90er Jahre begeistert er sich auch für die Riffaquaristik. "Als ich damit anfing, gab es hier kaum Bücher über die Riffaquaristik", erklärt der sympathische Finne. "Meist musste ich mich auf den Rat des Fachhändlers verlassen, der oft falsch war. Glücklicherweise habe ich viele Dinge bald selbst herausgefunden und durch intensive Beobachtung Zusammenhänge verstanden. Bald nach meinem Einstieg in dieses Hobby wurden dann verschiedene Bücher publiziert, zum Beispiel "The Reef Aquarium" von Julian Sprung und Charles Delbeek (1994). Dieses und andere Bücher haben mir sehr geholfen. Darüber hinaus pflege ich Kontakte zu zahlreichen anderen erfahrenen Riffaquarianern, und dieser Erfahrungsaustausch hat meinem Aquarium viel genützt."

Tapio Haaparanta ist ein Perfektionist, der das Hobby Riffaquaristik mit ebensoviel Sorgfalt wie Hingabe betreibt. Er lebt in der Nähe von Steve Tyree, ist mit ihm eng befreundet und hat zahlreiche Korallen von ihm erhalten. Das hilft, die Farbenpracht in seinem Aquarium zu erklären. Trotzdem wurde dieses Aquarium nicht mit farbigen Steinkorallen "vollgestellt" wie eine Glasvitrine, sondern mit Fragmenten bestückt, die im Aquarium zu großen Stöcken herangewachsen sind.

Allerdings ging es trotz seiner Sorgfalt nicht immer ohne Probleme: "Meine größte Panne in diesem Hobby habe ich durch das Überlasten eines elektrischen Stromkreises verursacht. Dadurch wurde ein Brand ausgelöst und um ein Haar wäre damals mein ganzes Haus abgebrannt. Glücklicherweise entwickelte sich das Feuer im Inneren eines Schaltkastens und erstickte darin, so dass es bald zum Stillstand kam.

Für die Zukunft der Riffaquaristik hält Tapio Haaparanta es für besonders wichtig, verlustreiche Sammelpraktiken im Riff zu stoppen. "Auch während des Transportes und des Verkaufs müssen Verluste minimiert werden", erklärt er. "Der einfachste Weg, dies zu erreichen, wäre es, die Nachzucht von Korallenfischen und Korallen zu fördern."

Einige Arten entwickelten besonders kräftiges Wachstum.
Foto: Dr. Tapio Haaparanta

Links:
Farbenprächtige Muscheln und Steinkorallen
Foto: Dr. Tapio Haaparanta

Rechts:
„Nachzuchten von Korallen und Korallenfischen müssen gefördert werden."
Foto: Dr. Tapio Haaparanta

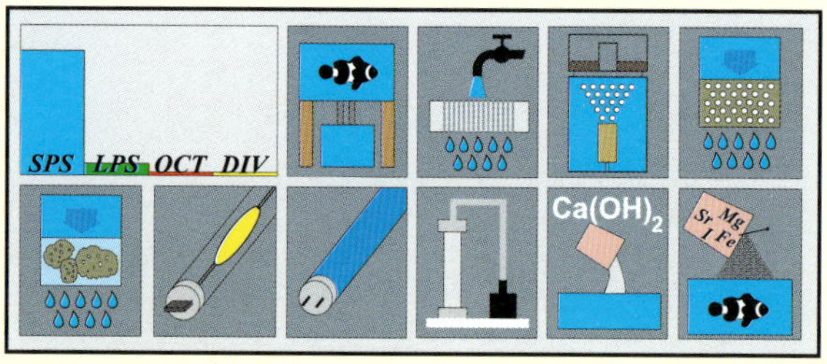


**Ausschnitt aus einem Saumriff bei den Fidschi-Inseln**

## Tierbesatz

**Wirbellose:**
5 % Weichkorallen, 70 % Steinkorallen SPS, 5 % Steinkorallen LPS, 20 % Riesenmuscheln Tridacnidae

**Fische:**
*Zebrasoma flavescens, Z. xanthurus, Z. desjardini, Acanthurus japonicus, Ctenochaetus strigosus, Pygoplites diacanthus, Centropyge loriculus,* 2 *Centropyge argi, Oxycirrhihtes typus, Neocirrhites armatus, Pseudocheilinus hexataenia, Chromis viridis, Pteleotris zebra*

**Aquarium:**
Glas, 245 cm x 61 cm x 76 cm, 1.135 Liter einschließlich Filterbecken, 2 Jahre

**Steindekoration:**
Lebendgestein von den Fidschi-Inseln. Es wurden besonders poröse und große Steinbrocken mit flächendeckendem Kalkalgenbewuchs und einigen Korallen ausgesucht. Die Steine sind im Aquarium nicht fest miteinander verbunden, sondern nur lose aufeinander gelegt, allerdings so, dass sie sich ineinander verkeilen bzw. gegenseitig stabilisieren.

**Bodengrund:**
Während des ersten Jahres nach der Neueinrichtung war feiner Korallensand im Aquarium, etwa 7 cm Schichthöhe. Durch die kräftige Wasserumwälzung gab es jedoch fortwährend Probleme, weil der Sand hin und her geblasen wurde, sich an bestimmten Stellen anhäufte und anderswo fehlte. Darum wurde er nach einem Jahr Laufzeit des Aquariums ganz entfernt. Im Filterbecken befindet sich kein Bodengrund.

## Technik

**Beleuchtung:**
4 x Halogenmetalldampflampe 400 W, Osram/Radium blue, 20.000 K, 10 cm über der Wasseroberfläche, 4 x 96 W Power Compacts 6.700 K (Custom Sealife), 12 cm über der Wasseroberfläche, 4 x Leuchtstofflampe 110 W VHO, Actinic Weiß (URI), 5 cm über der Wasseroberfläche

**Wasserzirkulation:**
Wasseraustausch zwischen Filterbecken und Aquarium durch eine Iwaki 55 RLT, die durch ein Kühlgerät hindurch pumpt. Im Aquarium befinden sich 6 Gemini-Tauchkreiselpumpen (ca. 4.000 Liter/Stunde) sowie zwei Hagen Aquaclear 5.000-Tauchpumpen (ca. 4.000 Liter/Stunde), alle Pumpen ge-

„Der Erfahrungsaustausch mit anderen hat meinem Aquarium viel genützt“. Foto: Dr. Tapio Haaparanta

steuert über die Intervallschaltung des Octopus 3000-Controllers. Die Intervallschaltung bedingt ein zufälliges Ein- und Ausschalten von zwei Pumpengruppen mit jeweils vier Pumpen. Etwa die Hälfte der Zeit laufen hierbei alle acht Pumpen.

**Filterung/Abschäumung:**
Fallstromabschäumer ETS Gemini, betrieben mit Pumpe Iwaki 70 RLT. Der Abschäumer wird mit Wasser aus dem Filterbecken gespeist und das Wasser läuft auch dorthin zurück. Aktivkohle wird jeden zweiten Monat für einige Tage eingesetzt. Im Filterbecken wird eine sehr geringe Ozonmenge zugesetzt (10 bis 20 mg/h).

**Calciumzufuhr:**
Kalkreaktor "Marke Eigenbau", Kammergröße 12 cm x 50 cm, befüllt mit "SuperCalc Gold"-Substrat. Zusätzlich wird das gesamte Verdunstungswasser mit Kalkwasser ersetzt, das zuvor über Umkehrosmose gereinigt wurde.

**Weitere technische Geräte:**
Ozongerät, Kühlgerät, Umkehrosmoseanlage in Kombination mit Ionentauscher

**Wasser:**

| | |
|---|---|
| **Salzgehalt:** | 1.025 - 1.026 (25 °C) (Aquarium Systems Hydrometer) |
| **Temperatur:** | 26,5 °C/29 °C (Winter/Sommer) |
| **pH:** | 8.1 - 8.3 (pH-Meter des Octopus 3000) |
| **Karbonathärte:** | 3,8 meq/l °dKH |
| **Calcium:** | 420 mg/l (Aquarium Systems) |
| **Nitrat:** | nicht messbar (Salifert) |

**Anreicherung mit Spurenelementen u. a.:**
1 ml Kaliumjodid (5 %) pro Woche

**Teilwasserwechsel:**
Ca. 12 % pro Monat. Während des Wasserwechsels werden auch Sedimente abgesaugt.

**Besitzer:**
Dr. Tapio Haaparanta, San Diego, California (USA)

## Mit Fliesenkleber zum Bonsai-Riff

Aquarium Wolfgang Czech, Deutschland

Steht man als Betrachter vor dem Aquarium von Wolfgang Czech, dann ist man spontan überwältigt von der großen Besatzdichte mit Korallen und der enormen Artenfülle. Dichtgedrängt siedelt hier Koralle an Koralle, und kaum irgendwo erkennt man, dass sich die unterschiedlichen Arten oder Gattungen gegenseitig behindern. Technische Geräte wie Filterpumpen sind nicht zu sehen. Das liegt vor allem daran, dass Wolfgang Czech herkömmliche Außenfilter als Umwälzpumpen verwendet, aber auch daran, dass er die vorhandenen Umwälzpumpen in der Steindekoration hervorragend versteckt hat. Da er einschließlich der Außenfilter insgesamt 10 Umwälzpumpen verwendet, ist die Wasserströmung so vielfältig und erzeugt im Aquarium so viele Verwirbelungen, dass Wolfgang Czech eine Intervallsteuerung für entbehrlich hält.
Die Kombination zweier Becken, die hintereinander stehen, ermöglicht ein Aquarium mit außerordentlich großem Tiefeneindruck. Die Steindekoration beider Aquarien ist so aufeinander abgestimmt, dass man vom vorderen Becken in das hintere hineinsehen kann, ohne die trennenden Glasscheiben wahrzunehmen. Dieser Steinaufbau besteht zum größten Teil aus Lebendgestein, was vor allem dann erstaunt, wenn man weiß, dass er fest zusammenzementiert ist. Dazu hat sich Wolfgang Czech etwas Besonderes einfallen lassen: Bei Einrichtung der Anlage wurde das Lebendgestein mit einem schnell härtenden Fliesenkleber im Aquarium

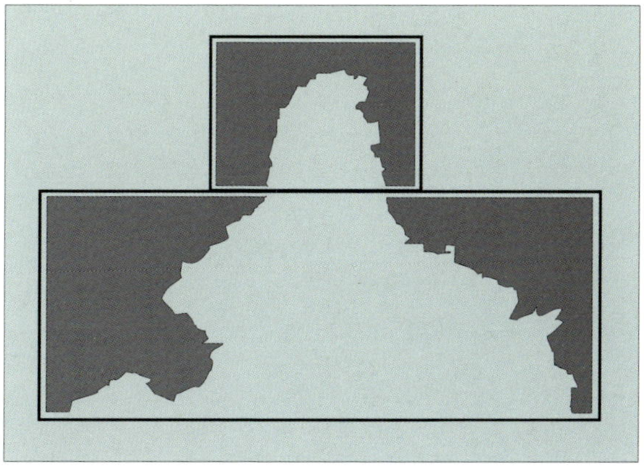

Riffschlucht-Aquarium mit großer Sichttiefe, bestehend aus zwei Einzelbecken

Dicht an dicht wachsen unterschiedlichste Steinkorallenarten.

befestigt. Schon wenige Stunden nach dem Zementieren der Steine hat er Meerwasser in das Aquarium geleitet, ohne den Steinaufbau vorher zu spülen. Diese Vorgehensweise, die zu keinen erkennbaren Verlusten geführt hat, ist allerdings bei herkömmlichem Zement wegen alkalischer Ausschwemmungen nicht zur Nachahmung zu empfehlen. Auf diesem Weg aber erreichte er einen festen Steinaufbau aus Lebendgestein, der so gestaltet ist, dass er eine erstaunlich natürliche Wirkung hat.

Steht man hinter dem Aquarium und blickt von oben in das kleine Becken, so erkennt man eine kleine Schlucht, die von der "Küste" ins "offene Meer" führt, in das große Aquarium. Betrachtet man die Aquarienanlage durch die Frontscheibe des großen Aquariums, so hat man den Eindruck, auf eine winzige "Riffwand" zu blicken, zum Beispiel ein Saumriff, unterbrochen von einer kleinen Schlucht, die bis zur Küste führt. Im oberen, hinteren Bereich des kleinen Aquariums hat Wolfgang Czech groben Korallenbruch platziert und dort einen Bereich geschaffen, der bisweilen trocken fällt. Entsprechend der Gezeiten wird der Wasseraustausch zwischen den beiden Aquarien täglich für einige Stunden reduziert, so dass auch der Wasserspiegel im kleineren "Küstenaquarium" steigt und sinkt. Damit hat er eine Art Gezeitenzone geschaffen.

Ein Blick in das hintere Becken.

Die durchdachte Gestaltung des Steinaufbaus und der dichte Besatz dieses Aquariums mit unterschiedlichsten Arten zeigen, dass sein Besitzer das Hobby mit sehr viel Feingefühl und Sachverstand betreibt. Allerdings sollte man den Zeitaufwand für die Erhaltung eines solchen Wohnzimmer-Riffbiotops nicht unterschätzen. Nach Auskunft von Wolfgang Czech beansprucht die Pflege dieses Aquariums mehr Zeit als eine berufliche Halbtagstätigkeit. Das liegt allerdings auch daran, dass Wolfgang Czech mit äußerster Gründlichkeit jeden einzelnen Korallenstock beobachtet und pflegt. So werden vereinzelt auftretende Hydroidpolypen *Myrionema* sp. sorgfältig einzeln entfernt. Er verwendet hierzu eine Injektionsspritze, die auf ein dünnes, langes Acrylrohr gesteckt wurde. Mit dem Rohr lässt sich nahezu jede Stelle im Aquarium erreichen und mit der Injektionsspritze kann er starken Sog erzeugen und dadurch die Hydroidpolypen absaugen, ohne die Korallen zu belästigen.

Eine große Leidenschaft des Riffaquarianers Czech ist die Vermehrung seltener oder besonders kräftig gefärbter Steinkorallen durch Fragmentation. Auf diese Weise erzeugt er fortlaufend Tochterstöcke, indem er Zuwächse der Korallen abtrennt, um sie auf ihrer Größe zu halten, was zu einer beinahe bonsai-ähnlichen Gestalt führt. Das ist zwar nicht unbedingt im Sinne jedes Riffaquarianers, denn viele möchten die Korallen gerne wachsen sehen, doch bei einem derart dichten Besatz mit unterschiedlichen Arten ist es unverzichtbar, wenn die Artenfülle nicht im Laufe der Zeit sinken soll. Nur wenn stets "gärtnerisch" eingegriffen wird, lässt sich die harte Raumkonkurrenz der sessilen Aquarienbewohner in bestimmte Bahnen lenken, denn sonst gibt es hier schnell Sieger und Besiegte. Wolfgang Czech nutzt die zahlreichen abgebrochenen Korallenfragmente, die allesamt Raritäten sind, um einen großen Teil der Ausgaben für sein Hobby zu finanzieren.

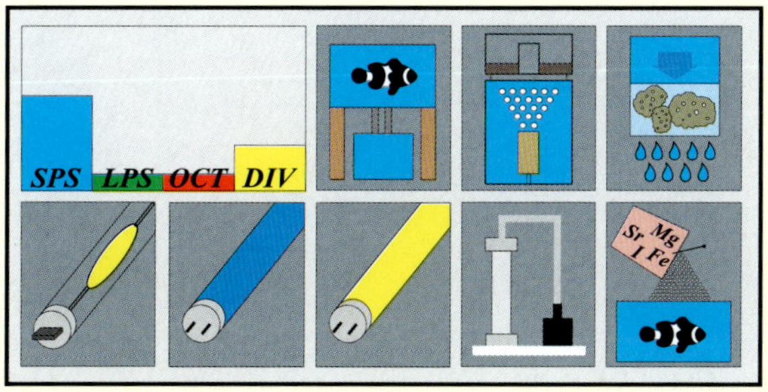


## Riffhang mit Schlucht

### Tierbesatz

**Wirbellose:**
10 % Weichkorallen, 10 % Steinkorallen LPS, 50 % Steinkorallen SPS, 30 % andere sessile Wirbellose, *Acropora* spp. (35 Stöcke/12 Arten), *Pocillopora* sp. (2 Arten), *Stylophora* sp. (2 Arten), *Montipora* sp. (8 Stöcke/3 Arten), *Porites* sp. (4 Stöcke/2 Arten), *Psammocora* sp., *Pavona cactus*, *Fungia* sp., *Pectinia* sp., 3 *Trachiphyllia* sp., 4 *Blastomussa merleti*, *Hydnophora* sp., *Leptastrea* sp., *Tubastraea* sp., *Turbinaria* sp. (5 Stöcke/3 Arten), *Heliopora coerulea*, *Millepora* sp. (7 Stöcke/3 Arten), 3 *Seriatopora hystrix*, 3 *Tridacna* sp., verschiedene Leder- und Hornkorallen, Zoanthidae, Discosomatidae

**Fische:**
*Zebrasoma xanthurus*, *Salarias* sp., *Centropyge bispinosus*, 7 Riffbarsche *(Pomacentridae)*

### Aquarium:
Glas, 170 x 60 x 60 cm, 612 l, 6 Jahre und Glas, 60 x 50 x 60 cm, 280 l, 6 Jahre

**Steindekoration:**
80 % Lebendgestein (Indischer Ozean, z. T. im Meer selbst ausgewählt). Die Steine sind mit einem Epoxydharz und einem speziellen, schnellhärtenden Fliesenkleber aneinander befestigt worden. Unmittelbar nach dem Aushärten des Klebers wurde Meerwasser eingefüllt, ohne den Aufbau zu wässern oder zu spülen (nicht unbedingt zur Nachahmung empfohlen).

**Bodengrund Aquarium:**
Korallensand unterschiedlicher Körnungsgröße, 3 - 8 cm Schichthöhe. Darunter liegen Styroporplatten, um den direkten Kontakt zwischen Gestein und Bodeplatte zu verhindern.

### Technik

**Beleuchtung:**
Halogenmetalldampflampe AB 250 W, 10.000 K, 2 x Halogenmetalldampflampe AB 150 W, 10.000 K, Leuchtstofflampe blau Philips actinic 03, 140 W, Leuchtstofflampe Aquastar, 60 W, Leuchtstofflampe blau, 40 W

**Wasserzirkulation:**
10 Umwälzpumpen zwischen 600 und 2.000 l/h

**Filterung/Abschäumung:**
Keinerlei mechanische Filterung; 3 Außenfilter Sacem 1000/1500 wurden mit Lebendgestein gefüllt und seit der Neueinrichtung nicht gewartet, Sander-Abschäumer

**Calciumzufuhr:**
Kalkreaktor Knop "C", gefüllt mit Knop-Korallith

**Weitere technische Geräte:**
Kühlaggregat

### Wasser:

| | |
|---|---|
| **Temperatur:** | 24,5 °C (nachts)<br>29 °C (tagsüber) |
| **pH:** | 8.4<br>(pH-Meter, 2 x täglich) |
| **Nitrat:** | nicht feststellbar (Testkit) |

**Anreicherung mit Spurenelementen u. a.:**
Strontium, Jod, pH-Puffer, Calcium

**Teilwasserwechsel:**
10 Liter pro Woche

**Weitere Wartungsarbeiten:**
Täglich nach dem Scheibenreinigen werden die Berührungspunkte zwischen den Steinkorallen kontrolliert und darüber hinaus alle Aquarieninsassen aufmerksam beobachtet

### Besitzer:
Wolfgang Czech, Konstanz (Deutschland)

# "Die Schönheit der Natur entdecken"

Aquarium Wayne Shang, Kalifornien (USA)

Vor 14 Jahren stand Wayne Shang in einem Fachgeschäft vor einem Riffaquarium. Dieses Becken faszinierte ihn so sehr, dass er beschloss, sich zuhause auch eines einzurichten. Heute sieht man seinem Aquarium an, dass er zwischenzeitlich zu einem Meister seines Fachs geworden ist.

"Mit der fortschrittlichen Aquarientechnik, die in den vergangenen zehn Jahren in der Meeresaquaristik entwickelt wurde, ist die Zahl der Korallenfische und Wirbellosen, die wir im Aquarium erfolgreich halten können, enorm gestiegen" sagt Wayne Shang. "Doch trotzdem gibt es noch viel zu lernen, denn wir Aquarianer tragen die Verantwortung dafür, unseren marinen Organismen im Aquarium gute Lebensbedingungen zu bieten." Diese Sätze sagt er nicht ganz ohne Grund. Sie gehen zurück auf ein Erlebnis, das er im Sommer 1997 hatte. Während eines Stromausfalls versagte ein Magnetventil und aus dem 1.200-Liter-Aquarium liefen 900 Liter Meerwasser aus. "Rund 40 Prozent meiner Steinkorallen waren schwer geschädigt, und das waren natürlich ausgerechnet die schönsten und seltensten Arten", erinnert er sich heute. Es hat fast ein Jahr gedauert, bis sich das gesamte Aquarium wieder von dieser Katastrophe erholt hatte, die teilweise abgestorbenen Korallen wieder zu schönen Stöcken herangewachsen waren und auch die Wasserchemie sich wieder stabilisiert hatte.

Für den Fortschritt der Riffaquaristik hält Wayne den internationalen Erfahrungsaustausch für unverzichtbar. "Wenn Hobbyaquarianer und professionelle Aquaristikexperten die hervorragenden Kommunikationsmöglichkeiten nutzen, die das Internet heute bietet, dann hilft das nicht nur, die Aquariensysteme besser kennen zu lernen sowie ihre Möglichkeiten und Grenzen zu verstehen", findet der chinesischstämmige Kalifornier, "es hilft auch, die Aufmerksamkeit der Allgemeinheit stärker auf den schützenswerten Lebensraum Korallenriff zu lenken. Nur so werden unsere Kinder einmal die Möglichkeit haben, die Schönheit der Natur zu entdecken."

Steinkorallen und Riesenmuscheln in allen erdenklichen Farben
Fotos: Wayne Shang

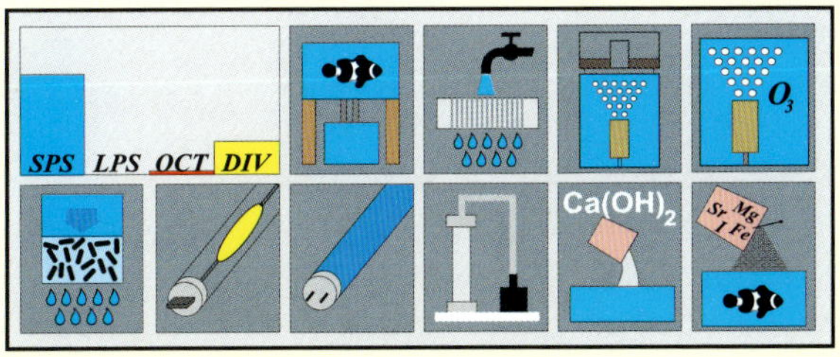


**Riffdach, Flachwasserzone im Riff mit dichter Steinkorallenpopulation**

## Tierbesatz

**Wirbellose:**
5 % Weichkorallen, 70 % Steinkorallen SPS

**Fische:**
5 Doktorfische, 6 Lippfische sowie zahlreiche Riffbarsche und Anthias

**Aquarium:**
Acrylglas, 240 x 75 x 60 cm, 1.080 l, plus Filterbecken, 3 Jahre

**Steindekoration:**
220 kg Lebendgestein (50 % Fidschi-Inseln, 35 % Marshall-Inseln, 15 % Tonga).

**Bodengrund Aquarium:**
Lebender Sand, Schichthöhe ca. 5 cm

## Technik

**Beleuchtung:**
2 x Halogenmetalldampflampe Osram TS 400 W, 10.000 K, 3 x Halogenmetalldampflampe Osram TS 400 W, 20.000 K, 6 x Leuchtstofflampe blau Philips actinic 03, 75W (VHO)

**Wasserzirkulation:**
4 Tunze 2002 und 2 Tunze 7410P, angeschlossen an einen Tunze Powertimer, Iwaki 55 RLT zum Wasseraustausch Filterbecken/Aquarium

**Filterung/Abschäumung:**
Keinerlei mechanische Filterung, ein Fallstrom-Abschäumer ETS Downdraft, ca. 1.100 Gramm Aktivkohle im Filterbecken

**Calciumzufuhr:**
Kalkreaktor Knop "HD", gefüllt mit Knop-Korallith, zusätzlich wird das verdunstete Wasser ausschließlich mit Kalkwasser ersetzt

**Weitere technische Geräte:**
Gelegentlich Einsatz geringer Ozonmenge
Umkehrosmose/Ionenaustauscher, Octopus Mess- und Steuercomputer (Aquadyne) mit $CO_2$-Dosierung

## Wasser:

| | |
|---|---|
| **Salzgehalt:** | 1.025 (25 °C) (Aquarium Systems New Hydrometer) |
| **Temperatur:** | 26 - 27 °C |
| **pH:** | 8.0 - 8.2 (pH-Meter) |
| **Karbonathärte:** | 9 - 10 °dKH (Tetra) |
| **Calcium:** | 450 mg/l (LaMotte) |
| **Jod:** | 0.05 mg/l (Salifert) |
| **Nitrat:** | nicht meßbar (LaMotte) |
| **Phosphat:** | 0.025 mg/l (Salifert) |
| **Strontium:** | 20 mg/l (Salifert) |

**Anreicherung mit Spurenelementen u. a.:**
Strontiumchlorid und Jod einmal wöchentlich

**Teilwasserwechsel:**
10 % des Aquarieninhaltes alle 8 - 10 Wochen

**Besitzer:**
Wayne Shang, Fremont (Californien, USA)

Grafische Darstellung der Aquarienanlage von Wayne Shang

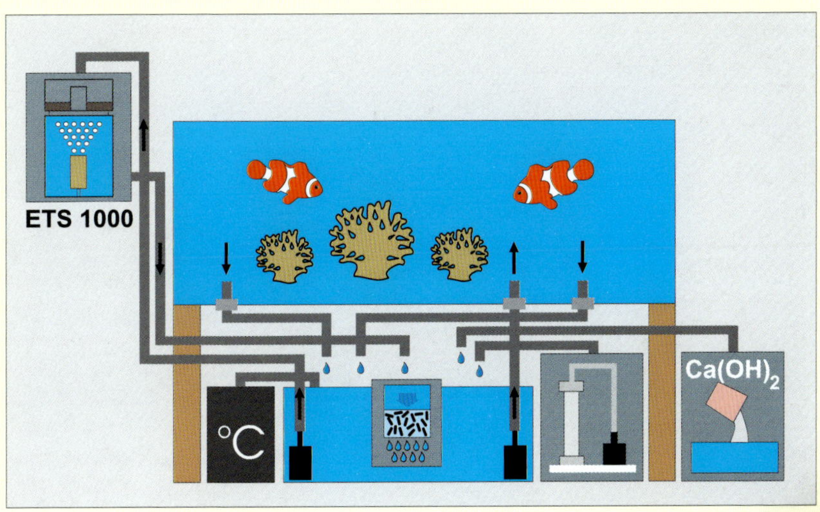

# "Im Kleinen das Große ausdrücken"

Aquarium Dr. Masuhiro Konda, Japan

Der japanische Zahnarzt Dr. Masuhiro Konda hat vor zehn Jahren mit der Riffaquaristik begonnen, weil er einfach von der Vorstellung fasziniert war, eine Steinkoralle unter künstlichen Bedingungen zum Wachsen zu bringen. "Eigentlich hat mich gerade die Schwierigkeit dieses Unterfangens gereizt", sagt er heute. Seine große Leidenschaft liegt aber nicht nur im Betrachten und Pflegen eines solchen kleinen Riffbiotops, sondern schon in der Planung. "Es macht mir großen Spaß, ein solches System zu entwerfen und zu planen", erklärt er. "Ich genieße schon die Planungsphase. Darum habe ich mir beim Aufbauen und Einrichten dieses Aquariums ein ganzes Jahr Zeit gelassen."

Dass diese sorgfältige Planung sehr wichtig ist, hat Dr. Konda vor einigen Jahren in einem seiner früheren Riffaquarien hautnah erlebt. "Bei der Umstellung von intensiver Biofilterung (Wet-Dry-Filter) auf Abschäumung habe ich mir damals zu viel Zeit gelassen und den Abschäumer zu spät installiert. Die Folge war ein völliger Zusammenbruch, bei dem ich den gesamten Besatz verlor."

Solche Schwierigkeiten hat der temperamentvolle Japaner im bestehenden Aquarium nicht gehabt, denn diese Anlage war von vornherein mit aller nötigen Technik ausgestattet. Der Steinaufbau dieses Aquariums, der rundum keinen Kontakt zu den Aquarienscheiben hat und völlig frei steht, ist für europäische Riffaquarien ungewöhnlich, in Japan aber sehr populär. Rund um den Aufbau entsteht freier Schwimmraum, was an eine freistehende Korallenformation im Vorriff erinnert. Das lässt dieses kleine Biotop vollständiger, kompletter wirken, als eine Dekoration, die von Scheibe zu Scheibe reicht, denn die würde wie ein rechteckiger Ausschnitt aus dem Riff aussehen. Die kleine, freistehende Kalksteinformation mit Korallen wirkt eher wie eine in sich abgeschlossene Lebensgemeinschaft aus dem Riff. Das ist ganz im Sinne japanischer Gestaltungsphilosophie, die mit der Bonsai-Tradition und japanischen Steingärten versucht, im Kleinen das Große auszudrücken.

Die typisch japanische Steindekoration hat rundum keinen Kontakt zu den Aquarienscheiben.

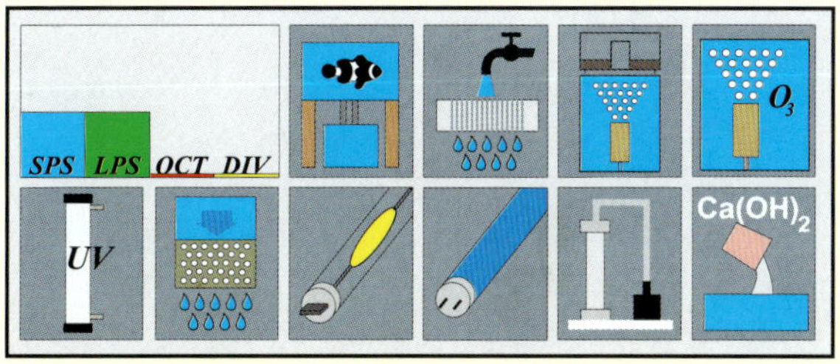


## Solitäre Korallenformation im Vorriff

### Tierbesatz

**Wirbellose:**
5 % Weichkorallen, 45 % Steinkorallen SPS, 45 % Steinkorallen LPS, 5 % andere sessile Wirbellose

**Fische:**
*Centropyge flavissimus, Zebrasoma flavescens,* 40 *Chromis viridis,* 2 *Amphiprion clarkii*

**Aquarium:**
Glas, 120 cm x 60 cm x 600 cm, 432 Liter einschließlich Filterbecken, 15 Monate

**Steindekoration:**
100 % Lebendgestein aus Japan (50 % aus Wakayama, 50 % aus Okinawa), lose aufeinandergeschichtet

**Bodengrund Aquarium:**
Feiner Korallensand, Schichthöhe ca. 5 cm

### Technik

**Beleuchtung:**
2 x Halogenmetalldampflampe AB, 150 W, 10.000 K, Abstand zur Wasseroberfläche 25 cm, 2 x Leuchtstofflampe blau

**Wasserzirkulation:**
Kräftige Tauchpumpen für die Umwälzung im Aquarium und den Wasseraustausch zwischen Aquarium und Filterbecken

**Filterung/Abschäumung:**
Mechanische Schnellfilterung, Abschäumer mit leichter Ozonzugabe

**Calciumzufuhr:**
Dupla-Kalkreaktor, gefüllt mit Knop-Korallith, zusätzlich Kalkwasser (Calciumhydroxid), das mit einer Kalkwassermischanlage (Blue Harbor) zubereitet wird

**Weitere technische Geräte:**
UV-Entkeimer, 40 Watt, Kühlaggregat, Umkehrosmose und Ionentauscher in Kombination

**Teilwasserwechsel:**
20 Liter pro Tag, automatisch aus Salzwasser-Vorratstank, zusätzlich alle zwei Monate 200 Liter, um Sedimente abzusaugen

**Besitzer:**
Dr. Masuhiro Konda, Osaka (Japan)

Die komplette Aquarientechnik befindet sich im Unterschrank.

Auf dem Balkon steht die Tankanlage für den täglichen Teilwasserwechsel.

# Steinkorallen und Leuchtstofflampen

Aquarium Hans Joachim Kämper, Deutschland

Steinkorallen können unter Leuchtstofflampen nicht erfolgreich gehalten werden, sagt man. In vielen Büchern ist das zu lesen, und es wird von zahllosen erfahrene Riffaquarianern bestätigt. Hans Joachim Kämper beweist jedoch auf eindrucksvolle Weise das Gegenteil. Nicht nur die große *Montipora*-Kolonie in der Mitte seines Aquariums wächst hervorragend, sondern auch viele andere kleinpolypige und großpolypige Steinkorallen, obwohl es ausschließlich mit Leuchtstofflampen beleuchtet wird. Allerdings bedient sich Hans Joachim Kämper hier eines Lampentyps, der sehr ungewöhnlich ist, denn vier seiner Leuchtstofflampen sind nur 16 mm dick, haben aber eine Leistung von je 80 Watt. Auf diese Weise lässt sich eine Leuchtdichte erzeugen, die für prächtigen Steinkorallenwuchs sorgt. Der Vorteil ist ein erheblich diffuseres Licht, das nicht so linear senkrecht ausgerichtet ist wie das Licht von Halogenmetalldampflampen. Die Folge sind weichere Schatten und eine gleichmäßigere Ausleuchtung des gesamten Aquariums, was vor allem zu besserer Beleuchtung der seitlichen Kolonieflächen der Korallen führt. Ein weiterer Grund für das hervorragende Wachstum seiner Korallen könnte jedoch auch in der Zufuhr von Spurenelementen und anderen Substanzen liegen. Hans Joachim Kämper stellt mehrere Konzentratlösungen nach einer Rezeptur von Hans Werner Balling selbst her und dosiert sie acht Mal täglich.

Noch vor wenigen Jahren hätte man ein solches *Montipora*-Wachstum unter Leuchtstofflampen für unmöglich gehalten. Foto: Matthias Kählig

Prächtig wachsende Steinkorallen mit Leuchtstofflampen Foto: Matthias Kählig

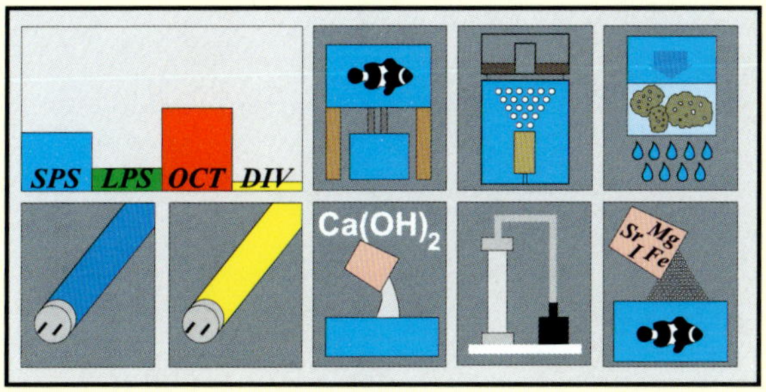


**Riffkante im Indopazifik**

## Tierbesatz

**Wirbellose:**
50 % Weichkorallen, 35 % Steinkorallen SPS, 15 % Steinkorallen LPS, großpolypige Steinkorallen wie *Favia* sp., *Hydnophora* sp., *Catalaphyllia jardinei*, *Euphyllia* sp., *Fungia* sp., kleinpolypige Steinkorallen wie *Pavona cactus*, *Mycedium elephantotus*, *Stylophora pistillata*, *Pocillopora damicornis*, *Seriatopora* sp., div. *Acropora*-Arten, *Montipora* sp., Weichkorallen wie *Sarcophyton* sp., *Lobophytum* sp., *Xenia* sp., Röhrenkorallen, versch. Krustenanemonen, eine blaue *Tridacna maxima*, 3 Putzergarnelen *Lysmata amboinensis*, 4 Pfefferminzgarnelen *Lysmata wurdemanni*

**Fische:**
*Paracanthurus hepatus*, 2 *Zebrasoma veliferum*, *Ptereleotris evides*, 2 *Assessor flavissimus*, *Synchiropus splendidus*, *Pseudochromis fridmani*, *Labroides dimidiatus*

## Aquarium:
Glas, 155 x 60 x 79 cm, 650 Liter plus 60 Liter im Rieselfilter

## Technik

**Beleuchtung:**
4 Leuchtstofflampen Osram, Durchmesser 16 mm, 80 W., 6.000 K, täglich 11 Std., 2 Leuchtstofflampen Osram, 58 W., Lichtfarbe 67 (blau), täglich 12 Std., Leuchtstofflampe Arcadia, 58 W., Lichtfarbe "actinic", täglich 11 Std., Leuchtstofflampe Arcadia, 58 W., 10.000 K, täglich 11 Std.

**Wasserzirkulation:**
Im Rieselfilter Eheim 1060, im Aquarium Powerhead 402 (990 l/h) und 802 (1.500 l/h)

**Filterung/Abschäumung:**
Rieselfilter (Eigenbau, 1/3 untergetaucht) unter dem Becken, Filtervolumen 110 Liter (grober Korallenbruch, Keramikröhrchen), sowie zwei hinten in den Ecken eingeklebte Ablaufkästen, ca. 82 Liter Volumen (mit Keramikröhrchen und fünf Litern Siporax gefüllt), Abschäumer Sander Typ II mit drei Holzausströmern, Rohrdurchmesser 15 cm, Ablaufhöhe 140 cm, Phosphatbindung kontinuierlich durch RowaPhos

**Calciumzufuhr:**
Eigenbau-Kalkreaktor (umgebauter Teichfilter Eheim 181), gefüllt mit Rowalith. Zusätzlich wird das verdunstete Wasser zwei Mal täglich mit Wasser ersetzt, das durch einen Magnetrührer (Eigenbau) geleitet wird, gefüllt mit Calziumhydroxid und Magnesiumoxid

**Weitere technische Geräte:**
Aqua Medic-Redoxmeter, Dupla-pH-Meter

## Wasser:

| | |
|---|---|
| **Salzgehalt:** | 1.023 (25 °C) ("SeaTest oder Aräometer) |
| **Temperatur:** | 25 °C |
| **pH:** | 8.05 - 8.4 (pH-Meter) |
| **Redoxwert:** | 430 mv |
| **Karbonathärte:** | 8 °dKH (Tetra) |
| **Nitrat:** | 8 mg (Hanna-Fotometer) |
| **Phosphat:** | 0.08 – 0,12 mg/l (Hanna-Fotometer) |
| **Magnesium:** | 1370 mg/l |

**Anreicherung mit Spurenelementen u. a.:**
Erdalkalimetalle: Strontium, Barium (nach Balling), Eigenmischung, 4 ml/100 l 8 Mal täglich
Schwermetalle: Kobalt, Mangan, Kupfer, Zink, Nickel, Chrom, Eisen (nach Balling), Eigenmischung, 4 ml/100 l 8 Mal täglich
Halogene: Jod, Fluor (nach Balling), Eigenmischung, 4 ml/100 l 8 Mal täglich
Sera Marinvit nach Dosieranleitung 8 Mal täglich

**Teilwasserwechsel:**
Monatlich werden 10 % des Inhaltes durch frisch angemischtes Meerwasser ersetzt

## Besitzer:
Hans Joachim Kämper, Wiedensahl

## "Lesen, Lesen und nochmals Lesen"

Aquarium Gregory Schiemer, New York (USA)

Ein kleiner Trick bei der Gestaltung des Steinaufbaus im Aquarium des deutschstämmigen Nordamerikaners Greg Schiemer ist nicht auf den ersten Blick zu

Im unteren Bereich des Steinaufbaus wurde viel Schwimmraum gelassen. Foto: Greg Schiemer

erkennen. Er hat die Steine in seinem Aquarium zwar lose aufeinander geschichtet, doch dabei hat er unten in Bodennähe immer mit kleinen Steinen begonnen, um darauf große zu setzen. Dadurch erreicht er, dass die Kontaktfläche zwischen Gestein und Bodengrund reduziert wird. Außerdem bekommt man dadurch viel Schwimmraum unterhalb der Steine. Darüber hinaus wird die Gestaltung interessanter, und es entstehen viele geschützten Rückzugsmöglichkeiten für die Fische. Sollte Greg heute ein neues Riffaquarium einrichten, dann würde er darauf achten, dass noch weit mehr Sandfläche frei bleibt. "Aber außerdem wäre das neue Aquarium natürlich viel größer als mein heutiges", fügt er lächelnd hinzu.

Begonnen hat alles 1989, als er in einem Fachgeschäft ein Riffaquarium sah. Auf der Stelle war er davon so fasziniert, dass er beschloss, sich daheim auch eines einzurichten. Inzwischen hat er nicht nur zahllose Korallenarten durch Fragmentation vermehrt und dadurch viele neue Stöcke erzeugt, sondern auch mehrmals den Kardinalbarsch *Pterapogon kauderni* nachgezogen. Noch immer begeistert sich Greg Schiemer für alle Lebensvorgänge im Riffaquarium. "Besonders fasziniert bin ich von der Langlebigkeit vieler Tiere in meinem Riffaquarium", fügt er hinzu. "Die Riesenmuscheln *Tridacna crocea* und *T. derasa*, der Königsgramma *(Gramma loreto)* und der Sechsstreifenlippfisch *(Pseudocheilinus hexataenia)* leben in meinem Aquarium schon seit mehr als 8 Jahren."

Für andere Riffaquarianer hat Greg drei Ratschläge: Lesen, Lesen und nochmals Lesen. Jeder erfahrene Riffaquarianer soll, so Greg, auch Neueinsteiger in diesem Hobby dazu anregen, mehr zu lesen. Bücher und Artikel in Fachzeitschriften sind die Basis für den Informationsaustausch zwischen den Aquarianern, und das ist die Vorbedingung für jeden Fortschritt, sowohl in der Aquarientechnik, als auch in der Pflege und Nachzucht der Tiere.

Alle Korallenstöcke sind aus kleinen Fragmenten im Aquarium herangewachsen. Foto: Greg Schiemer

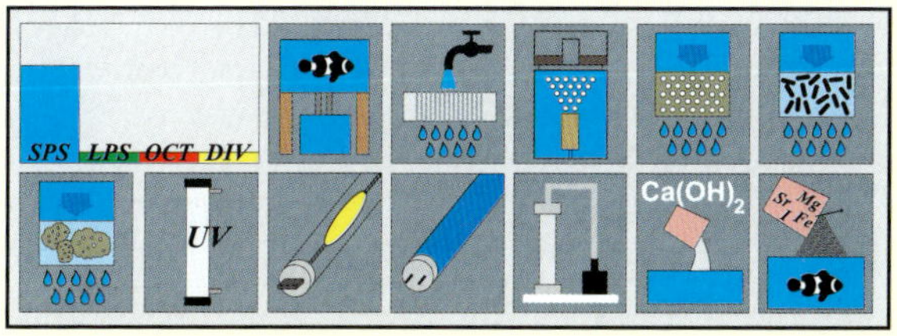


**Außenriff im Indopazifik**

## Tierbesatz

**Wirbellose:**
10 % Weichkorallen, 10 % Steinkorallen LPS, 70 % Steinkorallen SPS, andere sessile Wirbellose 10 %

**Fische:**
28 Exemplare der folgenden Gattungen: *Zebrasoma, Paracanthurus, Halichoeres, Paracheilinus, Pseudocheilinus, Liopropoma, Genicanthus, Cirrhilabrus, Centropyge* und *Neocirrhites*

**Aquarium:**
Glas, 180 x 60 x 60 cm, 650l, 8 Jahre
Filterbecken: Glas, 480 l

**Steindekoration:**
100 % Lebendgestein (Fidschi-Inseln, Hawaii, Marshall-Inseln, Karibik).

**Bodengrund Aquarium:**
100 kg lebender Sand von den Florida Keys, im Filterbecken kein Bodengrund

## Technik

**Beleuchtung:**
3 x Halogenmetalldampflampe 175 W, 10.000 K, 10 Std. täglich, 2 x Leuchtstofflampe blau, je 160 W, 12 Std. täglich

**Wasserzirkulation:**
Gesamtumwälzung 15.600 l/h, d. h., das Volumen wird stündlich mehr als 20 Mal umgewälzt (Iwaki 55 RLT, Iwaki 40 RLT, 2 x Gemini an Intervallschaltung)

**Filterung/Abschäumung:**
100 micron-Filtermatte im Überlaufkasten, Aktivkohlefilter mit 350 g Filterkohle, "MAV Reef"-Fallstromabschäumer

**Calciumzufuhr:**
Kalkreaktor Knop "C", gefüllt mit Knop-Korallith, zusätzlich Kalkwasser

**Weitere technische Geräte:**
UV-Entkeimung (Lifeguard, 40 W) bei Bedarf Dosierpumpen ReefFiller und MTC Pro-Lime Umkehrosmose mit Ionentauscher (Vollentsalzung), Octopus-Messcomputer (Aquadyne) mit $CO_2$-Injektor

**Wasser:**

| | |
|---|---|
| **Salzgehalt:** | 1.025 (25 °C) |
| **Temperatur:** | 25 °C |
| **pH:** | 7.8 - 8.2(pH-Meter, 2 x täglich) |
| **Karbonathärte:** | 8,4 °dKH (Testkit LaMotte) |
| **Calcium:** | 465 mg/l (Testkit Hach) |

**Anreicherung mit Spurenelementen u. a.:**
Wöchentlich 20 ml CombiSan, 2 ml einer 20prozentigen Strontiumchloridlösung und 2 ml einer 2prozentigen Kaliumiodidlösung

**Teilwasserwechsel:**
Ca. 15 Prozent alle 6 - 7 Wochen

**Besitzer:**
Gregory Schiemer, Hawthorne (New York, USA)

Starkes Steinkorallenwachstum bei kräftiger Wasserströmung
Foto: Greg Schiemer

# "Die Grenzen der Riffaquaristik verschieben"

Aquarien Prof. Sanjay Joshi, Massachusetts (USA)

Sanjay Joshi, in New Dehli (Indien) geboren und in Bombay aufgewachsen, ist seit seinem 22. Lebensjahr in den USA. Die gesamte Zeit in Nordamerika hindurch war er Aquarianer, der mit Hingabe zunächst Süßwasseraquarien und seit neun Jahren Meerwasseraquarien pflegte. "Die überwältigende Schönheit der Korallen und Fischen im Riff hat mich ebenso zur Meeresaquaristik hingezogen wie die Faszination des Riff-Ökosystems als Ganzes. Ich greifen müssen, weil einige Korallenstöcke mit einem Durchmesser von 45 cm begannen, ernste Probleme zu bereiten. "Jedes Jahr musste ich etwa ein Drittel des Beckens neu mit Korallenfragmenten besetzen, weil zu große Stöcke entfernt werden mussten. Dadurch habe ich allerdings an vielen Stellen schon die zweite oder dritte "Generation" meiner ursprünglichen Korallenfragmente, denn nach dem Herausnehmen eines großen Korallenstockes habe ich mit kleinen Fragmenten wieder neu angefangen. Die zu großen Korallen wurden in Fragmenten an zahlreiche andere Aquarianer weitergegeben, in deren Riffaquarien sie prächtig gedeihen." Allerdings lief es auch bei Sanjay Joshi nicht ganz

Viele dieser aus Fragmenten herangewachsenen Steinkorallen sind schon die dritte „Nachzuchtgeneration". Foto: Sanjay Joshi

ohne Probleme. "Korallen, Fische oder Riesenmuscheln sterben zu sehen macht mich sehr traurig. Vor allem, wenn es sich um Tiere handelt, die *damicornis* habe ich eine Polypenausbürgerung ("polyp bail out") beobachtet. Darüber hinaus laichen Fische wie *Pseudochromis fridmani*, *Amphiprion percula* oder die *Pterapogon kauderni* regelmäßig ab. Wenn er noch einmal von vorne beginnen sollte, dann würde Sanjay Joshi aber eines anders machen: "Ich würde aus dem Lebendgestein nicht eine Riffwand bauen, sondern zwei solitäre Korallenformationen, die frei stehen, sogenannte "coral bommies".

Für die Zukunft der Riffaquaristik wünscht sich Sanjay Joshi mehr Verantwortung gegenüber den Korallenriffen. "Dazu gehört vor allem der Kauf von Korallen und Fischen aus künstlicher Nachzucht. Und wenn naturentnommene Fische oder Korallen erworben werden, sollte man unbedingt solche wählen, die verantwortungsvoll gefangen oder gesammelt wurden. Außerdem ist es wichtig, sich auf Arten zu beschränken, die im Aquarium leicht zu halten sind." Darüber hinaus empfiehlt er, den Erfahrungsaustausch zwischen Aquarianern zu fördern, und zwar nicht nur über Erfolge, sondern auch über und Niederlagen und Misserfolge, denn das hilft bisweilen, die Grenzen der Riffaquaristik zu verschieben.

Die rosettenförmigen Lamellen dieser *Montipora* sp. sind vollständig im Aquarium entstanden.
Foto: Sanjay Joshi

## Außenriff im Indopazifik

### Tierbesatz

**Wirbellose:**
5 % Weichkorallen, 5 % Steinkorallen LPS, 85 % Steinkorallen SPS, andere sessile Wirbellose 5 %

**Fische:**
*Acantharus sohal, Centropyge loriculus, Pterapogon kauderni, Neocirrhites armatus,* 2 x *Pseudochromis fridmani, Amphiprion percula,* 2 x *Chrysiptera cyanea, Halichoeres melanurus, Crypyocentrus leptocephalus*

### Aquarium:
Glas, 180 x 60 x 60 cm, 650 l plus Filterbecken, 6 Jahre

**Steindekoration:**
100 % Lebendgestein (80 % Florida Keys, 20 % Fidschi-Inseln und Tonga). Die Steine sind nicht aneinander befestigt, sondern lose aufeinandergeschichtet. Dabei wurde eine senkrechte Wand erstellt, die viele Vertiefungen zum Platzieren von Korallen und Lücken für die Wasserzirkulation besitzt.

**Bodengrund Aquarium:**
100 % lebender Sand, Schichthöhe 5 – 7 cm

### Technik

**Beleuchtung:**
3 x Halogenmetalldampflampe 400 W, 6.500 K Iwasaki, 10 Std. täglich, 2 x Leuchtstofflampe blau Actinic 03, je 40 W, 12 Std. täglich

**Wasserzirkulation:**
Gesamtumwälzung rund 16.000 l/h; Wasseraustausch zwischen Riffaquarium und Filterbecken mit einer 4.000 l/h Tauchpumpe ("Little Giant 4"), Umwälzung im Aquarium mit zwei 3.500 l/h-Tauchkreiselpumpen (Gemini), die links und rechts an der Stirnseite des Aquariums platziert sind und in fünfminütigen Intervallen wechselseitig ein- und ausgeschaltet werden. Zusätzlich sorgen zwei 2.800 l/h-Tauchpumpen im Riffaquarium für eine Dauerströmung.

**Filterung/Abschäumung:**
Fallstromabschäumer (Eigenbau), gelegentlich Aktivkohle, keine weitere Filterung

**Calciumzufuhr:**
Kalkreaktor (Eigenbau), gefüllt mit Korallensand "Carib Sea"

**Weitere technische Geräte:**
Umkehrosmose, Dosierpumpe ReefFiller, pH Meter

### Wasser:

| | | |
|---|---|---|
| **pH:** | 8.2 - 8.6 | (pH-Meter) |
| **Karbonathärte:** | 10 - 12 °dKH (Testkit Lamotte) | |
| **Calcium:** | 380 - 460 mg/l (Testkit Hach) | |

**Teilwasserwechsel:**
Unregelmäßig, jeweils rund 200 Liter

**Weitere Wartungsarbeiten:**
Schaumtopf und Filtermatte werden einmal wöchentlich gereinigt

**Fütterung:**
Zweimal täglich Flockenfutter, Nori-Algen, diverses Frostfutter

### Besitzer:
Prof. Sanjay Joshi, Port Matilda (Pensyllvania, USA)

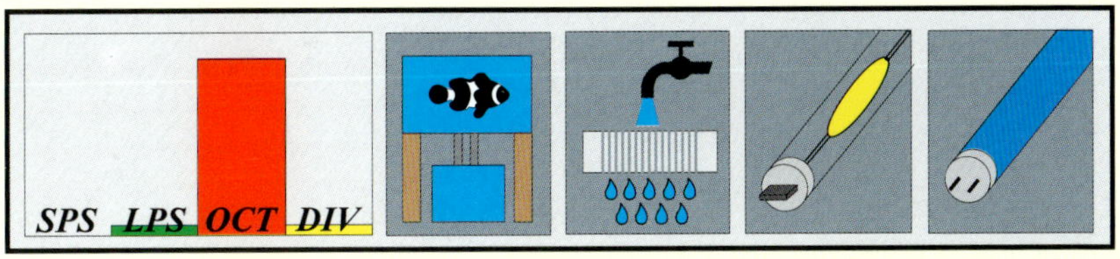


## Innenriff im Indopazifik mit Weichkorallen

### Tierbesatz

**Wirbellose:**
90 % Weichkorallen, 5 % Steinkorallen LPS, keine Steinkorallen SPS, andere sessile Wirbellose 5 %

**Fische:**
2 x *Amphiprion percula, P. asfur, Gramma loreto, Zebrasoma xanthurum*

**Aquarium:**
Glas, 120 x 45 x 55 cm, rund 300 Liter plus Filterbecken, 7 Jahre

**Steindekoration:**
100 % Lebendgestein (80 % Florida Keys, 20 % Fidschi-Inseln und Tonga). Die Steine sind nicht aneinander befestigt, sondern lose aufeinandergeschichtet, kein Bodengrund

### Technik

**Beleuchtung:**
2 x Halogenmetalldampflampe 175 W, 5.500 K Iwasaki, 10 Std. täglich, 2 x Leuchtstofflampe blau Actinic 03, je 40 W, 12 Std. täglich

**Wasserzirkulation:**
Wasseraustausch zwischen Riffaquarium und Filterbecken mit einer 3600 l/h Tauchpumpe Iwaki 30 RLXT), Umwälzung im Aquarium mit drei 1000 l/h-Tauchpumpen (MaxiJet Powerhead), die in einminütigem Intervall mit Zufallsschaltung wechselseitig ein- und ausgeschaltet werden

**Filterung/Abschäumung:**
Kein Abschäumer, gelegentlich Aktivkohle, keine weitere Filterung

**Weitere technische Geräte:**
Umkehrosmose

**Teilwasserwechsel:**
Unregelmäßig, jeweils rund 80 Liter

**Fütterung:**
Zweimal täglich Flockenfutter, Nori-Algen, diverses Frostfutter

**Besitzer:**
Prof. Sanjay Joshi, Port Matilda (Pensyllvania, USA)

Weichkorallen und Seeanemonen
Foto: Sanjay Joshi

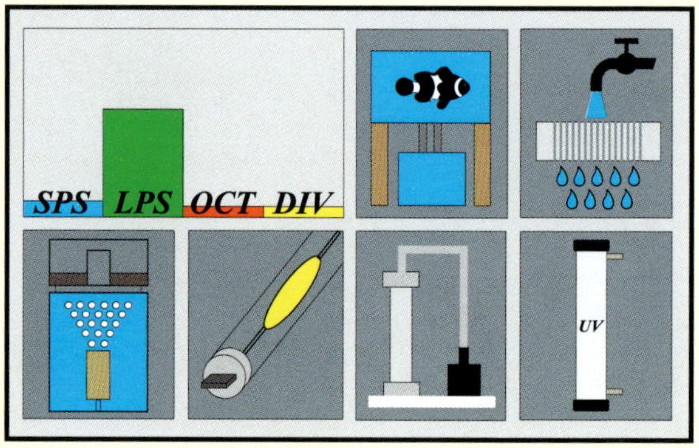


Solitäre Korallenformationen im Vorriff, Indopazifik

Dieses 1.900-Liter-Riffaquarium wurde von Prof. Sanjay Joshi und seinen Studenten eingerichtet.
Foto: Sanjay Joshi

## Tierbesatz

**Wirbellose:**
10 % Weichkorallen, 65 % Steinkorallen LPS, 15 % Steinkorallen SPS, 10 % andere sessile Wirbellose

**Fische:**
Korallenfische aus 17 Gattungen und 26 Arten

## Aquarium:

25 mm Glas, 240 x 105 x 75, 1.890 Liter plus Filterbecken, 1,5 Jahre

**Steindekoration:**
150 kg Lebendgestein und 200 kg lebender Sand von den Fidschi-Inseln im Südpazifik. Das Gestein ist so arrangiert, dass möglichst viele Versteckplätze und Höhlen entstehen. Der größte Teil des Gesteines ist nur lose aufeinandergeschichtet. Nur dort, wo es erforderlich schien, wurden Stein mit Unterwasser-Epoxydharz verbunden.

## Technik

**Beleuchtung:**
4 x Halogenmetalldampflampe 400 W 10.000 K, 25 cm Abstand zur Wasseroberfläche, 12 Stunden täglich.

**Wasserzirkulation:**
Sechs Tauchpumpen verschiedener Stärke, ein Überlaufkasten zum Absaugen der Wasseroberfläche

**Filterung/Abschäumung:**
Filterbecken/Refugium mit lebendem Sand und Caulerpa-Algen, rund um die Uhr beleuchtet. Ein ETS 1800 Fallstrom-abschäumer, UV-Entkeimer

**Kalkzufuhr:**
Kalkreaktor, gefüllt mit "Carib-sea"-Korallenbruch

**Teilwasserwechsel:**
200 Liter pro Woche

## Besitzer:

HUB-Robeson Aquarium at the Pennsylvania State University, USA

Steinkorallen im Aquarium von Wolfgang Czech, Konstanz

# Grüße von Goodzilla

Aquarium Kevin Carpenter, St. Louis (USA)

Ganz zweifellos gehört Kevin Carpenter zu jenen Riffaquarianern, die gern experimentieren und neue Wege suchen. Fast in jedes technische Problem ist in seinem Aquarium auf ungewöhnliche Weise gelöst, sei es die Beleuchtung, die im Tagesverlauf ihre Helligkeit verändert und über dem Aquarium beweglich aufgehängt ist, oder die durchdachte und planktonschonende Wasserumwälzung allein mit Hilfe von Luft. An diesen und anderen technischen Lösungen wird deutlich, dass Kevin Carpenter nicht zu jenen Aquarianern gehört, die ein ästhetisch besonders ansprechendes Aquarium pflegen möchten. Er ist erheblich mehr vom technischen Aspekt des Hobbys fasziniert und gehört mit seiner Erfahrung und seiner Arbeit zu den Schrittmachern auf diesem Gebiet.

Angefangen hat alles 1981 mit einem reinen Fischaquarium und ohne jede Erfahrung. Kevin war im Aquariengeschäft von einem rötlichen Kalkstein fasziniert und nahm ihn mit nach Hause, um ihn in das Fischaquarium zu setzen. Der rötliche Belag vermehrte sich und überzog bald auch alle anderen Steine mit einer hübschen, weinroten Schicht. Ganz allmählich dämmerte Kevin, dass es sich dabei um einen wenig erfreulichen Aquarienbewohner handelte: Cyanobakterien; rote Schmieralgen. Die folgenden Monate waren voll und ganz von dem Versuch beseelt, den gebetenen Gast wieder loszuwerden. Aus heutiger Sicht bezeichnet Kevin Carpenter diesen Kampf mit den Cyanobakterien als die bisher schwierigste Herausforderung in seiner nahezu 20jährigen Aquarianerlaufbahn.

Eine Artikelserie von Alf Nilsen in der amerikanischen Aquarienzeitschrift FAMA inspirierte ihn 1993 schließlich dazu, ein größeres Riffaquarium einzurichten. Das Ergebnis war ein knapp 3.000 Liter fassendes Becken, das von Freunden bald als "Goodzilla unter den Riffaquarien" bezeichnet wurde; "Zilla I" war geboren und wurde 1994 mit kleinpolypigen Steinkorallen von Dr. Bruce Carlson aus Hawaii besetzt. Nachdem ein permanentes, gleichbleibend schwaches Leck im Aquarium über einen längeren Zeitraum für stetes Tropfen gesorgt hatte, beschloss Kevin Carpenter 1996, das Becken zu entleeren und stattdessen ein größeres aufzubauen: "Zilla II" mit rund 8.000 Litern Fassungsvermögen.

Am meisten fasziniert Kevin Carpenter jedoch nicht die Technik der Aquarien, sondern die Anpassungsfähigkeit und Langlebigkeit der Tiere darin. Fische wurden grundsätzlich als winzige Jungtiere gekauft und im Aquarium aufgezogen. Verluste waren unter den Fischen bisher praktisch nicht zu beklagen, so dass auch keine Fische ersetzt werden mussten. Auch die Korallen entwickeln und vermehren sich gut; viele der Korallen im neuen Aquarium stammen noch von Dr. Bruce Carlson.

Fortschritte für die Riffaquaristik sieht Kevin vor allem durch das Lesen, Lernen und den Erfahrungsaustausch. Jeder erfahrene Riffaquarianer sollte helfen, Einsteigern klar zu machen, dass ein gesundes Riffaquarium Zeit braucht und dass sich kaum ein Problem im Riffaquarium dadurch lösen lässt, dass man einfach den Inhalt irgendeiner Flasche hineinschüttet.

Bewegte Lampen und Umwälzung durch Luftheber
Foto: Kevin Carpenter

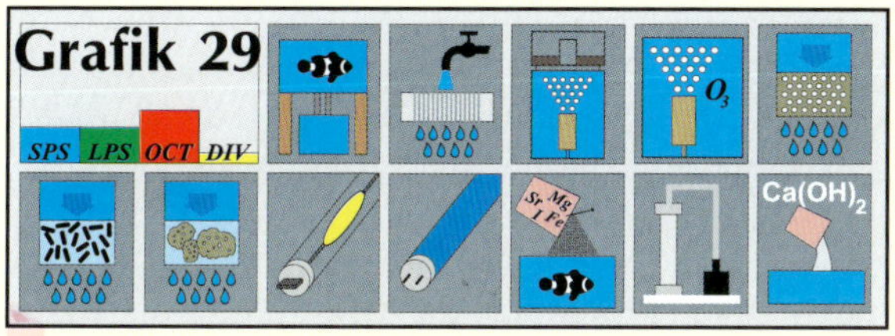


**Ziel war es, ein künstliches Riffhabitat zu schaffen, das nicht nur horizontale Kalksteinoberfläche als Siedlungssubstrat bietet, sondern auch viel vertikale Fläche.**

## Tierbesatz

**Wirbellose:**

40 % Weichkorallen, 30 % Steinkorallen LPS, 30 % Steinkorallen SPS (meist *Acropora*)
Hinzu kommen zahlreiche Fische und einige Garnelen, Seeigel, Seesterne und andere Organismen.

**Fische:**

6 Hawaiiseebader (*Z. flavescens*), 7 Palettendoktorfische *P. hepatus*, 1 *Naso lituratus*, *Acanthurus chronixis*, *Z. veriferum*, ein Paar *C. loriculus*, 2 *P. kauderni*, *Salarias fasciatus*, *Centropyge bispinosus*, *L. dimidiatus* sowie einige Demoiselle

**Aquarium:**

300 cm x 240 cm x 120 cm, 8.640 l, 3 Jahre

Das Aquarium besteht aus epoxydharzüberzogenem Sperrholz, 19 mm stark. Alle Flächen, die Wasserkontakt haben, sind mit einer Fiberglasschicht überzogen.

**Steindekoration:**

800 kg Lebendgestein aus Florida. Das Gestein liegt auf zwei PVC-Gerüsten. Das Gerüst auf der linken Seite wurde aus zurechtgebogenen PVC-Rohren hergestellt, die mit Nylon-Kabelbindern aneinander befestigt sind. Auf der rechten Seite befand sich ursprünglich die gleiche Konstruktion, die allerdings dem später gebauten RCSD-Rohrgestell für die Wasserumwälzung weichen musste. Darum wurde es durch ein kleineres PVC-Gestell mit herkömmlichen Fittings und T-Stücken ersetzt. Das Gestein ist nicht an diesen PVC-Gerüsten befestigt, sondern liegt nur darauf.

**Bodengrund Aquarium:**

Ca. 1.000 kg grober Korallenkies und ca. 150 kg feiner Carib Sea Geo Marine Sand. Später wurde allerdings knapp die Hälfte dieser Mischung wie-

In vielerlei technischer Hinsicht geht dieses Riffaquarium neue Wege.
Foto: Kevin Carpenter

der aus dem Aquarium entfernt, um die Ansammlung von Sedimenten zu reduzieren.

**Bodengrund Filterbecken:**
Das Aquarium hat kein Algen- oder Filterbecken, sondern lediglich ein 500 l-Refugium mit 100 kg feinem Carib Sea Geo Marine Sand.

## Technik

**Beleuchtung:**
2 x Halogenmetalldampflampen 400 W, 6.500 K, über den zwei Steinkonstruktionen im vorderen Aquarienbereich, 30 cm Entfernung zur Wasseroberfläche. Diese beiden Lampen sind computergesteuert und stellen die Lichtperiode über dem Great Barrier Reef nach. Dadurch werden während der einer Lichtschiene aufgehängt (Hydrofarm Light Track). Diese Beleuchtungseinheit bewegt sich während der Beleuchtungsphase fortwährend über dem Aquarium hin und her, wobei sie innerhalb von 40 Minuten einmal die gesamte Beckenlänge zurücklegt. Diese vier Lampen werden unabhängig voneinander mit herkömmlichen Zeitschaltuhren gesteuert. Morgens wird zunächst eine Lampe eingeschaltet und die übrigen drei kommen nacheinander mit 1,5-Stunden Abstand hinzu, so dass zur Mittagszeit die größte Helligkeit erreicht wird. Anschließend werden diese Lampen nacheinander wieder reduziert, so dass kurz vor der "Abenddämmerung" nur eine einzige bleibt. Die veränderliche Lichtstärke im Tagesverlauf und die Bewegung der Lampe, mit der die Abschattungen durch einen re-

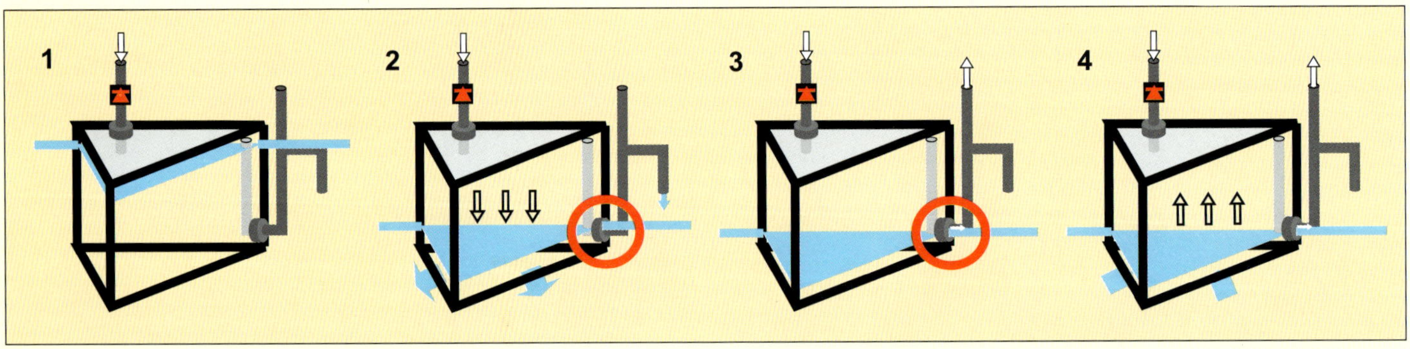


1. Beginn der Lufteinblasung, Wasser wird verdrängt; 2. Wasserstand im RCSD noch oberhalb der kritischen Marke, der untere Teil des Ablaufrohrs ist noch wassergefüllt; 3. Wasserstand erreicht kritische Marke und Luft gelangt in den unteren Teil des Ablaufrohres; 4. Luft entweicht aus RCSD durch das Ablaufrohr und das Wasser läuft zurück in das RCSD

nordamerikanischen Winterzeit längere Beleuchtungstage simuliert, als während des nordamerikanischen Sommers. Das ergibt im Sommer eine Stromkosteneinsparung, weil hier wegen der vielen Klimaanlagen die Kosten für elektrischen Strom im Sommer doppelt so hoch sind, wie im Winter. 4 x Glühlampe 4 W zur Mondphasensimulation. Durch eine unterschiedlich große Zahl an eingeschalteten Glühlampen werden verschiedene Helligkeitsstufen erreicht. Zwei Leuchtstofflampen 40 Watt (1 x Blau, 1 x "actinisch Blau") erzeugen morgens und abends einen Dämmereffekt. 4 Halogenmetalldampflampen befinden sich in Vertikalstellung gemeinsam in einem Reflektor, der für 1000 Watt-Lampen vorgesehen ist. Dieser Reflektor ist in ca. 30 cm Entfernung von der Wasseroberfläche beweglich an gelmäßigen Wolkenzug simuliert werden, haben sich auf das Wachstum und die Färbung der Korallen sehr gut ausgewirkt.

**Wasserzirkulation:**
1. Eine Gruppe von 8 Lufthebern (7,5 cm Rohrdurchmesser, 100 cm Rohrlänge) wird von einem Gebläse mit Luft versorgt. Auf diese Weise werden innerhalb von einer Minute 2.400 Liter Wasser durch die Rohre gepumpt (144.000 Liter pro Stunde). Dadurch wird das gesamte Aquarienvolumen innerhalb von 3 Minuten einmal umgewälzt (20 x pro Stunde).
2. Das RCSD (Reverse Carlson Surge Device). Hierbei handelt es sich um eine Umkehrkonstruktion des von Dr. Bruce Carlson entwickelten "CSD".

Diese Vorrichtung befindet sich in der rechten Hinterecke des Beckens und entzieht dem Aquarium innerhalb von 40 Sekunden rund 350 Liter Wasser. Durch die rasche Entnahme des Wassers entsteht im ganzen Becken eine deutlich spürbare Wasserströmung. Das RCSD wird mit Luft betrieben, die ebenfalls von dem Gebläse stammt.
3. Eine Swimmingpool-Pumpe mit 1,5 PS Leistung betreibt einen 40 cm hohen Sandfilter.
Die Luft des Gebläses wird über eine Gruppe elektronischer Kugelhähne zu den Lufthebern und dem RCSD geleitet. Auf diese Weise kann die Luft zwischen den Lufthebern so aufgeteilt werden, dass die Wasserströmung variiert. Auch zwischen Lufthebersystem und RCSD kann die Luftverteilung variiert werden. Dadurch ergeben sich fortwährend veränderte Strömungsmuster im Aquarium.
Die Swimmingpool-Pumpe mit dem Sandfilter wird nur während der Reinigung des Aquariums betrieben. Nach erfolgten Wartungsarbeiten bleibt sie jedoch manchmal auch für einige Tage eingeschaltet, doch mit der Auswurfleistung des Filters von 360 Litern pro Stunde trägt sie nur unwesentlich zur Wasserumwälzung bei.

**Filterung/Abschäumung:**
Ein Abschäumer "Marine Technical Concepts", Typ HSA 1000, gespeist von einer Pumpe Iwaki 40 RLT, sowie ein Sandfilter, der einmal wöchentlich während der Reinigung des Aquariums betrieben wird.

**Calciumzufuhr:**
Ein Kalkreaktor "Marke Eigenbau", befüllt mit Carib Sea Geo Marine Sand und/oder Kalkgranulat, je nachdem, was verfügbar ist. Zusätzlich wird Calciumhydroxid eingesetzt; die Verdunstungsrate liegt bei etwa 60 Liter pro Tag und das gesamte Nachfüllwasser wird durch einen Kalkwasser-Reaktor geleitet (Wochenverbrauch an Calciumhydroxid ca. 500 g).

**Weitere technische Geräte:**
Ozon, 200 mg/h direkt in den Abschäumer

**Leitungswasseraufbereitung:**
Feinfilterung nacheinander über Filtersäcke mit einer Porengröße von 20 micron, 5 micron, 1 micron, 0.2 micron (durch den jeweils gröberen Filter wird das schnelle Verstopfen des nachfolgenden feineren Filters verhindert). Wasserflussrate ca. 4 Liter pro

Auf diesem PVC-Rohrgestell ist das Lebendgestein platziert.
Foto: Kevin Carpenter

Stunde. Nach dem Feinfilter passiert das Wasser ca. 30 l Aktivkohle, die in einem herkömmlichen Sandfiltergehäuse untergebracht sind. Anschließend läuft das Wasser durch eine Filterpatrone ("Poly-Filter Chemical Adsorption Cartridge"). Auf diese Weise sollen alle Pestizide, Chlor, organische Belastungen und Schwermetalle aus dem Leitungswasser entfernt werden, ohne Calcium und andere wichtige Substanzen zu reduzieren.

**Wasser:**

| | |
|---|---|
| **Salzgehalt:** | 1.025 (25 °C) (geeichtes Hydrometer) |
| **Temperatur:** | 26 °C (elektronisches Thermometer) |
| **Karbonath.:** | 10,5 °dKH (Tetra Testkit) |
| **Calcium:** | 528 mg/l (Salifert Profi-Test Calcium, neue Version) |

Weitere Tests (Jod, Eisen, Strontium u. a.) werden bei Bedarf durchgeführt.

**Teilwasserwechsel:**
Es werden keine gezielten Wasserwechsel durchgeführt. Lediglich die Salzwasserverluste durch die Abschäumung und das wöchentliche Rückspülen des Sandfilters werden einmal pro Woche durch Salzwasser ausgeglichen (ca. 80 l, etwa 1% des Aquarienvolumens).

**Besitzer:**
Kevin Carpenter, St. Louis, USA

## "Das einzig Beständige im Riffaquarium ist der Wandel"

Aquarium Daniel Knop, Deutschland

Die Idee, ein großes Riffaquarium einzurichten, war schon vor dem anstehenden Bau des neuen Einfamilien-Wohnhauses geboren, so dass es möglich war, im Kellergeschoss einen großen Raum dafür einzuplanen und in gewisser Weise "das Haus um das Aquarium herum" zu bauen.
Das Bodenfundament in dem betreffenden Raum wurde durch eine erheblich dickere Zementschicht und die dreifache Menge an Baustahl verstärkt, so

6000-Liter-Riffaquarium mit Artenbeckenanlage

dass sich darauf später ein sehr großes Aquarium errichten lassen würde. Bis die Zeit aber schließlich für das Aquarium reif war, vergingen zwei ganze Jahre und so hatte der betreffende Kellerraum schon einen fertig gefliesten Estrichboden. Auf diesen dünnen Boden konnte das geplante Aquarium natürlich nicht ohne weiteres gestellt werden, denn für das die komplette Aquarienanlage mit Gestein, Glasgewicht und Unterbau musste ein Gewicht von rund 9 Tonnen veranschlagt werden, das sechs Quadratmeter Boden belasten würde (was etwa einem Parkplatz entsprechen würde, auf dem sechs bis sieben Kleinwagen übereinander parkten). Darum war es nötig, die Estrichplatte im betreffenden Bereich zu entfernen.

Das Glasbecken steht auf einem massiven Gasbeton-Unterbau

Als Unterbau war ein großer, massiver Block aus Gasbetonsteinen vorgesehen, der aus vermauerten Einzelblöcken bestehen sollte. Auf materialsparende Hohlräume wollten wir aus Sicherheitsgründen verzichten. Um einen direkten Bodenkontakt des Unterbaus zu verhindern, wurde dazwischen eine 12 cm dicke Schicht aus geschäumtem Isoliermaterial (Styrodur) gelegt. Dies hatte den Vorteil, dass der komplette Gasbeton-Unterbau höher stand, als der Estrichboden des gesamten Raumes, so dass das poröse Material bei einer eventuellen Überschwemmung nicht feucht werden konnte. Die Oberfläche des Gasbetonblockes wurde plangeschliffen, mit Fließspachtel geglättet und schließlich mit Styropor belegt.
Der Aufbau des Beckens schließlich war eher Routine; Stoßverklebung mit 4 mm Spaltmaß. Alle Silikonfugen im Bodenbereich und an den Seitenkanten wurden innen im Becken mit einem 5 cm breiten Glasstreifen abgedeckt, der vollflächig verklebt wurde. Das sollte die Kontaktfläche der einzelnen Scheiben massiv vergrößern und zudem der bohrenden Flora und Fauna (Algen, Schnecken, etc.) den Zutritt erschweren. Auf das fertige Glasbecken wurde ein geschweißter Rahmen aus V4A-Stahl gesetzt, allerdings allseitig mit einem Abstand von 5 mm zum Glas. Die Fuge wurde vollständig mit Silikon gefüllt. Anstelle der herkömmlichen Zugstreben aus Glas wurde V4A-Rundstahl (10 mm) verwendet, direkt oben am Rahmen angeschweißt. Eine Zeit lang war auch eine Zugverstrebung mit Stahlseil (PVC-Ummantelt, mit einem Spannelement) in der Diskussion, doch die Rundstahl-Lösung erschien uns schließlich verlässlicher.
Als Steinaufbau wurde ein fossiler Kalkstein aus einem Steinbruch gewählt, weil dieses Material kostenlos zur Verfügung stand. Die Steine waren allerdings außerordentlich massiv, so dass sie keine innere biologisch aktive Oberfläche boten. Darum war geplant, den Steinaufbau später mit porösem

Gestein oder, besser noch, mit Lebendgestein aufzustocken. Allerdings wurde bei diesem Steinaufbau ein Fehler gemacht, der in dieser Phase nur wenigen Riffaquarianern erspart bleibt: es wurde erheblich mehr Gestein verarbeitet, als tatsächlich nötig. Man neigt leicht dazu, in diesem Stadium zu vergessen, dass die meisten Korallen selbst Substratsteine besitzen und im Laufe der Zeit auch zu großen Kolonien heranwachsen, so dass sie viel Raum brauchen. Nach dem Einfüllen des Wassers wird dieser Fehler dann durch die optisch stark verkürzende Wirkung des Salzwassers schnell offenbar. Rund ein Drittel des Gesteins wurde im Laufe der ersten zwei Jahre wieder aus dem Aquarium entfernt.

Unter das Gestein wurden aus Sicherheitsgründen Platten aus Acryl und Styropor gelegt, um einen direkten Kontakt mit den Bodenscheiben zu verhindern. Das Aquarium sollte "begehbar" sein, weil dies viele Wartungsarbeiten später erheblich erleichtert. Darum wurden die Kalksteine durch Zement miteinander verbunden (eisenfreier Portlandzement, zu 50 % mit feinem Quarzsand vermischt). Hierzu reichte es jedoch aus, die Steine aufeinander zu legen und die Fugen mit Zement zu füllen. Anschließend wurde zwei Wochen gewässert, um alkalische Ausschwemmungen des Zements zu beseitigen (Leitungswasser mit Zusatz von herkömmlichem Kochsalz). Nach dem Ablassen des Spülwassers war es nun so weit; das Aquarium konnte mit vollentsalztem Leitungswasser gefüllt werden, um Meerwasser herzustellen. Dazu mussten zunächst zwei große Ionenaustauscher-Säulenpaare angefertigt werden, damit das Becken in vertretbarer Zeit gefüllt werden konnte (mit den damals handelsüblichen Umkehrosmoseanlagen hätte das rund sieben Wochen gedauert).

Für die Einlaufphase wurde aus dem Frankfurter Zoo schließlich eine große Menge *Caulerpa taxifolia* beschafft, die in der ersten Zeit durch Nahrungskonkurrenz die Ausbreitung niederer Algen begrenzen sollte. Nach sechswöchiger Einlaufzeit zogen 10 Hawaii-Seebader (*Zebrasoma flavescens*) ein, um die fädigen Grünalgen zu fressen, die sich anfangs entwickelten. Anschließend wurde das Aquarium in mehreren Etappen mit kleinen Weichkorallenkolonien (Aquariennachzuchten) besetzt, zumeist mit schnellwüchsigen Arten (div. *Sinularia*-Arten, *Sarcophyton* sp., *Alcyonium* sp. etc.), die rasch zu ansehnlichen Kolonien heranwuchsen. Eine *Sinularia*-Art gelangte als Einzelkolonie mit einem Durchmesser von 25 cm in das Aquarium und vermehrte sich so massiv, dass bereits nach einem Jahr aus Platzgründen drei Stöcke dieser Art mit Durchmessern zwischen 60 und 70 cm aus dem Aquarium entfernt werden mussten.

Es folgte ein massives Wachstum vieler Weichkorallenarten, wobei der Konkurrenzkampf der einzelnen Arten mit äußerster Heftigkeit tobte. Bisweilen waren "gärtnerische" Eingriffe nötig, um die Dominanz einzelner Arten zu verhindern. Zunächst bildete der Ohrschwamm *Collospongia auris* große Kolonien aus und überwuchs karibische Gorgonien ebenso wie Röhrenkorallen oder Steinkorallen. Nachdem die meisten der *Collospongia*-Kolonien aus dem Aquarium entfernt worden waren, breiteten sich Glasrosen *Aiptasia* sp., und als auch dieses Problem unter Kontrolle war (manuelles Entfernen und ein Exemplar *Chelmon rostratus*), vermehrte sich der Hydroidpolyp *Myrionema* sp. massiv. Zu-

In den ersten Jahren war das Aquarium dicht mit Weichkorallen bewachsen.

vor war dieser hübsche Plagegeist annähernd zwei Jahre lang unauffällig geblieben. Es schien, als schaffte das Entfernen einer massiv dominierenden Art eine ökologische Nische für eine andere Art, die dann mit starker Vermehrung begann. Das einzig Beständige im Riffaquarium ist der Wandel.
In jüngster Zeit hat sich in diesem Aquarium eine unbekannte Krustenanemonen-Art ausgebreitet und eine Gesamtpopulation von schätzungsweise mehr als 20.000 Einzelpolypen erzeugt, die zahlreiche Steinkorallenkolonien unter sich begraben hat. Plagen dieser Art sind, wie auch Rolf Hebbinghaus vom Loebbecke Aquazoo und Museum in Düsseldorf berichtet, in einem Aquarium dieser Größe schwer zu beherrschen. Als Gegenmaßnahme wurden möglichst viele der befallenen Dekorationssteine aus dem Aquarium entfernt und fest einzementierte Steine von den Polypen befreit (Koralle 6/2000). Dabei musste sehr vorsichtig vorgegangen werden, weil die Krustenanemonen ein äußerst giftiges Abwehrsekret absondern können, das zahlreiche Steinkorallengattungen innerhalb kurzer Zeit vollständig abtöten kann und sogar beim Menschen heftige Entzündungsreaktionen hervorruft. Aber selbst durch einen sehr gründlichen Eingriff ließ sich die Plage nicht beenden; schon nach wenigen Monaten waren winzige Restbeständen wieder zu großen Kolonien herangewachsen. Eine erneute Ausbreitung ließ sich nur durch regelmäßig wiederholtes Entfernen aller nachgewachsenen Polypen verhindern.

Oben:
Ein Algenbecken dient als Refugium

Unten:
1994 wurde der Aquarienraum für Aufnahmen des ZDF acht Wochen lang zum Fernsehstudio umfunktioniert

Von Beginn an wurden im Aquarium abwechselnd unterschiedlichen Pumpentypen eingesetzt, um die Eigenschaften der einzelnen Systeme miteinander zu vergleichen, etwa Tauchpumpen und Tauchkreiselpumpen (mit und ohne Intervallschaltung) oder externe Pumpen (mit und ohne elektrischem Kugelhahn). Es stellte sich schließlich heraus, dass auch bei einem recht großen Aquarium jedes Pumpensystem Vor- und Nachteile hat und keines vorbehaltlos als "das Beste" empfohlen werden kann. Bei diesem Aquarium entschieden wir uns schließlich für die wartungsarmen Tauchpumpen eines renommierten Herstellers, deren Wärmeabgabe im Winter beim Heizen hilft (und im Sommer schlaflose Nächte bereitet).
Nach zweijähriger Standzeit war das Aquarium hauptsächlich von Weichkorallen besiedelt und nur einzelne Steinkorallenkolonien (*Acropora* spp., *Pocillopora* spp.) befanden sich darin. Nach dreijähriger Standzeit wurden zahlreiche Riesenmuscheln Tridacnidae hinzugesetzt. Zu dieser Zeit ereignete sich eine Panne mit einer Umwälzpumpe, die infolge eines technischen Defektes über viele Monate hinweg das Aquarienwasser mit Kupfer anreicherte, ohne, dass die Ursache ermittelt werden konnte, weil sie noch weiterhin funktionierte. Infolge dieser Kupfervergiftung starben zahlreiche Wirbellose ab; zunächst die Riesenmuscheln, dann die *Pocillopora* spp., anschließend die *Acropora* spp.. Interessant war dabei die Beobachtung, dass jeweils nur eine einzige Art betroffen war und erst zu einem späteren Zeitpunkt, als vermutlich eine höhere Kupferkonzentration im Wasser erreicht war, die nächste Art Gewebszerfall aufwies. Offenbar ist die Kupfer-Toleranz auch zwischen den Arten einer Gattung recht unterschiedlich. Zur Abhilfe wurde ein 90%iger Wasseraustausch durchgeführt und anschließend ein schwermetallbindendes Wasseraufbereitungsmittel eingesetzt. Es folgte eine schnelle Sanierung und bald blühendes Wachstum neu eingesetzter Arten. Die wenigen überlebenden Weichkorallen erholten sich und gediehen bald wieder. Lediglich Kalkalgen konnten sich nur schwer etablieren, nachdem die zuvor flächendeckende Kalkalgenpopulation durch die Kupfervergiftung abgestorben war.
Nach sechsjähriger Standzeit wurde das Aquarium schließlich mit zahlreichen Steinkorallen besetzt. Zugleich wurde auch mehr Lebendgestein eingesetzt und viele Weichkorallen wurden aus dem Aquarium entfernt, um Platz zu schaffen. Es folgte massives Wachstum verschiedener *Acropora*-Arten und zahlreicher anderer Steinkorallen, das in dem inzwischen zehn Jahre alten Aquarium bis heute andauert.

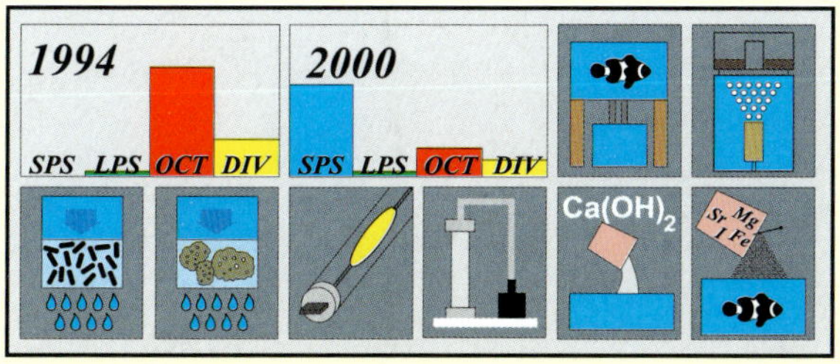


**Riffausschnitt (Saumriff mit Riffwand und Schlucht, Riffdach, Innenriff und mangroven-bewachsener Küstenzone)**

## Tierbesatz

**Wirbellose:**

1994: 75 % Weichkorallen, 5 % Steinkorallen LPS, 20 % andere sessile Wirbellose

2000: 20 % Weichkorallen, 5 % Steinkorallen LPS, 60 % Steinkorallen SPS, 15 % andere sessile Wirbellose

Steinkorallen LPS: *Caulastrea* sp., *Herpolitha limax*, *Trachyphyllia* sp., *Fungia* spp., Steinkorallen SPS: *Hydnophora rigida*, *Pocillopora damicornis*, *Stylophora pistillata*, 3 *Porites*-Arten (eine Kolonie mit Einsiedlerkrebsen *Paguritta* sp.), *Leptoseris* sp., *Montipora* sp., *Pavona cactus*, *P. decussata*, *P. clavus* sowie 8 *Acropora*-Arten, Weichkorallen und andere Octocorallia: 3 *Sinularia*-Arten, *Alcyonium* sp., *Sarcophyton* sp., *Lobophytum* sp., *Nephthea* sp., *Pseudoplexaura* sp., *Clavularia* sp., *Heliopora caerulea*, andere sessile Wirbellose: *Protopalythoa* sp., *Zoanthus* sp., eine unbekannte Zoanthidae-Art, diverse Discosomatidae, *Collospongia auris* und diverse weitere Schwämme, nichtsessile Wirbellose: Garnelen (z. B. *Lysmata amboinensis*), Seesterne (z. B. *Linckia laevigata*), Schlangensterne (z. B. *Ophioarachna incrassata*), Seeigel (z. B. *Diadema* sp.),

**Fische:**

2 *Zebrasoma flavescens*, *Acanthurus lineatus*, *Ctenochaetus strigosus*, 4 *Naso vlamingi*, 2 *Naso lituratus*, *Symphorichthys* sp., *Chelmon rostratus*, *Gramma loreto*, 5 *Amphiprion ocellaris*, 2 *A. chrysopterus*, 3 *A. frenatus*, 10 *Chromis atripectoralis*, 8 *Chrysiptera parasema*

**Aquarium:**

Glas, 300 x 200 x 100 cm mit Oberrahmen und 5 Zugstreben aus V4A-Stahl, 6.000 l, 10 Jahre
Filterbecken: Glas, 150 x 60 x 60 cm, 540 l
15 Isolierbecken: 40 x 50 x 70 cm (für Nachzucht-, Versuchs- und Fotozwecke)

**Steindekoration:**

1.000 kg Kalkgesteingestein (aus Steinbruch, z. T. mit zahlreichen Einschlüssen fossiler Muscheln) wurden als Grundaufbau zementiert. Zusätzlich wurden ca. 300 kg Lebendgestein (Indonesien) eingebracht und als diagonal verlaufende "Riffwand" lose aufeinandergeschichtet.

links:
Der Schwamm *Collospongia auris* überwuchs viele Korallen

rechts:
Krustenanemonen der Gattung *Protopalythoa* breiteten sich stark aus

## Technik

**Beleuchtung:**

Aquarium: 2 x Halogenmetalldampflampe Osram TS 1000 W/D, 6000 K, 50 cm Abstand, 10 Std. täglich, 2 x Halogenmetalldampflampe Aqualine Buschke TS 250 W/D, 10.000 K, 50 cm Abstand, 12 Std. täglich. Zeitweise wurden über einen kürzeren Zeitraum (ca. 6 Monate) auch andere Leuchtmittel eingesetzt, um Anpassungsverhalten und Wachstum der Wirbellosen zu beobachten, z. B. HQI Radium 20.000 K, 1.000 Watt. 15 Isolierbecken: 12 x Leuchtstofflampe Osram L 36/11, paarweise angeordnet, 14 Std. täglich

**Wasserzirkulation:**

**Aquarium:**

4 x Eheim 1060 (Dauerströmung, keine Intervallsteuerung)

**15 Isolierbecken:**

jeweils eine Tauchpumpe Rena 1000 l/h

Aus Kameraperspektive schaut der Betrachter vom „Meer" landwärts auf eine „mangrovenbewachsene Küste", die von einem „Saumriff" umgeben ist.

**Wasser:**

**Salzgehalt:** 1.023 (25 °C) (Refraktometer)
**Temperatur:** 28 °C
**pH:** 8.2 (pH-Meter, 2 x täglich)
**Karbonathärte:** 7 °dKH (Aquamerck 14653)
**Calcium:** 415 mg/l (Salifert Profi-Test Calcium, neue Version)
**Jod:** 0.07 mg/l (Seachem Iodine & Iodide)
**Nitrat:** 20 mg/l (Aquarium Systems SeaTest - Nitrate Low Range)
**Phosphat:** 0.035 mg/l (Merck Phosphat-Test 1.14445.0001)
**Strontium:** 9 mg/l (Salifert Profi-Test Strontium - neue Version)
**Magnesium:** 1200 mg/l (Seachem Reef Status Sr & Mg)

**Anreicherung mit Spurenelementen u. a.:**
Knop Koralvit combi, einmal wöchentlich

**Teilwasserwechsel:**
600 Liter pro Monat (ca. 10 % des Volumens monatlich)

**Filterung/Abschäumung:**
**Aquarium:**
Keinerlei mechanische Filterung, ein Abschäumer Knop-Mega 300 (Gegenstrom) mit Eheim 1060 und Membranpumpe "Weltweit", 40 W, ca. 1 kg Aktivkohle, 5 kg Knop-PhosphatEx,

15 Isolierbecken: Biofilter aus porösem Schaumstoff

**Calciumzufuhr:**
Kalkreaktoren unterschiedlicher Bauart und Größe (Aquarienanlage dient der Produktentwicklung)

**Weitere Wartungsarbeiten:**
Alle sechs Monate werden die Lindenholzausströmer gewechselt, alle 2 Monate wird die Aktivkohle ausgetauscht, das Phosphatadsorbans wird bei Bedarf ausgetauscht (Phosphatmessung des Filterauslaufs)

**Besitzer:**
Daniel Knop, Sinsheim (Deutschland)

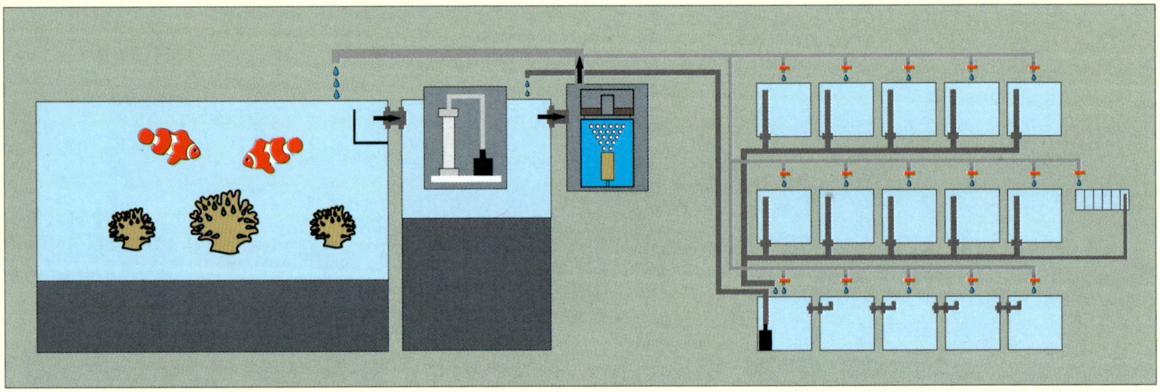

Grafische Darstellung der Gesamtanlage mit Schaubecken, Filterbecken/Refugium und 15 Artenbecken

„Londoner Korallenriff": das Aquarium von David Saxby, Foto: Jeremy Simmonds

# Das Londoner Korallenriff

Aquarium David Saxby, England

Auf die Größe kommt es nicht an, sagt man. Wenn man David Saxbys Aquarium vor Augen hat, ist man jedoch versucht, diesen Standpunkt noch einmal zu überdenken. So jedenfalls ging es uns bei jedem unserer Besuche in Davids Wohnung nahe dem Londoner Hyde Park. Und jedes Mal wurden wir morgens nach dem Aufwachen und dem Öffnen des großen, schweren Vorhanges im Gästezimmer vom Zauber eines tropischen Korallenriffes begrüßt, denn David hat dieses Zimmer mit einer Glaswand ausgestattet, die den Blick auf das unmittelbar benachbarte Aquarium erlaubt.

Drei Dinge braucht ein Aquarianer, um den Traum von einem unvergleichlichen Riffaquarium Wirklichkeit werden zu lassen: hervorragende Kenntnisse über marine Organismen und ihren Lebensraum, großes Einfühlungsvermögen im Umgang mit diesen Tieren und das nötige Geld, um ein solches Aquarium einzurichten und zu unterhalten. David Saxby ist einer der seltenen Fälle, in denen diese drei Dinge in einer ausgesprochen glücklichen Mischung aufeinandertreffen. Das Ergebnis ist ein Glaskasten, der im Zentrum seiner Wohnung steht und von mehreren Räumen aus betrachtet werden kann. Nahezu 5.000 Liter Meerwasser befinden sich darin, und Schwärme bunter Korallenfische tummeln sich zwischen prächtigen Korallenstöcken unterschiedlichster Gattungen. Selbst die Steindekoration wirkt so natürlich, dass man sich in ein Korallenriff versetzt glaubt.

Eine der drei Sichtscheiben von David Saxbys Aquarium. Foto J. Simmonds

Wer aber meint, der erfolgreiche Geschäftsmann David Saxby delegiere mühselige Arbeiten am Aquarium an andere, lasse diese Helfer einrichten und pflegen, während er selbst sich darauf beschränke, das faszinierende Miniriff in seinem Wohnzimmer zu betrachten, der irrt gewaltig. Jedes technische Aggregat der Anlage hat David selbst geplant und jeden Dekorationsstein im Aquarium selbst platziert. Die Korallen, allesamt ausgesuchte Schönheiten, hat er aus verschiedenen Ländern zusammengetragen. Jeder der Stöcke ist eine kleine Kostbarkeit, gehört entweder einer seltenen Art an oder hat eine ungewöhnliche Färbung. Eine blaue *Acropora granulosa*? Tabulat wachsende *Acropora cythera*? Seltene und begehrte *Turbinaria*- oder *Montipora*-Arten? Kaum eines dieser aquaristischen Juwele sucht man bei ihm vergeblich. Und jede Koralle im Aquarium hat ihre eigene "Geschichte". Fragt man David danach, dann entwickelt er seine ganze Leidenschaft und wird nicht müde, diese Geschichte zu erzählen, haarklein. Welche Koralle stammt von welchem Stock ab, hat sich unter einer anderen Lichtzusammensetzung umgefärbt und dort eine völlig andere Kolonieform entwickelt – David steht mit jeder einzelnen seiner Korallen auf "Du".

Doch Erfahrung und Erfolg in der Riffaquaristik kommen nicht von selbst, wie auch David Saxby weiß. Zwar beteuert er, dass die einzige größere Panne in seiner aquaristischen Laufbahn in einem defekten Schwimmerschalter eines Süßwasser-Vorratsbeckens bestanden hat, der ein früheres Meerwasseraquarium unversehens in ein Süßwasseraquarium verwandelt hat – mit tödlichen Folgen für den gesamten Aquarieninhalt. Doch wer David länger kennt weiß, dass er den Riss in der Bodenplatte seines vorletzten Aquariums vergessen hat. Und die zerbrochene Frontscheibe in dem früheren 4.000-Liter-Aquarium, die schon wenige Tage nach der Ersteinrichtung die gesamte Wohnung unter Wasser gesetzt hat...

Die gewaltigen Abmessungen des Aquariums erfordern natürlich auch ebenso dimensionierte technische Geräte. Die gesamte Leistung seiner Wasserpumpen liegt oberhalb von 70.000 Liter pro Stunde. Drei Kühlgeräte sorgen für die richtige Wassertemperatur, was bei der großen Abwärme so starker Wasserpumpen leichter gesagt als getan ist. Abschäumer, Kalkreaktor und Halogenmetalldampflampen sind die wichtigsten technischen Elemente seiner Anlage. Rieselfiltertürme und andere biologisch aktive Filter sucht man vergeblich; die gesamte biologische Aktivität findet im Lebendgestein des Aquariums statt. Grundsätzlich tut David Saxby also nicht viel anderes als all die vielen Aquarianer, die nach dem "Berliner System" arbeiten. Trotzdem ist man über die ungewöhnlich kräftigen Farben seiner Korallen erstaunt. Auch problematische Korallenarten, die kaum einmal im Riffaquarium anzutreffen sind, gedeihen bei ihm, zum Beispiel die astförmige *Tubastraea micrantha* oder die Krustenanemone *Isaurus tuberculatus*. Woran das liegt, kann auch David nicht genau sagen. Es scheint einfach die Summe seiner Detaillösungen zu sein.

So pflegt er beispielsweise rund 30 Putzergarnelen im Aquarium, die fortwährend Larven produzieren und damit allnächtlich einen Lebendfuttersegen bringen, der den Korallen sicherlich gut tut. Hinzu kommt die ausgiebige und abwechslungsreiche Fütterung der rund 170 Korallenfische mit lebenden Garnelen und adulten Artemien sowie mit Frostfutter (Mysis, Artemia), die mehrmals täglich durchgeführt wird und so üppig ausfällt, dass sich auch die heiklen Anthiinae-Arten prächtig entwickeln. Fraglos profitieren davon auch die Korallen. Einen guten Teil seines Erfolges schreibt David allerdings seiner peniblen Kontrolle der Wasserchemie zu. Vor allem den Gehalt des Wassers an Nitrat und Phosphat prüft er regelmäßig. Zur Nitratabsenkung betreibt er einen "Wodkafilter", und bei der pH-Stabilisierung hilft ihm die antizyklische, nächtliche Beleuchtung seines Wasserreservoirs, die zu kräftigem Algenwuchs führt.

Aber auch bei der Gestaltung des Steinaufbaus hat David Saxby außerordentlich viel Geschick und Einfallsreichtum bewiesen. An den zwei hinteren Scheiben befindet sich ein fester Aufbau aus Lebendgestein. Von diesem massiven Steinaufbau aus ragen astförmige Steinformationen in das Freiwasser. Dabei sind diese "Äste" jeweils so angeordnet, dass sie sich gegenseitig nicht abschatten, so dass auch auf den unteren "Ästen" lichtbedürftige Korallen leben können. Das erzeugt eine ganz erstaunliche Dreidimensionalität, die vor allem dann faszinierend wirkt, wenn die farbenprächtigen Korallenfische sich zwischen diesen astförmigen Korallenvorsprüngen tummeln.

170 Korallenfische und mehr als 70 verschiedene Steinkorallenarten
Foto: Jeremy Simmonds

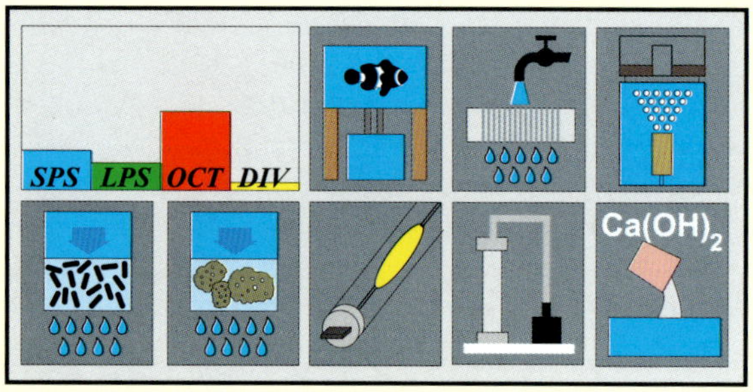


**Riffwand im Indopazifik**

### Tierbesatz

**Wirbellose:**
50 % Steinkorallen (LPS & SPS), 50 % Weichkorallen, zahlreiche Riesenmuscheln Tridacnidae

**Fische:**
Ca. 50 Exemplare aus verschiedenen Gattungen

**Aquarium:**
U-förmiges Becken aus Glas, 200 cm (linker Schenkel) x 300 cm (rechter Schenkel), Höhe 95 cm, ca. 3.800 Liter, 3 Jahre Standzeit (das Aquarium wurde 1998 wegen einer gerissenen Bodenscheibe ausgeräumt). In Kunststoff-Behältern, die mit dem Aquarium verbunden waren, befanden sich weitere 2.000 Liter Wasser ("Filterbecken").

Ein Riss in der Bodenscheibe beendete diese marine Idylle. Foto: Karen Saxby

**Steindekoration:**
Vollständig aus unbelebtem Kalkgestein

**Bodengrund Aquarium:**
Knop-Korallith, feine Körnung (2 bis 3 mm)

### Technik

**Beleuchtung:**
5 x Halogenmetalldampflampe 400 W, 6.500 K, 30 cm Abstand zur Wasseroberfläche,
4 x Halogenmetalldampflampe 400 W, 20.000 K, 45 cm Abstand zur Wasseroberfläche

**Wasserzirkulation:**
Insgesamt 22.000 Liter pro Stunde. Eine 2.000 Liter-Pumpe beförderte das Wasser durch ein PVC-Rohrsystem mit zahlreichen Auslauföffnungen, zusätzlich 5 Tunze-Turbellen 4002

**Filterung/Abschäumung:**
Die Wasserreinigung erfolgte ausschließlich mit Hilfe von drei Deltec-Abschäumern

**Calciumzufuhr:**
Deltec-Kalkreaktor, gefüllt mit Knop-Korallith, zusätzlich regelmäßige Kalkwasserzufuhr (morgens, das Nachfüllwasser durchfließt einen Calciumhydroxid-Mischer)

**Weitere technische Geräte:**
Nachfüllwasser und Ausgangswasser für den Kalkwassermischer wurden mit einer Vollentsalzungsanlage (Ionentauscher) gereinigt. Kühlgeräte sorgten im Sommer für die richtige Wassertemperatur.

**Anreicherung mit Spurenelementen u. a.:** Selten

**Teilwasserwechsel:**
10 bis 20 % pro Monat, alle 6 Monate 50 %

**Weitere Wartungsarbeiten:**
Regelmäßige und sehr abwechslungsreiche Fütterung

**Besitzer:**
David Saxby, London, UK

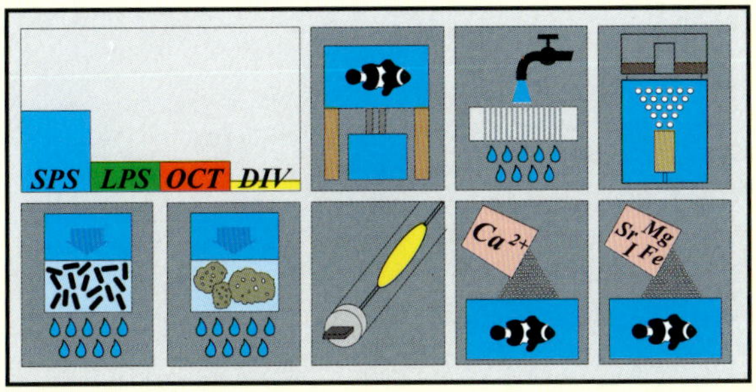


## Riffwand im Indopazifik

### Tierbesatz

**Wirbellose:**
60 % Steinkorallen SPS, 20 % Steinkorallen LPS, 20 % Weichkorallen, zahlreiche Riesenmuscheln

**Steinkorallen:**
*Pavona cactus, P. decussata, Pocillopora damicornis, P. venosa, Seriatopora hystrix, S. caliendrum, Stylophora pistillata, Montipora monasteriata, M. verrucosa, M. foveolat, M. capricornis, M. digitata, M. venosa, M. stellata, Acropora gemmifera, A. humilis, A. formosa A. selago, A. cythera, A. yongei, A. aculeus, A. granulosa, Astreopora gracilis, Porites murrayensis, P. lobata, P. lichen, P. cylindrica, Goniopora* sp., *Alveopora catalai, Alveopora* sp., *Leptoseris gardineri, L. explanata, Fungia acathicauli, F. scutaria, Sandalolitha robusta, Galaxea astreata, Oxypora glabra, Pectinia paeonia, Blastomussa merleti, B. wellsi, Cynarina lacrymalis, Scolymia australis, Lobophyllia hemprichii, L. hataii, L. pachysepta, Hydnophora exesa, H. rigida, Merulina scabicula, Caulastrea furcata, C. echinulata, Favia* sp., *Favites abdita, Platygyra* sp., *Montastrea* sp., *Echinopora* sp., *Trachyphyllia* sp., *Euphyllia glabrescens, E. ancora, Turbinaria patula, T. reniformis, T. frondens, T. mesenterina, T. peltata, Tubastraea micrantha, T. faulkneri, Mycedium elephantotus, Catalaphyllia* sp., *Plerogyra* sp.

**Fische:**
Ca. 170 Exemplare, unter anderem Doktorfische, Fahnenbarsche, Feenbarsche, Zwergbarsche, Lippfische, Riffbarsche, Grundeln und Seenadeln

**Aquarium:**
L-förmiges Becken aus Glas, 200 cm (linker Schenkel) x 300 cm (rechter Schenkel), Höhe 120 cm, ca. 5.000 Liter, 2 Jahre. In Kunststoff-Behältern, die mit dem Aquarium verbunden sind, befinden sich weitere 5.000 Liter Wasser ("Filterbecken").

**Steindekoration:**
Vollständig aus Lebendgestein (Rotes Meer)

**Bodengrund Aquarium:**
Knop-Korallith, feine Körnung (2 bis 3 mm).

Links:
Schon an der Tür zum Versorgungsraum begegnet man Technik pur.

Rechts:
Ein Blick über das Aquarium zeigt Abschäumer und Lampen.

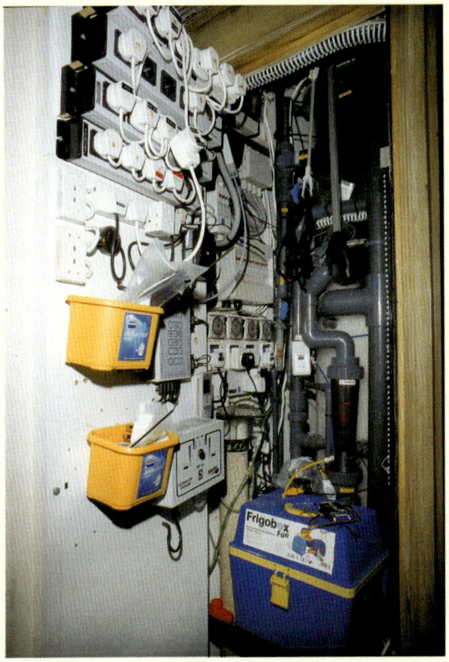

Auch unter dem Aquarium wurde jeder Quadratzentimeter Platz für Technik genutzt. Hier befinden sich Pumpen und Verrohrung.

### Technik

**Beleuchtung:**

HQI-Lampe 400 W, 20.000 K, 30 cm Abstand zur Wasseroberfläche, 3 x HQI-Lampe 1.000 W, 10.000 K, 45 cm Abstand zur Wasseroberfläche, HQI-Lampe 1.000 W, 20.000 K, 45 cm Abstand zur Wasseroberfläche

**Wasserzirkulation:**

Insgesamt 73.000 Liter pro Stunde. Zwei Tauchkreiselpumpen Tunze 4004 mit Intervallsteuerung sorgen im Aquarium für gegenläufige und variable Wasserbewegung. Drei externe Pumpen mit jeweils 13.200 l/h stellen die Grundumwälzung im Aquarium her. Zur besseren Einstellung der Strömungsrichtung sind die Auslaufrohre mit einem T-Stück versehen. Eine vierte externe Pumpe mit der gleichen Leistung pumpt das Wasser vom Reservoir in das Aquarium, parallel zu einer 4.000 l/h-Pumpe, von der sie abgesichert wird, falls sie durch einen Defekt ausfällt. Der Abschäumer liefert 11.000 Liter Wasser pro Stunde. Eine 8.000-Liter-Pumpe befördert das Wasser durch Kühlgerät und UV-Lampe, erhöht aber nicht die Strömung im Aquarium. Insgesamt wird das gesamte Wasser (ca. 10.000 l) pro Stunde ca. sieben Mal durch das Aquarium befördert und der Aquarieninhalt (ca. 5.000 l) wird pro Stunde ca. 14 Mal umgewälzt.

**Filterung/Abschäumung:**

Zwei Abschäumer werden eingesetzt: Sander Helgoland 500 (11.000 l/h Wasserdurchsatz) und Deltec 106 mit vier Pumpen (1.500 l/h Wasserdurchsatz). Vier Entgasungsbehälter sorgen dafür, dass keine Luftblasen in das Aquarium gelangen. Gelegentlich wird Aktivkohle eingesetzt. Phosphatentfernung: permanenter Einsatz von 10 Litern RowaPhos. Nitratentfernung: ein Behälter mit 18 Litern Siporax wird regelmäßig mit Wodka beschickt, um die bakterielle Denitrifikation zu fördern.

**Calciumzufuhr:**

Regelmäßige Kalkwasserzufuhr (morgens, Nachfüllwasser durchfließt Calciumhydroxid-Mischer) und Rowa-Kalkreaktor, gefüllt mit Rowa-Granulat.

1 = Abschäumer; 2 = Überlaufbox; 3 = Rückhaltebehälter für Luftblasen (Abschäumer). Das Aquarium ist L-förmig und steht auf einem 30 cm hohen Unterbau. Der kleine Raum hinter dem Aquarium ist dicht gedrängt voll mit Technik. Neben zwei Kühlgeräten, dem Abschäumer (Sander Helgoland) und dem Kalkreaktor (Rowa) befindet sich hier die gesamte Kontroll- und Steuerelektronik der Anlage.

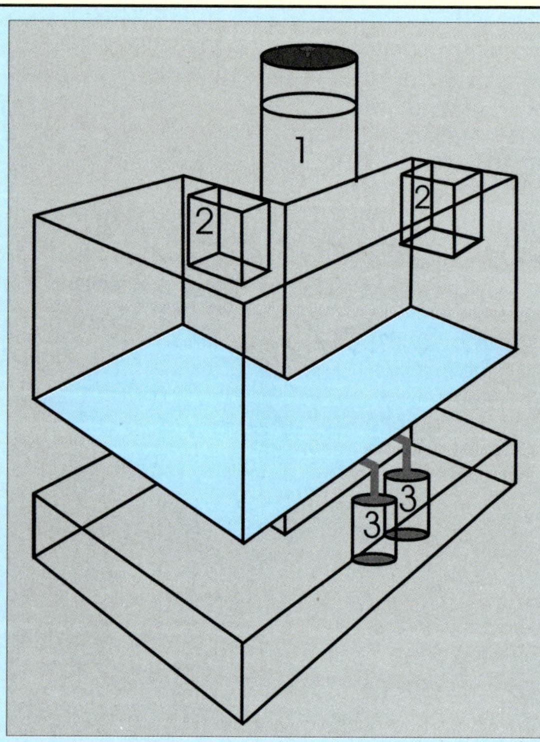

**Weitere technische Geräte:**
Nachfüllwasser und Ausgangswasser für den Kalkwassermischer werden mit Umkehrosmoseanlage und nachgeschaltetem Vollentsalzer gereinigt. Drei Kühlgeräte sorgen im Sommer für die richtige Wassertemperatur. Ein vorhandenes Ozongerät wird nur alle 6 bis 8 Wochen kurzzeitig eingeschaltet.

**Wasser:**

| | |
|---|---|
| Temperatur: | ständig zwischen 24,4 und 24,5 °C |
| pH: | 8.1 - 8.4 |
| Karbonathärte: | 7 °dKH |
| Calcium: | 470 bis 500 mg/l |
| Nitrat: | 20 mg/l (früher zeitweise bis 70 mg/l) |
| **Phosphat:** | meist um 0.010, maximal 0.015 mg/l (Merck Phosphattest) |

**Redoxpotenzial:** 470 bis 500 mV

**Anreicherung mit Spurenelementen u. a.:**
Selten

**Teilwasserwechsel:**
10 bis 20 % pro Monat, 50 % alle 6 Monate

**Weitere Wartungsarbeiten:**
Regelmäßige und sehr abwechslungsreiche Fütterung

**Besitzer:**
David Saxby, London, UK

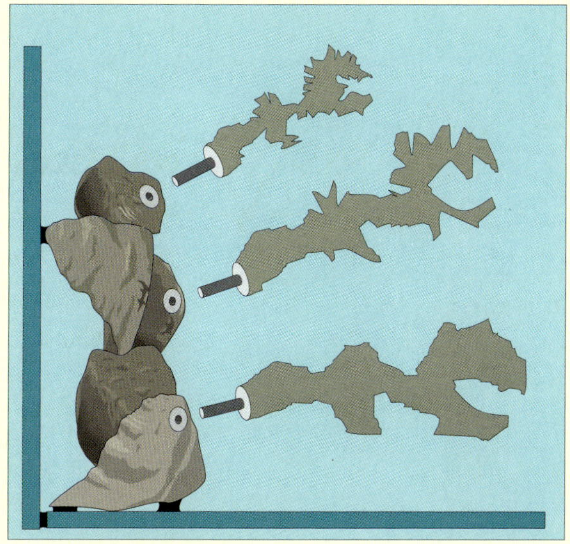

David Saxby stellt aus kleineren Korallenstücken und Kalkgestein astförmige Strukturen her, indem er die einzelnen Teile mit einem besonders fest aushärtenden Unterwasser-Epoxidharz aneinander befestigt. Am Ende jedes "Astes" setzt er eine tiefe Bohrung, in die ein Stift hineingesetzt wird. Diesen Stift, den er aus dem Unterwasser-Epoxydharz selbst herstellt, klebt er zur Hälfte in das gebohrte Loch hinein. Mit der anderen, hervorstehenden Hälfte dieses Stiftes befestigt er die so vorbereiteten Elemente am lebenden Riffgestein. Dazu werden in das Lebendgestein entsprechend große Bohrungen gesetzt, in die später die Stifte gesteckt

Vom Aquarium aus gelangt das Wasser durch eine lange Leitung, die mit einem UV-Entkeimer und einem Kühlgerät versehen ist, in einen separaten Kellerraum, in dem sich drei große, fassförmige Vorratsbehälter befinden. Zunächst durchläuft das Wasser einen Abschäumer (Deltec), gelangt dann in die Vorratstanks. Hier wird nachts beleuchtet (HQI 250 Watt), um durch Algenwachstum (*Caulerpa* spp.) einen nächtlichen pH-Abfall zu verhindern. Morgens wird automatisch Kalkwasser zugeführt. Nach der Passage durch die Vorratstanks durchläuft das Wasser den Nitratfilter („Wodkafilter" mit Siporax") und den Phosphatfilter (RowaPhos), bevor es dann in das Aquarium gepumpt wird.

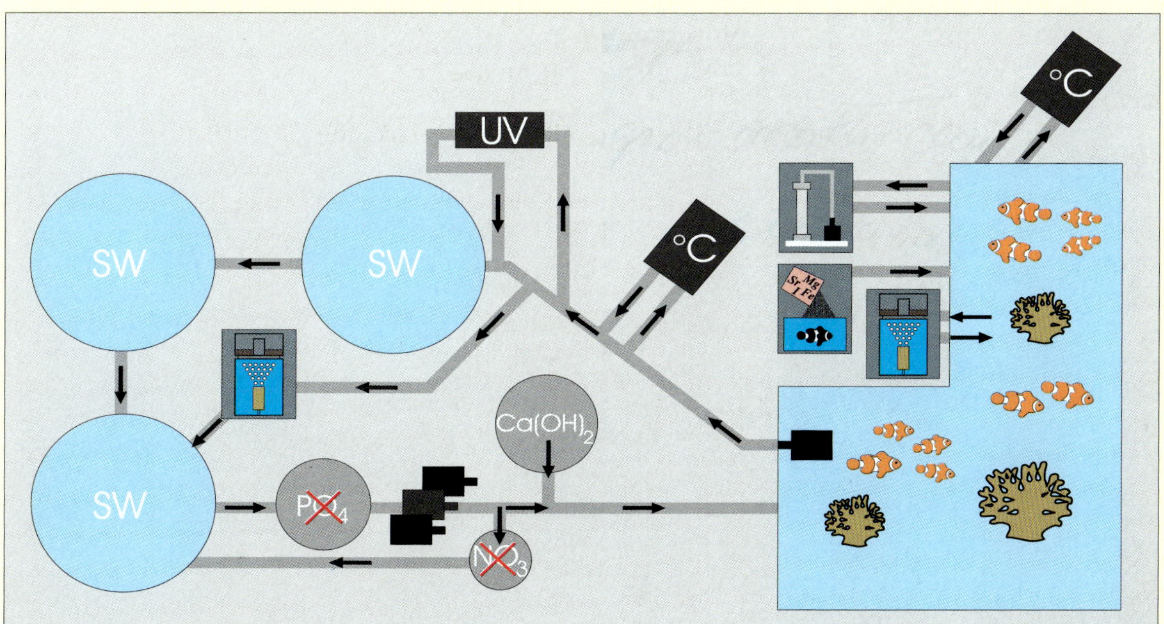

**Aquarium David Saxby**
**Fotos: J. Simmonds**

Eindrücke aus einem neuen, kürzlich einge richteten Aquarium von Wolfgang Czech, Konstanz

# Öffentliche Aquarien, Aquaristikfachhandel, Nachzucht von Korallen und Fischen

Die gewaltigen riffaquaristischen Fortschritte im Verlauf der 80er und der frühen 90er Jahre spiegelten sich bald auch in den Ausstellungsbecken einiger öffentlicher Aquarien wider. Zwar blieben manche dieser Institutionen noch lange Zeit bei den Methoden und Techniken der 60er und 70er Jahre, ohne starke Beleuchtung, Abschäumung und lebende Korallen, doch in einigen Häusern begann man sehr schnell, die innovative Riffaquaristik umzusetzen. In der Regel geschah dies durch erfahrene Riffaquarianer, die Ihre Kenntnisse und Erfahrungen in diesen öffentlichen Aquarien einbrachten.

## Tokyo Sea Life Park

Ein Beispiel dafür ist das Riffaquarium im Tokyo Sea Life Park. Der Tokyo Sea Life-Park, der im Kasairinkai-Parks inmitten der Millionenstadt Tokyo liegt, gilt als größtes öffentliches Aquarium Japans. Was er zu bieten hat, geht weit über den Durchschnitt öffentlicher Aquarien hinaus. Seit Jahren unterhält der Tokyo Sea Life Park auch enge Beziehungen zum Monterey Bay Aquarium in Kalifornien, das als eines der größten und fortschrittlichsten öffentlichen Aquarien der Welt gilt.

## Riffaquarium mit tropischen Steinkorallen

Erfreulicherweise gehört der Tokyo Sea Life Park gerade in der Korallenriffaquaristik zu den besonders fortschrittlichen öffentlichen Aquarien. Das ist besonders dem Pfleger Hiroshi Arai zu verdanken, der diese Abteilung leitet und der uns hinter die Kulissen führte, um uns Einblick in Organisation und Technik des Aquariums zu geben. Hiroshi Arai gehört in Japan zu den erfahrensten Riffaquarianern und pflegt das Riffaquarium mit einer Hingabe, die sonst eher bei privaten Aquaristik-Hobbyisten zu finden ist. Folglich repräsentiert das Riffaquarium im Tokyo Sea Life Park den neuesten Stand der Erkenntnisse in der Riffaquaristik und kann sich auch im internationalen Vergleich sehen lassen.

Hiroshi Arai begann vor sieben Jahren mit der Riffaquaristik. Damals richtete er ein Becken mit Sandfilter ein und versuchte, darin Steinkorallen zum Wachsen zu bringen, allerdings ohne nennenswerten Erfolg. Vor zwei Jahren leerte er den Sandfilter und baute ihn zum Nitratfilter um, stoppte jegliche andere Art der Filterung, verbesserte die Wasserströmung. Obwohl er zu jener Zeit von der als "Berlin-System" bekannten Technik (natürliches System mit Abschäumer) noch nichts wusste, brachte er auf diese Weise die Steinkorallen zu gutem Wachstum. Nachdem er schließlich Charles Delbeek, Dr. Yoshi Mizuno und Julian Sprung kennen gelernt hatte und auch das Buch "The Reef Aquarium" von C. Delbeek und J. Sprung gelesen hatte, konnte er das System gezielt verbessern.

Inzwischen sind die Steinkorallen und Weichkorallen in diesem Aquarium zu Koloniegrößen und einer Besiedlungsdichte herangewachsen, die in öffentlichen Aquarium nicht oft zu finden ist. Dass Hiroshi Arai ein ambitionierter *Acropora*-Liebhaber ist, erkennt man beim Betrachten des Aquariums auf Anhieb. Zahlreiche japanische Riffaquarianer haben hier bereits Fragmente lebender Steinkorallen bekommen, um sie daheim in ihren privaten Riffaquarien weiter heranzuziehen, zum Beispiel Teile der prächtigen *Acropora pulchra*-Kolonie in Beckenmitte. Hiroshi Arai experimentiert mit verschiedenen Lampentypen und vergleicht die Wachstumsrate und Farbpigmentierung der Steinkorallen, um so die bestmöglichen Pflegebedingungen zu entwickeln. Fragt man ihn nach seinem "Wunschaquarium", dem Riffbecken seiner Träume, muss er nicht lange nachdenken. "Ich würde mir am liebsten ein großes Riffaquarium bauen, in dem sich ohne spezielle Pflegeeingriffe nicht nur Korallen vermehren, sondern auch Korallenfische. Das wäre mein Traum."

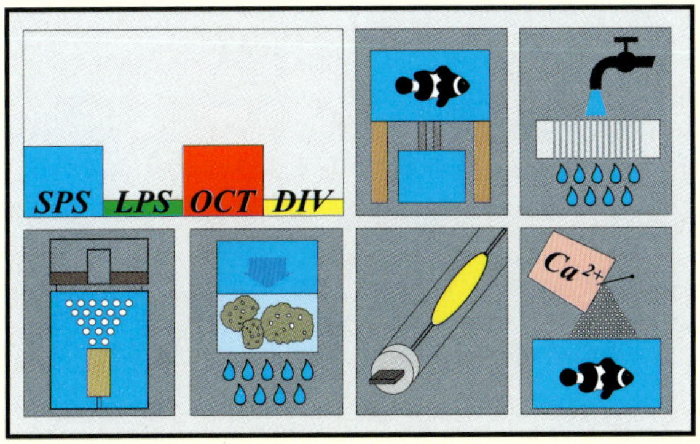


**Tropischer Riffhang in 5 bis 15 Meter Wassertiefe**

## Tierbesatz

**Wirbellose:**
45 % Weichkorallen, 45 % Steinkorallen SPS, 10 % Steinkorallen LPS

**Fische:**
2 x *Ptereleotris evides,* 2 x *Anampses lineatus,* 5 x *Plectroglyphidodon imparipennis,* 11 x *Chromis viridis,* 3 x *Centropyge joculator,* 2 x *Zebrasoma scopes,* 3 x *Ctenochaetus binotatus,* 4 x *C. striatus,* 2 x *Dascyllus armatus*

**Aquarium:**
Zement, 150 x 140 x 150 cm, ca. 3.150 Liter, 2 Jahre

Links:
Ein Blick in das Korallenriffbecken des Tokyo Sea Life Park

Das Korallenriffbecken des TSLP zeigt kräftiges Steinkorallenwachstum

**Steindekoration:**
Lebendgestein aus Japan (Bonin Islands, 1.000 km südlich von Tokyo und südlich von Kyushu, einer Insel im Südwesten von Japan)

## Technik

**Beleuchtung:**
Fünf Halogenmetalldampflampen: 150 W, 6.000 K; 250 W, 2.800 K; 250 W, 11.000 K; 400 W, 5.200 K; 400 W, 6.000 K; 11 bis 14 Stunden täglich, 60 bis 70 cm Abstand zur Wasseroberfläche

**Wasserzirkulation:**
Das Wasser wird vom Riffaquarium über ein Nitratfilterbecken in ein Filterbecken gepumpt, bevor es wieder in das Riffaquarium gelangt. Darüber hinaus befindet sich im Aquarium eine Strömungspumpe mit einer Leistung von ca. 30.000 l/h. Ein elektrischer Kugelhahn und eine PVC-Verrohrung

Grafische Darstellung der TSLP-Riffaquarienanlage

Für die Wasseraufbereitung der TSLP-Ausstellungsaquarien wird hinter den Kulissen großer technischer Aufwand getrieben.

führen das Wasser abwechselnd von rechts und von links in das Aquarium.

**Filterung/Abschäumung:**
Keinerlei mechanische Filterung. In den ersten zwei Jahren wurde mit einem Eigenbau-Abschäumer gearbeitet, den Hiroshi Arai selbst hergestellt hatte. Nach zwei Jahren wurde dieser durch das Gerät "HSA Skimmer" der Forma Marine Technical Concepts (MTC) ersetzt.

Viele arboreszent wachsende Steinkorallenarten wachsen im TSLP-Schauaquarium und werden durch Fragmentation vegetativ vermehrt.

**Calciumzufuhr:**
Von der Einrichtung des Aquariums an wurde Kalkwasser verwendet. Nach zwei Jahren Standzeit wurde zusätzlich ein Kalkreaktor Marke Pro Series Calcium Reactor (MTC) installiert, bestückt mit Knop-Korallith.

**Weitere technische Geräte:**
Das Nachfüllwasser wird destilliert und anschließend über ein Ionenaustauscherharz geleitet (Vollentsalzung).

**Wasser:**
Zweimal monatlich wird von einem professionellen Fachlabor eine Wasseranalyse durchgeführt, die folgende Parameter umfasst: pH, Chlor, Calcium, Nitrit, Nitrat, Phosphat, Kupfer, Zink, Strontium, Magnesium, Cobalt, Jod, Brom, Eisen, Molybdän und Selen

| | | |
|---|---|---|
| **pH:** | 7.9 - 8.3 | (pH-Meter) |
| **Karbonath.:** | 5 ° dKH | |
| **Calcium:** | 360 - 450 mg/l | (LaMotte) |

**Anreicherung mit Spurenelementen u. a.:**
Kaliumjodid, Strontium, Spurenelementlösung Aquarium Systems

**Teilwasserwechsel:**
Während der ersten zwei Jahre der Standzeit wurden monatlich 3.000 Liter Aquarienwasser gegen natürliches Meerwasser ausgetauscht, das von einem Linienschiff in ca. 300 bis 400 km Entfernung zur Küste bei Tokyo gesammelt wurde. Anschließend wurde eine mehrmonatige Pause ausgeführt mit dem Ziel, etwaige Veränderungen zu beobachten. Auch nach vier Monaten ohne diesen Wasserwechsel konnten in den chemischen Parametern jedoch keinerlei Veränderungen festgestellt werden.

**Betreiber:**
Tokyo Sea Life Park, Tokyo (Japan)

## Aquazoo Löbbecke-Museum

Ein weiteres, hervorragendes Beispiel für die Ausübung der modernen Riffaquaristik in einem öffentlichen Aquarium ist der Aquazoo Löbbecke-Museum in Düsseldorf, Deutschland. Angefangen hat alles mit der Muschelsammlung des Apothekers und Privatgelehrten Theodor Löbbecke. Über Jahrzehnte hinweg hatte er im 19. Jahrhundert geerbte Sammlungen zusammengeführt und vervollständigt. Nach seinem Tode schließlich übergab seine Witwe die Sammlungen im Jahre 1901 der Stadt Düsseldorf, die mit diesem Grundstock kurze Zeit später das Löbbecke-Museum eröffnete. Noch heute ist diese Sammlung in Düsseldorf zu sehen, aber darüber hinaus hat sich sehr viel Neues entwickelt. Inzwischen ist das Museum zu einem Aquazoo geworden, der nicht nur die Schalen von Muscheln und Meeresschnecken zeigt, sondern einen ganz wesentlichen Beitrag zur biologischen Bildung der Menschen in unserer Gesellschaft leistet.
Das Besondere dabei ist die stete Gegenüberstellung von theoretischem Anschauungsmaterial und lebenden Tieren. Diese Verschmelzung von Theorie und Praxis ist im Aquazoo Löbbecke-Museum Programm. "Unser Haus hat mehr Ähnlichkeit mit einem aufgeschlagenen Lehrbuch, als mit einem konventionellen Zoo" sagt Kurator Dr. Hubert Bosch.

## Das "Düsseldorfer Korallenriff"

Der für Meeresaquarianer interessanteste Teil des Aquazoo Löbbecke-Museum dürfte der Schauraum sein, der den Lebensraum Korallenriff vorstellt. Vorbereitet wird der Besucher mit Schautafeln, mit denen Entstehung und Funktionsweise eines Riffes erläutert werden. Anschließend steht der Besucher vor der Hauptattraktion des Aquazoo Löbbecke-Museum: dem großen, halbrunden Korallenriffaquarium. Hinter einer 15 Meter langen, halbkreisförmig gebogenen Frontscheibe erlebt der Besucher eine marine Lebensgemeinschaft aus farbenprächtigen Korallenfischen und lebenden Korallen, die einem Küstensaumriff nachempfunden ist. Als Vorbild diente ein typisches Riff, z.B. im Golf von Akaba. Zahlreiche Weichkorallen, die teilweise zu mächtigen Kolonien heranwachsen, beeindrucken ebenso wie die bunten Korallenfische, die sich in diesem "Riff" tummeln. Steinkorallen unterschiedlicher Gattungen sind in diesem Aquarium zu erstaunlicher Größe herangewachsen. Besonders beeindruckend sind verschiedene *Acropora*-Stöcke, die vom Boden des

Ein Blick von oben auf das große Korallenriffaquarium des Aquazoo Löbbecke-Museum zeigt die Verrohrung der Strömungspumpen. Foto: Rolf Hebbinghaus

Rolf Hebbinghaus (Mitte) erläutert Julian Sprung (links) Details im Löbbecke-Korallenriffaquarium

Beckens bis zur Wasseroberfläche reichen, sowie die vollständig im Aquarium gewachsene *Pocillopora*-Kolonie mit einem Durchmesser von mehr als 60 cm. Dieses Riffaquarium wird vom Leiter der Meerwasser-Abteilung, Rolf Hebbinghaus, und seinen Mitarbeitern mit viel Sachverstand gepflegt. Im Vergleich mit Riffaquarien in anderen öffentlichen Schauaquarien in Deutschland nimmt es zweifellos eine Spitzenstellung ein. Diese Pflege erfordert jedoch ein fortwährendes Eingreifen des Pflegers, denn das Wachstum zahlreicher Wirbelloser in diesem Aquarium ist so stark, dass sie andere Arten zu verdrängen suchen. Auf diese Weise würde die Artenvielfalt nach und nach geringer werden, weil schnellwüchsige oder aggressive Arten sich gegen langsamer wachsende Wirbellosenarten durchsetzen würden. Das wäre natürlich nicht im Sinne der Betreiber, denn dieses Aquarium soll ja gerade versuchen, die Artenvielfalt des Korallenriffes darzustellen. Nur so kann der Besucher einen möglichst umfassenden Eindruck von dem komplexen Lebensraum Korallenriff bekommen. Besondere Schwierigkeiten haben hier vor allem Krustenanemonen der Familie Zoanthidae und die kleinen "Korallenanemonen" *Anemonia* cf. *majano* gemacht, die sich munter vermehrt und große Flächen in der Steindekoration besiedelt haben. Dieses beinahe invasionsartige Wachstum ist in einem kleinen Aquarium erheblich leichter unter Kontrolle zu bringen, als in einem Großaquarium. Hier zeigte sich vor allem der Nachteil einer fest eingebauten Steindekoration, die es nicht erlaubt, einzelne Teile aus dem Aquarium herauszunehmen.
Auch nachträgliche Veränderungen der Gestaltung sind bei dieser Einrichtungsweise nicht möglich. Der Löbbecke-Mannschaft in der Meerwasserabteilung wäre es an einigen Stellen des halbrunden Riffaquariums sehr willkommen, mehr Abstand zwischen der Frontscheibe und der Steindekoration zu haben, denn durch die große Beckenhöhe von 140 cm wird hier manchmal das Handling außerordentlich schwierig, zum Beispiel, wenn es darum geht, ganz gezielt einzelne Kolonien von Krustenanemonen oder "Korallenanemonen" zu entfernen. Auch das Licht gelangt an solchen Stellen kaum in den unteren Bereich des Aquariums, so dass dort dunkle Zonen entstehen.

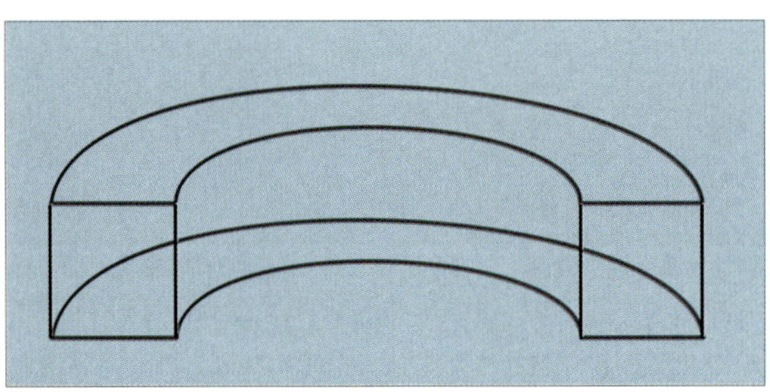

Das Halbrundbecken im Löbbecke-Aquazoo hat eine gebogene Frontscheibe

Damit dieses Aquarium und alle anderen Ausstellungsaquarien biologisch gut funktionieren, muss hinter den Kulissen großer technischer Aufwand getrieben werden. Am gleichen Wasserkreislauf hängen nicht nur weitere Ausstellungsbecken, sondern auch Nachzuchtbecken, die hinter den Kulissen stehen und der Öffentlichkeit nicht zugänglich sind. Hier ziehen Rolf Hebbinghaus und seine Mitarbeiter Weichkorallen und Steinkorallen nach, Seepferdchen, Seenadeln, Anemonenfische und andere Korallenfische (z. B. *Pterapogon kauderni*), Seestichlinge, *Sepia officinalis* und andere Tiere.
Allerdings ist ein solches Großaquarium auch technisch sehr anspruchsvoll. Im Untergeschoss des Gebäudes befindet sich eine imposante Anlage mit Pumpen und Filtern zur Wasseraufbereitung. Technische Pannen jeglicher Art können in einem so großen Aquarium natürlich auch besonders großen Schaden anrichten und man tut gut daran, sich nicht allzu sehr von der Zuverlässigkeit technischer Aggregate abhängig zu machen. Im Aquazoo Löbbecke Museum weiß man das aus eigener, leidvoller Erfahrung, denn es hat natürlich auch hier schon technische Pannen gegeben. So hat im großen Riffaquarium beispielsweise schon zweimal ein offengebliebener Süßwasserzulauf den Salzgehalt über Nacht auf 1,018 abgesenkt. Glücklicherweise gab es dadurch keine Verluste, denn alle Aquarienbewohner überlebten diese Panne.
Das starke Wachstum der Steinkorallen ist nur mit ausreichender Zufuhr an Calcium und Karbonaten möglich. Hier lag bis vor einigen Jahren ein allgemeines Problem in der Riffaquaristik, an dessen Lösung Rolf Hebbinghaus nicht ganz unbeteiligt ist: Er konstruierte für das Riffaquarium einen Kalkreaktor, der Calciumcarbonat mit Hilfe von $CO_2$ auflöste. Dieses Gerät, das noch heute in fast unveränderter Form in Betrieb ist, bringt innerhalb von sechs Wochen rund 30 kg Kalkgranulat in Lösung. Dieser Kalkreaktor hat in zahlreichen Varianten den Riffaquaristikmarkt erobert und die Möglichkeiten der Kalkzufuhr im Riffaquarium erweitert.

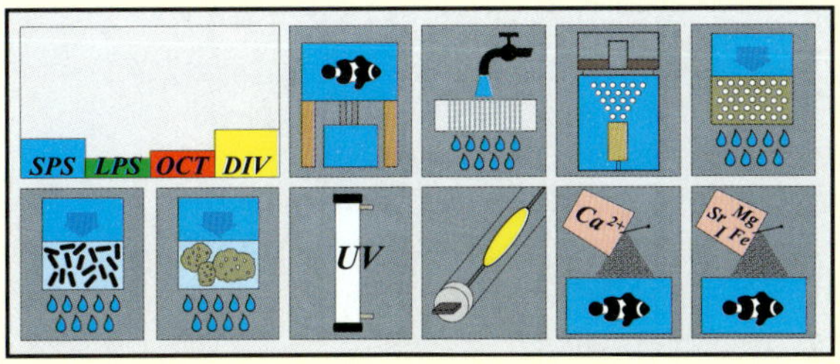


## Steil abfallendes Küstensaumriff

### Tierbesatz

**Wirbellose:**
20 % Weichkorallen, 15 % Steinkorallen LPS, 25 % Steinkorallen SPS, 10 % Hornkorallen, Scheibenanemonen Discosomatidae u. a. sessile Wirbellose, 30 % Krustenanemonen Zoanthidae und *Anemonia* "cf. *majano*".

**Fische:**
Zahlreiche Korallenfische unterschiedlichster Gattungen

### Aquarium:

15 Meter langes Halbrundbecken aus Beton, Frontscheibe Acrylglas, 40 mm Stärke (Europas erstes Aquarium mit gebogener Acrylglasfrontscheibe). Höhe 140 cm, Tiefe 55 bis 150 cm. Bruttovolumen ca. 18.000 Liter (mit angeschlossen sind zahlreiche andere tropische Meerwasseraquarien, so dass sich ein Gesamtvolumen von ca. 25.000 Litern ergibt). Standzeit 12 Jahre

**Steindekoration:**
2/3 Dolomitgestein und 1/3 Epoxydfelsen, mit Zweikomponentenkleber aneinander befestigt, kein Lebendgestein

**Bodengrund:**
Korallensand, Körnung 4 bis 8 mm, Schichthöhe 5 bis 10 cm

### Technik

**Beleuchtung:**
20 HQI-Strahler (Daylight, 2 x 1.000 W, 18 x 400 W)

**Wasserzirkulation:**
40.000 l/h vom Rieselfilter, 3 Pumpen mit insgesamt 70.000 l/h

**Filterung/Abschäumung:**
Großvolumiger Rieselfilter mit 40.000 l/h Wasserdurchsatz, Schnellfilterung an Strömungspumpen, Aktivkohle im milden Dauerbetrieb

**UV-Entkeimung:**
Nur gelegentlich beim Auftreten von Ektoparasiten bei Korallenfischen

**Calciumzufuhr:**
Kalkreaktor, befüllt mit Korallensand. Kalkwasser wird in der Regel nicht verwendet. Es wurde bisher nur phasenweise eingesetzt, um Phosphat auszufällen.

**Weitere technische Geräte:**
Osmoseanlage ersetzt verdunstetes Wasser

### Wasser:

| | | |
|---|---|---|
| pH: | 8.0 - 8.2 | (Testkit) |
| Karbonathärte: | 7 - 10 °dKH | (Testkit) |

Der erste Kalkreaktor, den Rolf Hebbinghaus konstruierte, ist noch immer im Einsatz.

Ein Blick in den technischen Versorgungsraum des Aquazoo Löbbecke-Museum

| | | |
|---|---|---|
| Calcium: | 400 mg/l | (Testkit) |
| Nitrat: | nicht messbar | (Testkit) |
| Phosphat: | 0.05 - 0.07 mg/l | (Testkit) |

**Anreicherung mit Spurenelementen u. a.:**
Jod, Strontium

**Teilwasserwechsel**:
Ca. 5 Prozent im Monat

**Weitere Wartungsarbeiten:**
Die Krustenanemonen vermehren sich sehr stark und müssen regelmäßig reduziert werden. Das gleiche gilt für die "Korallenanemone" *Anemonia* cf. *majano*. Das gleiche gilt für *Halimeda*- und *Bryopsis*-Algen. Auch die Korallenbestände werden gelegentlich ausgelichtet werden.

**Betreiber:**
Aquazoo Löbbecke Museum, Düsseldorf (Deutschland)

Das Steinkorallenwachstum im großen Riffbecken des Löbbecke Aquazoo und Museum ist an vielen Stellen so stark, dass man sich in ein natürliches Riff versetzt glaubt.
Foto: R. Hebbinghaus

# Aquaristikfachhandel

Der Aquaristikhandel bemüht sich vielerorts mit großem Aufwand, den Kunden die Riffaquaristik mit Schaubecken zu präsentieren. Das ist vor allem in jenen Ländern zu spüren, in denen dieses Hobby weit entwickelt ist, etwa in den USA, Japan, England, Deutschland und vielen anderen. In einigen tropischen, zumeist küstenreichen Ländern ist das jedoch anders. Hier sind auch Privataquarien, die technisch gut ausgestattet sind und mit viel Sachverstand betrieben werden, eher die Ausnahme. Entsprechend ist die Situation hier im Handel, und oft sieht man große Mengen von Tieren, die unter erschreckenden Bedingungen gehalten werden.
Eigentlich sollte man meinen, dass die leichte Verfügbarkeit der Korallen in diesen küstenreichen Ländern der Entwicklung der Riffaquaristik den Weg bereiten sollte. Das ist aber durchaus nicht so. Kurioserweise bewirkt gerade diese Verfügbarkeit der marinen Lebewesen bisweilen fast das Gegenteil, so paradox dies auch klingen mag. Wer als engagierter Riffaquarianer in Metro Manila gewesen ist und dort auch "Cartimar" besucht hat, einen Platz, an dem fast ausschließlich Zoogeschäfte zu finden sind (nahezu alle Aquaristikgeschäfte von ganz Metro Manila befinden sich hier), der weiß ein Lied davon zu singen. Zunächst trifft man hier auf einige gepflegte Aquaristikgeschäfte, die - gemessen an den dortigen Bedingungen - ordentliche Arbeit leisten. Geht man aber in die Hinterhöfe der Gebäude, dann findet man dort eine weitaus größere Zahl von Aquaristikgeschäften, die nur einen Bruchteil dieses Standards erreichen, immer auf Kosten der Tiere. In den zuvor genannten Aquariengeschäften im vorderen, straßennahen Gebäudeteil beklagt man oft die schwache Beleuchtung von Hälterungsaquarien. In den wahrhaft primitiven "Tiervermarktungsanstalten" im Hinterhof der Grundstücke hat man dazu selten Grund, denn eine Beleuchtung der Hälterungsbecken ist hier so gut wie nie zu finden. Massenweise werden hier zooxanthellate Weich- und Steinkorallen völlig dunkel gehalten, oft viele Wochen lang, in Geschäftsräumen, die wegen der wärmenden Sonneneinstrahlung stark vom Tageslicht abgeschattet werden. Überall begegnet man hier dahinsiechenden, ausgebleichten Korallen aus der oberen, sonnenlichtdurchfluteten Riffzone. Was stirbt, wird ersetzt, denn es kostet nicht viel. Das Installieren einer adäquaten Beleuchtung würde das Problem zwar lösen, doch die würde in diesen Ländern ein vielfaches dessen kosten, was man durch die sterbenden Tiere verliert. Aquarientechnik ist hier nur als Importware zu bekommen, für schwindelerregende Preise. Tiere und Lebendgestein holt man zum Nulltarif aus dem Riff. Das ist ganz sicher der falsche Weg, doch das Rezept für den Ausweg aus dieser Misere fehlt.
Die Gründe dafür mögen vielfältig sein, z. B. die leichte Verfügbarkeit der Korallen ohne aufwendige Flugtransporte und das Fehlen preiswerter Aquarientechnik, die kostenaufwendig importiert werden muss. Dadurch entsteht eine Situation, die der eines engagierten Riffaquarianers in Europa oder

Das kleinste Aquariengeschäft der Welt, gesehen in Iloilo (Philippinen)

Zoogeschäft mit qualifizierter Meeresaquaristik in Cartimar, Metro Manila (Philippinen)

Gute Aquarientechnik ist auf den Philippinen oft Mangelware.

Im Hinterhof eines Hauses in Cartimar (Philippinen) werden Korallen ohne Beleuchtung gehalten.

Die Detailaufnahme des Schauaquariums aus Nagoya mit prächtigen Steinkorallen aus japanischen Riffen

Schauaquarium eines Händlers im japanischen Nagoya

Amerika diametral entgegengesetzt ist: während der Aquarianer in einem Industriestaat den größten Teil des Geldes für das Lebendgestein und die Aquarientiere investiert, muss der Aquarianer in einem tropischen Inselstaat hauptsächlich in die Aquarientechnik investieren, während Lebendgestein und Tiere leicht verfügbar sind. Die Bereitschaft, bezüglich der technischen Ausstattung des Aquariums Kompromisse einzugehen ist ausgesprochen groß, denn die niedrigen Preise für lebende Rifftiere erlauben notfalls, das Aquarium neu zu besetzen.
Entsprechend entwickelt sich der Aquaristikhandel: In Europa oder Nordamerika finden wir mehr oder weniger regelmäßig volle Produktregale mit Aquarienzubehör zahlreicher miteinander konkurrierender Hersteller, während die Ankunft einer Importsendung mit Steinkorallen sich unter den Aquarianern wie ein Lauffeuer verbreitet. In den Meeresaquaristik-Fachgeschäften wirtschaftlich schwächer entwickelter tropischer Küstenländer hingegen ist das Aquarienzubehör in erheblich kleineren Regalen untergebracht. Die Produktpalette ist klein und oft werden minderwertige Waren angeboten. Das Angebot an Korallen hingegen ist auch in sehr einfachen Geschäften oft so, wie sich das der Riffaquarianer in einem Industriestaat meist wünschen würde: zauberhaft gefärbte Korallen mit fast unüberschaubarer Artenvielfalt, Lebendgestein in beliebiger Menge. Unglücklicherweise leiden die Tiere hier meist massiv unter den schlechten Hälterungsbedingungen und sind oft schwer geschädigt. In "Cartimar" beispielsweise fand ich bei neun von zehn Händlern Wirbellosen-Hälterungsbecken, die keinerlei Beleuchtungseinrichtungen besaßen. Man war rührig bemüht mir zu versichern, dass die vielen *Xenia*- und *Acropora*-Kolonien eigentlich gar kein Licht bräuchten und ihnen drei oder vier Wochen Dunkelheit gar nichts ausmachen würden.

Kleines Schauaquarium des gleichen Händlers mit typisch japanischer Steindekoration

Ein durchschnittliches japanisches Fachgeschäft für Meeresaquaristik – von außen unscheinbar

Das Warenangebot ist üppig...

...und die Verkaufsbecken einfallsreich.

Der Idealfall wäre eine Industrienation mit hohem Bruttosozialprodukt, die selbst im Inland Zugang zu tropischen Korallenriffen hat, aber gleichzeitig eine aquarientechnische Industrie, die all das anbietet, was für ein gut ausgestattetes Riffaquarium nötig ist. Alles könnte auf dem Landwege oder mit kurzen Flügen transportiert werden und nichts müsste Zollgrenzen passieren. Die Aquarianer hätten das nötige Einkommen, das ein technisch perfekt ausgestattetes Riffaquarium ermöglicht, und das Angebot an Korallen und anderen Rifftieren wäre durch die Nähe zu tropischen Riffen geradezu fantastisch. Ein solcher Sonderfall ist Japan. Im Süden des Landes bei Okinawa liegen subtropische Riffe und noch auf der Höhe von Osaka findet man zahlreiche herrlich gefärbte Steinkorallenarten. Die Bereitschaft der japanischen Aquarianer, die Riffbecken mit aller nötigen Technik auszustatten, ist außerordentlich groß. Entsprechend gut sind die Verhältnisse im japanischen Riffaquaristik-Fachhandel und diese glückliche Konstellation lässt in diesem Land für die zukünftige Entwicklung der Riffaquaristik Vielversprechendes erwarten.

Deutschland gilt als "Mutterland" der modernen Riffaquaristik, und entsprechend gut ausgestattet ist hier in der Regel auch der Meerwasseraquaristik-Fachhandel. Viele Händler haben vorbildliche Schauaquarien und hältern die angebotenen Tiere zeitgemäß. Der Mangel an importierten, naturentnommenen Tieren macht jedes Korallenfragment zu einer Kostbarkeit, die man mit großem Aufwand pflegt. Das gleiche gilt jedoch für viele Meeresaquaristik-Fachhändler in Industrienationen wie Italien, England, den USA, Frankreich und vielen anderen.

20.000-Liter-Schaubecken eines deutschen Meerwasseraquaristik-Fachhändlers im Bau

Das Angebot lebender Korallen ist im deutschen Fachhandel umfassend, aber hohe Transportkosten machen die Tiere sehr teuer.

Das große 20.000-Liter-Schaubecken ein Jahr nach der Einrichtung
Fotos: Claude Schuhmacher/Flora 2000

# Nachzucht von Korallen und Fischen

Allgemein lässt sich zum Beginn des neuen Jahrtausends in der Riffaquaristik ein starker Trend zur Nachzucht von Korallen verzeichnen. Auch der Aquaristikfachhandel vieler Länder bietet mehr und mehr nachgezogene Korallenstöcke an. Oft handelt es sich hierbei zwar nicht um "echte" Nachzuchten, sondern um fragmentierte Importkolonien, doch das ist durchaus nichts Verwerfliches. Dort, wo man einige Jahre zuvor einen einzigen faustgroßen *Acropora*-Stock für eine hohe Summe angeboten hat, stehen nun bisweilen 25 Fragmente, die aus einer *Acropora*-Kolonie der gleichen Größe gewonnen wurden, allesamt sauber aufgereiht und mit einem künstlichen oder natürlichen Substratstück versehen. In den USA gehörte Dick Perrin in Detroit zu den Pionieren der Massenproduktion von Steinkorallen, während Steve Tyree sich den besonders farbenprächtigen Exemplaren widmete, um sie nachzuziehen. In Deutschland gehen zahlreiche Riffaquarianer ähnliche Wege.

In vielen Ländern entstehen auf diese Weise gewerbliche Nachzuchtaktivitäten, die letztlich allesamt in gewissem Maße dazu beitragen, die Zahl der Naturentnahmen von Korallen zu reduzieren. Das ist ein ganz wesentlicher Fortschritt in der Riffaquaristik, denn damit hat dieses Hobby den Schritt vom Tierverbrauch zur Tierproduktion vollzogen. Diese Veränderung markiert einen Meilenstein in der Riffaquaristik, der zeigt, wie sehr sich dieses Hobby im Laufe der vergangenen Jahrzehnte verändert hat. Was sich in den 60er Jahren noch auf die Aquarienhaltung farbenprächtiger Korallenfische beschränkte, ist zu einer intensiven Auseinandersetzung mit dem Lebensraum Korallenriff geworden, mit einem enormen Kenntnisreichtum und der hochsensiblen Wahrnehmung der biologischen Zusammenhänge in diesem Biotop.

Der führende Meeresbiologe und Steinkorallen-Taxonom J. E. N. Veron sieht in den Aquarienpopulationen von Korallen wichtige Gen-Depots (Veron 2000). "Irgendwann könnte die Zeit kommen, in der bestimmte Korallenarten überhaupt nur noch im Aquarium existieren", schreibt er in einem Interview der Zeitschrift KORALLE. "Bei bestimmten Landpflanzen und -tieren ist diese Zeit schon angebrochen; verschiedene Arten existieren nachweislich nur noch in zoologischen Gärten. Es gibt einige Korallenarten, die schon seit Jahren nirgendwo mehr gesehen worden sind. Hätte man diese früher für die Aquaristik gesammelt, dann wäre es heute wichtig, davon möglichst viele Stöcke mit großer genetischer Vielfalt zu bewahren."

Auch in den Herkunftsländern der Korallen entwickelten sich ab Mitte der 90er Jahre vielerorts Nachzuchtaktivitäten. In Deutschland konnte ich einige Biologen und Aquarianer dazu anregen, sich zu dem Verein Förderkreis Korallenriff e.V. zusammenzuschließen. Ziel dieses Vereines war es, Spenden und Mitgliedsbeiträge zu sammeln, um damit einige Forschungsprojekte zu fördern, die Methoden zur künstlichen Vermehrung von Korallen entwickeln sollten. Die Fischer und ihre Familien, die an den Küsten leben, sollten mit den Methoden und

Die vegetative Vermehrung von Steinkorallen durch Fragmentation wird in der Riffaquaristik seit vielen Jahren erfolgreich durchgeführt.

Seit einigen Jahren gelangen mehr und mehr Korallen aus aquaristischer Nachzucht in den Handel.

Erfahrungen aus der modernen Korallenriffaquaristik im flachen Küstenwasser kleine Korallenfarmen betreiben. Anstatt vollständig auf das angewiesen zu sein, was sie dem leergefischten Küstenstreifen abringen können, sollten sie als zusätzliche Einkommensquelle schnellwüchsige Korallen züchten und sie in einigen Aufzuchtkäfigen auf eine bestimmte Sollgröße heranziehen. Die künstliche Vermehrung von Korallen könnte für die Fischer eine alternative Einkommensquelle darstellen, die ihre Lebensbedingungen verbessert und gleichzeitig ökologisch sinnvoll ist. Der Aquaristik würden solche Projekte eine weitere Quelle zu Tiernachzuchten öffnen, die helfen könnte, die Naturentnahmen zu reduzieren, ohne dass Menschen in den Herkunftsländern dieser Tiere dadurch Einkommen verloren gehen würde.

Ein erstes Projekt konnte vom Förderkreis Korallenriff e. V. 1996 bei der University of the Philippines angeregt werden. Es wurde auf der philippinischen Insel Taklong durchgeführt und stand unter der Leitung der Meeresbiologin Francis Nievales. Ziel war es, zu beweisen, dass die in der Aquaristik entwikkelten Methoden zur vegetativen Vermehrung von Korallen auch unter natürlichen Bedingungen im Meer anwendbar waren. Anschließend konnte ich die San Carlos-Universität in Cebu, Philippinen, zu einem weiteren und ausführlicheren Korallenfarmprojekt anregen, das von 1997 bis 2000 von der Marine Biology Section dieser Universität durchgeführt und vom Förderkreis Korallenriff e. V. unterstützt wurde (KNOP 1998). In dem Projekt, dessen Leitung bei dem deutschen Meeresbiologen Dr. Thomas Heeger (CIM) lag, sollte eine Modell-Korallenfarm aufgebaut werden, die aus zahlreichen Korallen-Aufzuchtkäfigen im flachen Küstenwasser bestand, um die Methoden der Korallenzucht zu erproben und zu optimieren. Auch Probleme durch klimatische Einflüsse wie Taifune oder durch Algen-

Geronimo P. Reyes (IMA) zeigt Nachzuchten aus dem Korallenfarmprojekt, das vom Förderkreis Korallenriff e. V. unterstützt wurde.

wuchs und Fressfeinde sollten in diesem Projekt erforscht werden, um nach Lösungen zu suchen. In anderen Ländern wurden in diesen Jahren ebenfalls Aktivitäten entwickelt, um die aquaristischen Korallen-Nachzuchtmethoden zur Farmzucht weiterzuentwickeln, z. B. durch Bruce Carlson im Waikiki-Aquarium in Hawaii oder durch Dave Palmer auf den Salomonischen Inseln.
Das Cebu-Projekt bestand nach drei Jahren aus einer Korallenfarm mit 233 einzelnen Aufzuchtbehältern, die jeweils einen Quadratmeter groß waren. Insgesamt befanden sich darin ca. 18.000 einzelne Korallenfragmente aus ca. 65 verschiedenen Arten. 6.000 Fragmente waren zu jenem Zeitpunkt bereits versuchsweise zur Rehabilitierung geschädigter Korallenriffe in der Natur ausgesetzt worden, beispielsweise in Camotes Island (Philippinen). Das belegt, dass die aquaristischen Methoden zur Vermehrung von Korallen auf diese Weise nicht nur Eingang in die Meeresbiologie erhalten, sondern auch zur experimentellen Riffrehabilitierung beigetragen haben. Neben den Fördermitteln vom Förderkreis Korallenriff e. V. erhielt das Projekt bald auch Spendenmittel von der Deutschen Botschaft auf den Philippinen, von der International Marinelife Alliance, der GTZ (German Technical Cooperation), der CIM (Centre of International Migration and Development) sowie der CHED (Commission on Higher Education Department). Im Jahre 2000 erhielt die Korallenfarm Besuch von Dr. Norbert Blüm und weiteren Mitgliedern des deutschen Bundestages (Knop 2001). Das belegt eindrucksvoll, dass an vielen Stellen großes Interesse daran besteht, diese Nachzuchtmethoden zu fördern und ihre Eignung zur Rehabilitation geschädigter Riffabschnitte auszuloten. Ende des Jahres 2000 wurde das Korallenfarmprojekt schließlich von der International Marinelife Alliance übernommen und in die übrigen Aktivitäten (Netzfangtraining für Fischer, Farmzucht von Riesenmuscheln) eingegliedert. Die Erfahrungen des Korallenfarmprojektes wurden in dem 93seitigen Buch “Coral Farming – A Tool for Reef Rehabilitation and Community Ecotourism”

Die philippinische Meeresbiologin Frances Nievales präsentiert Steinkorallen-Nachzuchten aus dem ersten Korallenfarmprojekt, das vom Förderkreis Korallenriff e. V. ins Leben gerufen und unterstützt wurde.

Unterschiedliche Methoden zur Substratansiedlung der Korallen für den Aquaristikhandel und die Riffrehabilitation wurden in diesem Projekt entwickelt.

(Heeger 2000) festgehalten, um Einrichtung und Betrieb einer Korallenfarm auch in anderen Ländern zu ermöglichen.

Auch in der Nachzucht von Korallenfischen ist während der 90er Jahre vieles erreicht worden. Mehrere kommerzielle Zuchtfarmen in Amerika, Deutschland, England und anderen Ländern boten dem Aquaristik-Fachhandel im Jahre 2000 bereits zahlreiche Fische, Garnelen und andere Tiere als Nachzuchten an, und die Zahl der erfolgreich gezüchteten Arten nahm stetig zu. Robert Brons entwickelte für seine Arbeit in der kommerziellen Fischfarm De Jong in Holland ein Konzept für die Kombination von Farmzucht und Naturentnahme von Korallenfischen für die Riffaquaristik, mit dem sich erstmals erreichen lassen sollte, dass züchtbare Arten für den Aquaristikhandel nicht mehr importiert würden (Koralle 1/2000), gleichzeitig aber die noch nicht züchtbaren Arten im Handel als Naturentnahmen verfügbar waren. Durch diese Kombination von Naturentnahme und Nachzucht im Abnehmerland konnte ein Betrieb alle von der Aquaristik gewünschten Korallenfischarten liefern und kontinuierlich die Nachzuchtmethoden weiterentwickeln, um bei mehr und mehr Arten die Wildfänge durch Nachzuchten zu ersetzen.

Ein Ratgeber von Dr. Thomas Heeger und Dr. Filipina Sotto verrät das Know-how des Coral Farming.

Die deutsche Botschaft der Philippinen stiftete für das Korallenfarmprojekt dieses Guardhouse, das Kunststudentinnen prächtig bemalten.

Ein weiteres Beispiel für den Stand der Dinge in der Nachzucht von Korallenfischen ist die Fischfarm ORA (Oceans, Reefs, & Aquariums) an der Nordküste von Florida in St. Pierce (Schiemer 2000). Es handelt sich dabei um eine kommerzielle Fischfarm, die Teil der großen Harbor Branch Oceanographic Institution (HBOI) ist, einer gemeinnützigen Organisation, die sich der biomedizinischen und wissenschaftlichen Erforschung der Meere widmet. Neben der Fischfarm unterhält das Institut auch zahlreiche Forschungsboote und unbemannte Tiefsee-Tauchboote. In länglichen "Gewächshäusern" mit schwarzer Textilabschattung befinden sich die mei-

In 233 Aufzuchtbehältern wachsen im Jahr 2000 rund 18.000 Steinkorallen-Nachzuchten heran.

Regelmäßig müssen die Korallen von geschulten Mitarbeitern gepflegt werden

sten Becken zur Hälterung der Brutstocktiere und zur Aufzucht des Nachwuchses. Clownfische (*Amphiprion*-Arten und *Premnas*) werden hier paarweise in 100-Liter-Aquarien gehalten, in denen ihnen für die Eiablage eine Keramikfliese dient. *Pseudochromis*-Arten und Gobiiden (z. B. *Gobiosoma*-Arten) laichen in Bruthöhlen aus PVC-Rohr-Stücken. Als Nahrung erhalten die erwachsenen Fische eine Mischung aus frischen Meerestieren und Algen. Regelmäßig werden die Becken auf Eigelege untersucht, und an jedem Becken befinden sich Aufzeichnungen über die letzten Eiablagen.
Sobald die Fische ihre Verkaufsgröße erreicht haben, werden sie in die Versand- und Verpackungsabteilung gebracht. Von dort aus gelangen sie in den Aquaristikhandel in ganz Nordamerika. Sie tragen weniger Keime in sich als Wildfänge, weil sie unter strengen Quarantänevorschriften aufgezogen und gehältert werden. Dadurch werden weniger krankmachende Keime in das heimische Aquarium eingeschleppt. Außerdem sind nicht mit Medikamenten behandelt worden, anders als dies bei Naturentnahmen die Regel ist. Aufgezogen wurden sie mit Ersatznahrung, so dass sie vom Aquarianer nach dem Kauf nicht erst an dieses Futter gewöhnt werden müssen, was hingegen bei Naturentnahmen oft erhebliche Schwierigkeiten bereitet. Korallenfische aus einer Fischfarm gewöhnen sich im Aquarium schneller ein als Naturentnahmen, denn das Aquarium ist der einzige Lebensraum, den sie kennen.
All diese Nachzuchtaktivitäten könnten in der Zukunft helfen, die Zahl der naturentnommenen Tiere im Aquaristikfachhandel zu reduzieren. Darüber hinaus ist aber auch eine kontrollierte und schonende Wildentnahme im Riff wichtig, die keine schädigende Auswirkung auf die Riffpopulation hat. Das ist durchaus möglich (B. CARLSON, pers. Hinw.) und wird mehr und mehr zu einem bedeutenden Teil des Riffschutzes. Die verantwortungsvoll durchgeführte Naturentnahme von Tieren für die Aquaristik macht das Riff zu einer wertvollen Ressource, an deren Schutz man auch in dem Herkunftsland der Tiere Interesse hat. Der norwegische

Die Nachzucht von Korallenfischen hat in den letzten Jahren große Fortschritte gemacht. Viele Unternehmen wie die ORA-Farm in Florida (USA) werden zahlreiche Fischarten für den Aquaristikmarkt gezüchtet.
Fotos: Greg Schiemer

Korallenfische aus künstlicher Nachzucht sind gesünder und aquariengeeigneter als Wildfänge.
Foto: Greg Schiemer

Aquaristikexperte Svein A. Fosså formuliert dies in einem KORALLE-Interview (FOSSÅ 2000) so: "Das wichtigste für den Aquarianer ist es meiner Ansicht nach, weiterhin Tiere, Algen und Lebendgestein aus tropischen Ländern mit natürlichen Riffen zu kaufen. Ich bin fest davon überzeugt, dass eine kontrollierte, verantwortungsvoll durchgeführte Nutzung dieser natürlichen Ressource sich sehr positiv auf die Riffe auswirkt. Es ist sicherlich kein Zufall, dass das wissenschaftliche Projekt PIABA, das von der Universidade do Amazonas durchgeführt wird und die ökologischen und sozio-ökonomischen Auswirkungen des Aquarienfischhandels auf den brasilianischen Regenwald im Amazonasgebiet untersucht, den Slogan „Buy a fish, save a tree" hervorgebracht hat: "Kaufe einen Fisch und rette einen Baum". Ein Einkommen aus der Nutzung einer erneuerbaren natürlichen Ressource zu erzielen, die ohne Schädigung des Lebensraumes erfolgen kann, ist erheblich besser als viele andere Methoden, mit denen in tropischen Ländern Einkommen erwirtschaftet wird. Es gibt außerordentlich viele menschliche Aktivitäten, die Biotope wie Regenwälder und Korallenriffe bedrohen, aber alle Studien weisen darauf hin, dass es durchaus möglich ist, Tiere für die Aquaristik ohne große Schädigung des Lebensraumes zu sammeln. Der Handel muss seine Methoden verbessern und, beispielsweise mit den internationalen Standards des Marine Aquarium Council (MAC), für gute Methoden und Techniken sorgen, die das Tier auf seinem Weg vom Riff bis in das Händlerbecken begleiten." Svein A. Fosså ist selbst aktives Mitglied des von Paul Holthus gegründeten MAC und unterstützt diese Arbeit – vor allem die weltweite Einführung des MAC-Gütesiegels, das internationale Standards für aquaristische Produkte und Tierfang-, Hälterungs- und Transportmethoden einführen will – als "Liaison-Director" für Europa. "Sehr wichtig ist es, dass die Aquarianer gezielt Bedarf für Tiere entwickeln, die auf ökologisch unbedenkliche Weise gesammelt oder vermehrt wurden," begründet Svein A. Fosså sein MAC-Engagement im KORALLE-Interview. "Langfristig gibt es dazu ohnehin keine Alternative. Dazu muss natürlich jeder wissen, dass Überwachung, Kontrolle und Zertifizierung Geld kosten, was sich freilich auf den Preis der Tiere auswirkt. Wer im Aquariengeschäft immer nur für den niedrigsten Preis kauft, wird dafür in der Regel auch die schlechteste Qualität erhalten - was unglücklicherweise auch Tiere einschließt, die mit ungeeigneten, schädigenden Methoden gefangen, gehältert oder transportiert worden sind, zum Beispiel Giftfänge. Freilich haben ökologisch verträgliche Fangpraktiken höhere Anfangskosten, und wenn ein großer Teil des Handels bereit ist, diese Kosten in die Preiskalkulation einzubeziehen, dann ist es wichtig, dass auch der Aquarianer bereit ist, seinen Beitrag zu leisten. Viele Menschen sagen, sie wären bereit, mehr zu bezahlen, wenn sie dafür garantiert umweltfreundliche Produkte erhielten. Ich hoffe sehr, dass dies auch für Aquarianer gilt."

Ein erstaunlich großer Teil der Erkenntnisse aus der Riffaquaristik hat Eingang in die akademische Meeresbiologie gefunden und das Verständnis der Riffökologie bereichert. Das Riffaquarium ist von einem Hobbyaquarium im Wohnzimmer zu einem Forschungsinstrument im Labor geworden, mit dem Wissenschaftler heute versuchen, die Ökologie der Riffe und die Biologie seiner Bewohner zu studieren. Der große Beitrag, den die Riffaquaristik zum Studium der Riffökologie geleistet hat, hebt viele kenntnisreiche Riffaquarianer in den Rang von "Hobby-Biologen", die ernstzunehmende Arbeit leisten. Das zeigt, dass es unzutreffend ist, wenn Kritiker die Riffaquaristik darauf reduzieren, "Zier"-Fische zur Erbauung ihrer Besitzer in Glaskästen umherschwimmen zu lassen. Riffaquaristik ist eine naturverbundene Leidenschaft, die einen wichtigen Beitrag dazu leistet, mehr über die Natur zu erfahren und sie zu studieren, nicht zuletzt um möglicherweise besser auf Störungen im natürlichen Lebensraum reagieren zu können. Gerade dies wird heute immer wichtiger und bedeutungsvoller, wie die dramatischen Schädigungen zeigen, die das Klimaphänomen El Niño in zahlreichen tropischen Riffbiotopen angerichtet hat. Extrem hohe Wassertemperaturen haben hier im Jahre 1998 weltweit das stärkste Korallensterben ausgelöst, das bisher beobachtet wurde. Selbst Korallenkolonien, die mehrere tausend Jahre alt waren, starben plötzlich im Jahre 1998 unter Ausbleichungserscheinungen und nachfolgendem Verlust des Polypengewebes unwiederbringlich ab. In vielen Riffen sind manche Arten dadurch nahezu vollständig verschwunden.

Der enorme Druck, unter dem die Korallenriffe durch klimatische Veränderungen, Fischerei und Umweltverschmutzung stehen, macht es besonders wichtig, die Riffbiologie zu studieren und zu verstehen. Dem Aquarianer, dem „Hobby-Biologen", kommt hier eine besonders wichtige Aufgabe zu. Nicht etwa als „Schmalspur-Wissenschaftler", der dem professionellen Biologen in jeder Hinsicht unterlegen wäre. Die Rolle des Aquarianers als Beobachter natürlicher Vorgänge im Aquarium ist weitaus bedeutungsvoller. Die Meeresaquarianer haben in den vergangenen Jahrzehnten Methoden entwickelt, um zahlreiche Rifforganismen im Aquarium am Leben zu erhalten und zu vermehren. Dadurch haben sie nun Gelegenheit zu Beobachtungen, die bisweilen weit über die eines Meeresbiologen im Riff hinaus gehen können. Ebenso wie Hobbyastronomen vor einigen Jahren wichtige Beiträge zur astronomischen Wissenschaft geleistet haben, könnten engagierte Riffaquarianer in der Zukunft viel zur Erforschung mariner Lebensgemeinschaften beitragen. Korallenfarmen, in denen heute die aquaristischen Fragmentationstechniken praktiziert werden, machen deutlich, wie essentiell der Beitrag von Aquarianern für die Rehabilitation geschädigter Riffe sein kann. Es wäre großartig, wenn Kooperation und Erfahrungsaustausch zwischen der Wissenschaft und den Aquarianern noch verbessert und intensiviert werden könnten, denn durch die unterschiedliche Sichtweise vieler Dinge entsteht bisweilen eine besonders fruchtbare Kooperation, die beiden Seiten großen Nutzen bringen kann.

Ganz zweifellos hat die Meeresaquaristik auch in der Zukunft ihren Platz, trotz des zunehmenden Drucks, den Überbevölkerung, Umweltverschmutzung und Klimaverschiebung auf marine Ökosysteme ausüben. Vielleicht sogar gerade *wegen* dieses Drucks, denn in der Auseinandersetzung zahlreicher hochmotivierter "Hobbybiologen" mit unterschiedlichsten Organismen aus dem Korallenriff liegen viele Chancen und Möglichkeiten. Wichtig ist aber, diese Chancen zu nutzen, und die Meeresaquaristik so zu betreiben, dass sie nicht auf den Schultern mariner Biotope lastet, sondern ihre Erhaltung fördert.

Riffaquarien ermöglichen viele Beobachtungen, die beim Tauchen im Riff nicht möglich sind. Aquarium: Dr. Jochen Lohner

# Literatur:


BRONS, R. (2000): *Farmzucht von Korallenfischen – Gegenwart und Zukunftsperspektive.* KORALLE Nr. 1, 1 (1), Natur und Tier-Verlag, Münster

FOSSÅ, S. A. (2000): *Interview.* KORALLE Nr. 7, 2 (1), Natur und Tier-Verlag, Münster

HEEGER, T. & F. SOTTO (Herausgeber) (2000): *Coral Farming – A Tool for Reef Rehabilitation and Community Ecotourism.* 94 S., Selbstverlag. ISBN 971-539-006-4

IMMELMANN, K., E. PRÖVE & R. SOSSINKA (1996): *Einführung in die Verhaltensforschung.* Pareys Studientexte 13

KNOP, D. (1998): *Riffaquaristik für Einsteiger – Preiswerte Technik, pflegeleichte Tiere.* 199 S., Dähne Verlag, Ettlingen

KNOP, D. (2000): *Krustenanemonen – gefährliche Schönheit.* KORALLE Nr. 6, 1 (6), Natur und Tier-Verlag, Münster

KNOP, D. (2001): *Farmzucht von Korallen.* KORALLE Nr. 8, 2 (2), Natur und Tier-Verlag, Münster

PLANES, S. & P. J. DOHERTY (1997): *Genetic relationships of the colour morphs of Acanthochromis polyacanthus (Pomacentridae) on the northern Great Barrier Reef.*- Marine Biology 130:109-117

ROBERTSON, D. R. (1973): *Field observations on the reproductive behaviour of a pomacetrid fish, Acanthochromis polyacanthus.*- Z.Tierpsychlo. 32: 319-324

SCHIEMER, G. (2000): *Jung, gesund und futterfest: Farmgezogene Korallenfische.* KORALLE Nr. 7, 2 (1), Natur und Tier-Verlag, Münster

THALER, E. (1998): *Meeresfische mit echter Brutpflege: Schwalbenschwanz-Riffbarsche.* DATZ 51/9: 576-582

VERON, J. E. N (2000): *Interview.* KORALLE Nr. 6, 1 (6), Natur und Tier-Verlag, Münster

Julian Sprung

## Korallen

Ein Bestimmungsbuch
Übersetzt von Daniel Knop

240 Seiten, 626 Farbfotos,
gebunden
ISBN 3-921684-87-0

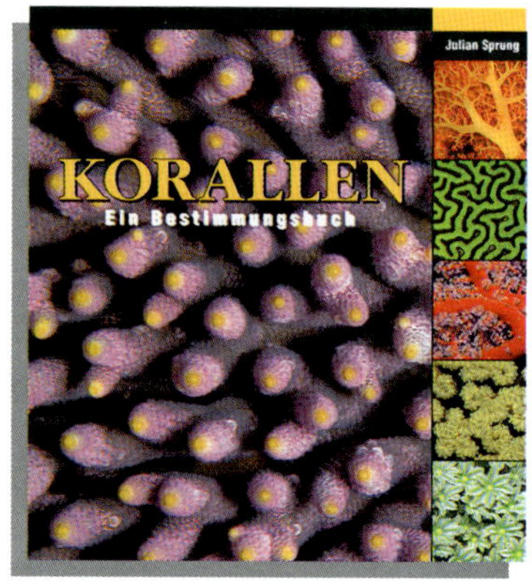


Ein umfassendes Bestimmungsbuch für Aquarianer, Taucher und andere Naturfreunde, das Hunderte verschiedener Arten in detailreichen Farbaufnahmen zeigt und damit die Mehrheit der Korallengattungen abdeckt, denen man in den Riffen der Welt begegnet.
Neben der Beschreibung der Korallen finden sich Angaben zu ihrem Verbreitungsgebiet und zu ähnlichen Arten sowie Grafiken, die über den Bedarf der Korallen an Licht, Wasserströmung und Nahrung informieren.

Julian Sprung

## Wirbellose

Ein Bestimmungsbuch
Übersetzt von Daniel Knop

240 Seiten, 642 Farbfotos,
gebunden
ISBN 3-935175-04-3

Ergänzend zum Bestimmungsbuch „Korallen" zeigt der Autor hier mit detailreichen Farbaufnahmen Hunderten von Wirbellosen. Er informiert über Körperbau und Entwicklung, Lebensraum, Ernährung und Vergesellschaftung sowie die Möglichkeiten der Aquarienhaltung.

Dähne Verlag GmbH, Postfach 250, D-76256 Ettlingen
Tel. 07243/575-143, Fax 575-100
info@daehne.de · www.AQUARISTIK-online.de